教师文化建设发展研究

孙志勇　冯译冉　苗培周　著

中国原子能出版社

图书在版编目（CIP）数据

教师文化建设发展研究 / 孙志勇, 冯译冉, 苗培周
著. -- 北京 ： 中国原子能出版社, 2024. 10. -- ISBN
978-7-5221-3690-5

Ⅰ. G451.6

中国国家版本馆 CIP 数据核字第 2024MK0823 号

教师文化建设发展研究

出版发行	中国原子能出版社（北京市海淀区阜成路 43 号　100048）	
责任编辑	杨　青	
责任印制	赵　明	
印　　刷	北京金港印刷有限公司	
经　　销	全国新华书店	
开　　本	787 mm×1092 mm　1/16	
印　　张	17	
字　　数	260 千字	
版　　次	2024 年 10 月第 1 版　2024 年 10 月第 1 次印刷	
书　　号	ISBN 978-7-5221-3690-5	定　价　**72.00** 元

发行电话：**010-68452845**　　　　　　版权所有　侵权必究

前　言

　　教育有教育文化，学校有学校文化，教师有教师文化，教师文化就是教师职业文化的简称。在职业文化、教育文化、学校文化的概念下，教师文化是一个亚文化。教师文化是教育文化、学校文化的核心组成部分。

　　教师文化的形成或改变不是一朝一夕能够完成的，即使教育系统的内外部环境发生变化，教师个人或群体的某些行为习惯和价值取向也不会同时发生变化。如教书育人既要考虑学生的共同特点，又要考虑差异性特点，既要考虑学生的全面发展，又要考虑学生的个性发展。同时，教师文化又是历史的产物，必然具有明显的时代特征。

　　当前信息化、人工智能等新技术的变革，必然使教师更多地承担起组织教学的责任，赋予了教师文化崭新的时代特征。这种变化不仅意味着学校教育功能的变化，而且对教师的基本素养和知识结构，尤其是创新精神提出了更高的要求。教师不可能采用循环往复的方法对待每一届学生，人们在提及对自己人生影响最大的老师时，往往会想起那些热爱教育、关心学生、充满激情，能够帮助学生挖掘创新潜能的教师。

　　教师中的天才像其他职业一样不可多得，况且对于一个教师的评价，学校、家长、学生可能会有截然不同的判断。每个教师都应该以教学过程中创新精神的融入，以及对学生创新精神的培养作为目标来追求，包括紧跟学术前沿、提高自身素质、把握教育规律等。这些不可能一蹴而就，必然要经历艰苦的探索和积累。如果我们的优秀教师层出不穷，我们的杰出人才也一定会源源不断出现。

　　本书第一章为教师文化解读，分别介绍了教师文化的内涵和理论、教师

文化成因和影响、教师文化意识与自觉、教师文化的功能、教师文化的转型五个方面的内容；第二章为教师文化的要素形态与精神特质，主要介绍了三个方面的内容，依次是教师文化的要素、教师文化的形态、教师文化的精神特质；第三章为教师文化建设剖析，分别介绍了四个方面的内容，依次是教师文化建设的基本目标、教师文化建设的方向与原则、教师文化建设的主体性诉求、教师文化建设的支持性条件；第四章为教师文化建设构想与进展，依次介绍了教师文化建构维度、教师文化建设体系、教师文化建设路径、教师文化建设进展等四个方面的内容；第五章为教师文化建设的策略——"四有好老师"，主要介绍了四个方面的内容，分别是培育有理想信念的教师、培育有道德情操的教师、培育有扎实学识的教师、培育有仁爱之心的教师；第六章为教师文化发展趋势——合作文化，分别介绍了教师文化中的合作文化、专业学习共同体的教师合作、教师合作文化的发展趋向三个方面的内容。

关于本书内容，孙志勇负责全书的整体构思并参与撰写 16 万余字，冯译冉负责调研论证并参与撰写 6 万余字，苗培周负责研讨分析并参与撰写 3 万余字。本书内容全面，论述清晰，但由于笔者水平有限，书中难免有疏漏之处，希望广大读者及时指正。

目　　录

第一章
教师文化解读

本章为教师文化解读，分别介绍了教师文化的内涵和理论、教师文化成因和影响、教师文化意识与自觉、教师文化的功能、教师文化的转型五个方面的内容。

第一节　教师文化的内涵和理论

一、教师文化的内涵

（一）教师文化的概念

对教师文化范畴的定义，会在研究教师文化时影响研究方法的选择，这是进行教师文化研究的基础。

教师文化的狭义定义，涵盖了教师职业群体的思维方式、价值观、态度和行为风格。其中，价值观和思维方式是深层次的因素，存在于个人的内心深处，是隐性文化特征；态度倾向和行为方式是外在显性文化的表现，可以直接被观察到，是表面上的特征。隐性文化会在一定程度上塑造和影响显性文化，教师在教学过程中的态度和行为方式很大程度上取决于他们的核心价值观和思维方式。

广义的教师文化是指在同一学校教育背景下，教师共同创造的各种物质和精神成果的总和，其中包括与其他职业有所区别的价值观、行为模式、知识技能和语言符号，可以分类为三个不同的文化方面：外表文化（也称为明显文化或实际文化）、中介文化（又名系统文化）和内在文化（也被称为内心文化）。尤其是深层次的教师道德文化，是教师文化的内核和灵魂，体现了教师行为中潜在的核心价值观念、思维方式和道德准则，展示了教师整体的精神风貌和生活态度。

综上所述，教师文化是教师群体在身份、地位、职业性质、共同经历、制度等因素影响下形成的价值观及共享的基本假设，融入教师职业生活中，

塑造着教师的人格，规范着教师的行为，这可以从以下三方面来理解。

首先，教师文化是教师成为组织成员的基本方式。"一种文化就是一种成员可以理解事物的'意义地图'，这些'意义地图'不仅被携带在头脑中，同时它们通过社会组织和关系模式被客观化。通过这种组织与模式，个体变成了'社会性个体'，文化是群体的社会关系被建构、被赋予形式的方法，但是它也是这些形式得以体验、理解和阐释的途径。一个社会性的个体存在于一套特别的制度和关系中，他也在同样的时刻存在于一种特殊的意义图式中，这使他进入或定位于一种'文化'中。"①进入学校系统后，通过不断识别其运行的规范和假设，教师成为学校团队中的一员，并以其特定的方式进行认识和思维活动。因此，教师文化给予了教师一定的群体身份，同时也限制、修改和约束了其生活方式。

其次，教师文化受到教师的地位、身份、经历、职业性质、制度等多种因素的影响。教师地位影响着教师文化。就像英格利斯所言，"不同的人有着不同种类的日常生活，他们所参与的日常例事与活动的种类取决于他们的社会地位"②。每个社会群体都有着与众不同的生活方式，这种生活方式是该群体在特定的社会条件下形成的，特定的社会条件是指该群体在社会中所处的位置。同样地，教师在社会中的地位会影响教师群体的生活方式，并使他们形成各种习惯，教师矛盾性的身份与地位深刻地影响着教师文化。教师有多重身份，对于学生来说，教师是教育者、社会代表者、领导者和权威，但在学校组织中，教师是受雇者、被领导者和执行者。一方面，教师承载着国家、社会、学校和家庭对他们的种种期许与期待；另一方面，教师本身缺乏与这些期许和期待相匹配的待遇与地位。教师在矛盾性的地位与身份中徘徊。而一个人的职业地位的性质，特别是发布或接受命令的经历，会融入生活的其他方面，包括世界观和生活方式、对于现在社会秩序的依附程度等。教师作为被领导者和执行者的身份在他们的生活实践与思想观念中起着主导作用，

---

① 陶东风，周宪. 文化研究（第9辑）[M]. 北京：社会科学出版社，2010.
② 英格利斯. 文化与日常生活 [M]. 张秋月，周雷亚，译. 北京：中央编译出版社，2010.

教师的共同经历也会影响教师文化。埃德加·沙因认为，所有拥有共同经历的组织成员会形成某种文化。教师在解决外部适应和内部整合问题的过程中，通过相互沟通、相互交流、相互影响而发展形成的合作共事的方式、思维习惯、语言范式等，都会影响教师的行为、情绪和认知。教师的职业性质影响着教师文化。教师的职业性质、职业规范、职业内隐与外显的种种要求对教师文化的形成会产生深刻的影响，因为不同职业群体都附带了某些特定的态度、期望和标准，这些"态度""期望"和"标准"塑造着教师文化。教师文化还受到学校内外各种制度的影响。现代社会中的每一个领域都是通过科层制进行组织和管理的，因此，该领域的活动也是遵循既定的规则和规章进行的，这些规则和规章会影响这个领域的职业文化。同样地，教师文化也具有受到与教师工作有关的各种规章限制和控制的属性。

最后，教师文化规定和影响着教师实践活动。现代工作文化不仅要求个人对其承担的角色有适当的资格，也要求他们以某种被规定的方式来扮演这些角色。也就是说，某种职业不仅要求其成员具有专业人员的资格，还要求其成员必须看起来像"专业人员"。教师实践活动取决于教师文化规范对其的限制与规定，取决于教师文化价值观及其共享的基本假设。从埃德加·沙因的文化层次理论我们了解到，基本假设是文化的最深层次，是人们所具有的无意识的、理所当然的信念、知觉、想法和感受等。一旦基本假设形成，就会被其成员视为理所当然。这些基本假设不仅被老教师视为理所当然，还会成为新教师思考、感受和表现的依据。如果违背这些基本假设，教师会感到不安、焦虑。教师文化中的基本假设包括关于权力地位的假设、关于身份与角色的假设、关于教师间关系的假设、关于工作与生活关系的假设等。这些价值观与假设构成了教师文化，并由此产生具体的行为规范，这些规范反过来指导人们，使人们的行动方式与更为宽泛的社会结构的需求相协调。因此，如何思考和如何行动都是教师文化规范在教师这个特定群体中的表达形式，群体中的每个人都体现着这些思考和行动的方式。

（二）教师文化的特征

教师文化作为整体社会文化的组成部分，虽然具有社会文化的共同特征，但由于教师是从事教育工作的专业人士，因此教师文化与其他社会文化有所不同。

1. 精神性

由于共同价值观是学校教师文化的核心要素，因而学校教师文化是教师群体所认可并遵循的价值准则。教师在教育教学生涯中所表现出的职业态度、敬业精神、工作风格及内心深层次的价值观念、心理面貌等，都能令人感受到这一群体的独特气质。

2. 融合性

学校教师文化是由教师共同遵循的价值观和准则构成的集体文化，它为建立和谐、竞争和合作的教师团队奠定了思想基础。

3. 独特性

学校教师文化是一种亚文化，它会受到民族传统文化的影响和地区文化的影响，同时还要受到自身主文化——学校文化的影响。因此，学校教师文化必然具有教师这一群体所赋予的独特性。另外，不同学校的教师文化存在着显著差异，也体现了教师文化的个性和特色。

4. 可塑性

从狭义上说，学校教师文化是教师们共同遵循的核心价值观在长期实践中形成的一系列理念和信念的体现。这种文化不是自发产生的，而是可以通过挖掘、引导和实践中的不断完善来形成。因此，学校教师文化虽然相对稳定，但也表现出一定的可塑性。

5. 内隐性

支配人行动的力量不仅来自自觉意识，而且来自处于自觉意识底层的更大规模的无意识层，其中重要的一部分便是文化无意识。教师文化内隐在教师的无意识层，融入教师教育教学活动的始终，往往以"日用而不知"的方

式作用于教师的一言一行。特别是教师文化中的价值观念和思维方式以及基本假设这些深层因素，内隐于教师的内心，并且对教师的态度倾向和行为方式这些表层因素起着支配作用，直接影响着教师的教育教学活动。

6. 整合性

由于学校的种类不同、承担的学科不同，教师文化拥有不同的性质，由于性别、年龄、经验、个人性格的不同，教师文化又呈现出多样的形式。教师文化不仅表现为意识性的、显性的意识、技能、知识和行为规范，也涉及一些无意识的、隐性的情感、信念、习惯等。此外，教师文化是在与学生、同事、教育行政、家长及社区的关系中形成的，与教师所特有的感情、思考、行为等相关，是教师的要求、愿望、意志等在学校与课堂等社会环境中的综合体现。这就使得教师文化是由不同层面构成的一个整体，它们相互交织、相互融合，整合为一。

7. 稳定性

教师文化一旦真正形成，必将在长时期内持续发挥功效，教师文化的稳定性主要表现为已经形成的教师文化总是通过种种方式保证教师职业群体共享的价值观和行为模式得以传递和传承下去。在某些时候，教师文化的稳定性就是一种对改造自身的外在因素的排斥。稳定性既使得教师文化在一定时期内保持相对统一和连续，也使得教师文化具有惰性。从这个角度来看，教师文化的稳定性往往也是教师接受新的教育教学理念和方法的最大障碍。

（三）理想的教师文化特质

理想的教师文化应该具有以下三点基本特性。

1. 合作性

教育的发展使教师们逐渐从个体工作转变为团队合作，促进教师之间更加紧密的合作、交流和沟通，以满足培养复合型人才和推广新教育理念的需要。此外，共同从事相同职业并追求共同目标有助于教师们相互学习和交流，共享知识和经验，一起探讨并解决问题，促进了教师团队的团结合作精神的

培育，提高了学校整体的教育效能。这种教师的合作应该是真正的自然合作，而非形式化的人为合作。

2. 生成性

教师在积极探索的过程中，会不断向前发展，而那些缺乏创造性思维的保守教师则可能会停滞不前甚至倒退。教师从初出茅庐到成为教育专业人士的过程，是一个不断学习、不断进步、不断自我发展的过程。教师自主发展的主要途径便是学习，教师应该保持饱满的学习热情，将学习贯穿于自己职业生涯的始终。只有认识到学习和教师工作之间的"源"和"流"的关系，教师才有可能保持其职业的生命力。

3. 开放性

开放的教师文化主要包括三个方面：首先，要以开放的姿态对待外界新的教育思想和教育思潮，要能够以积极批判的态度汲取教育改革的新成果。其次，要宽容地对待学习教育新思想和新思潮过程中可能遇到的障碍和问题，教育的革新必然会有风险，教师应该正确认识教育革新过程中的变化和风险。最后，教师之间应该有开放的人际关系，教师彼此之间的对话和沟通是形成开放的人际关系的基础。信息技术的发展和网络化社会的形成使教师文化达到真正的开放，实现海纳百川的目的成为可能。教师与教师之间，教师与社区、家庭、专家、领导之间的交流合作应该频繁化、多样化。同时，在国际文化交流中，教师也可以走出国门，在更广阔的范围内传承、吸收先进文化。

（四）教师文化分类

西方学者们从不同的关注点出发对教师文化的研究揭示了教师文化的不同面貌。比如，芝加哥大学的社会学家洛蒂将教师的典型工作方式分为现实主义、保守主义和个人主义这三个方面。现实主义是指教师专注于短期计划的完成，却忽略了教育的长期影响。保守主义是指教师在教学过程中避免深入挖掘和探讨教学背景和关键问题，不愿意进行根本性的改变，只是在原有的基础上做一些表面性的调整和修正。个人主义指的是教师们不愿与同事合

作，对同事的批评感到羞耻，缺乏合作精神。根据李皮特和怀特的研究发现，教师的领导方式和行为会受到他们所处的文化背景的影响，同时也是文化特征的一种体现。他们总结了教师四种独特的领导风格和行为方式：强硬专断型、仁慈专断型、放任自流型及民主型。研究表明，教师的领导方式和行为风格对于课堂氛围和师生互动模式具有至关重要的影响。强硬专断型的教师可能会使学生顺从，但学生始终抵触并不喜欢这种领导方式；仁慈专断型教师能够赢得多数学生的喜爱，但对于那些了解他真正本质的学生来说，可能会对他反感。放任自流型的老师导致师生之间缺乏合作，处于松散的联系中；而民主型的教师，能够使学生对学习感兴趣，喜欢合作，特别是愿意与教师共同努力，这些研究成果使教师文化理论不断丰富和发展。其中，著名的教育学家哈格里夫斯对于教师文化的研究较具代表性。

哈格里夫斯将教师文化划分为内容和形式两个层面。他觉得，教师文化的内容，是指在某一个教师集体或更广泛的教师社区之间的每个成员所共享的态度、价值观、信念、观点和行为方式。教师文化内容观的基本要素是分享和共识。教师文化的塑造受到了特定文化群体中教师间的互动模式和联系方式的影响，它的分类主要取决于教师同事之间人际关系的状态。他认为，教师文化的内容是通过不同形式的关系来体现的。他对教师文化进行了分类，分为个人主义文化、派别主义文化、人为合作文化和自然合作文化四类。

1. 教师的个人主义文化

教师的个人主义文化表现为以孤立的方式行事，不但自己在教育教学过程中不求助于其他教师，而且对其他教师保持不干涉主义的态度。教师的个人主义文化导致他们信奉独立成功的理念，表现为彼此之间形成了封闭的特定联系方式和惯常表现，这是一种在教师中相当常见的教师文化。教师文化的个人主义倾向在于强调独立思维、独立行动，并在教师交流方面倾向于保持传统和封闭的态度。从教师个体的行为方式来看典型的表现就是教师在教学过程中展现出他们独特的个性特征，这种文化特征为教师培养自己的创造力提供了必要且良好的环境。然而，教师之间相互合作不足，会造成他们在

思想、行为和习惯方面显得封闭。教师往往固守传统，缺乏创新精神，个人主义的教师文化已经不能适应当代教育发展的需要。

造成教师个人主义文化的原因主要有两个方面：其一是受到教师工作及其周围环境因素的影响，包括工作的不确定性、学校内部结构、课程教学环境的封闭性等。其二是教师的心理素质有待进一步提升。教师往往只集中精力在他们的教学工作和学生身上，因为这样可以帮助他们获得心理上的满足感，而忽视了同事之间的合作和互助。此外，部分教师由于担心被评判和批评，会经常展现出一种习惯性的防御姿态。另外，一些教师因为很难看到工作的实际成果，所以容易产生焦虑和压抑情绪。尽管这些状况得到了一定的改善，个人主义依然在当前的教师文化中难以消除。这不仅是因为人们错误地将对教师的个人主义文化归因，也是因为人们对个人主义缺乏必要的接纳和尊重。因此，哈格里夫斯对教师个人主义做了自己的阐释，指出教师个人主义的根源主要在于行政压力、工作环境和教师个性特征，并据此将其归纳为限制性个人主义、策略性个人主义和选择性个人主义。与过去只强调特定因素不同，这种归因方法综合性更强，揭示了教师的个人表现受到组织环境、工作性质、教师职业心理特征等各方面因素共同影响。因此，要改变教师个人主义文化，不仅要消除教师之间的隔阂或提升教师的心理素质，还需要综合考虑其他因素。此外，在推动改革的过程中，我们必须全面理解并高度重视教师个性文化的重要性。把教师个人主义文化一概视为不利的文化，并对其进行严厉批评，实际上是对这种文化的错误理解和不公正的对待。

2. 教师的派别主义文化

在教育系统中，教师们因为深陷派系文化，导致彼此之间的关系失衡。整个学校的老师被分为不同的团体或派别，这些派别之间有着明确的界限，但内部紧密协作。每位老师都忠于自己所属的群体，与其他群体内的老师保持距离，甚至对其他群体怀有敌意，教师的派别文化呈现出明显的特点。

（1）低渗透性

不同派别之间存在分歧和排他性，每个派别成员都是固定的，这些成员

不能同时拥有其他派别的身份。

（2）高持久性

一旦教师派别团体形成，短期内成员通常不会出现流动和变化，因此表现出高持久性。

（3）个人认同

成员与派别建立联系主要是基于他们在共享的价值观和个人身份上的相似之处。

派别主义的出现是因为学校领导在教育管理中过于偏向于将同一年级和相同学科教师横向组合在一起，忽视了纵向划分的持续性，缺乏整体管理理念。教师们过于关注自己的所在团队而不是整体教师群体，导致难以实现共同目标，教师之间错失了互相学习和交流的机会，影响了教师的专业成长，给学校改革带来了困难。在目前我国高等教育改革的背景下，教师的文化观念对于学校综合课程的实施带来了不少影响，需要迫切加以改善。

3. 教师的人为合作文化

在构建教师合作文化的过程中，很容易受到各种强制性因素的干扰，自然合作文化容易被扭曲为人为合作文化。人为合作文化中的教师在外在行政控制下，被迫并且被动地展开教师之间合作。这种教师间的合作是通过一系列正规、特定的行政程序来增加教师间相互讨教和交流的机会，是人为引导、制度安排的结果。它是学校领导、外在制度等为了增强教师间的联系，实现教师之间资源和经验的共享，对教师文化进行引导而形成的一种教师合作的状态。

人为合作文化特征包括五个方面。

（1）行政控制性

行政控制性指的是教师之间的合作关系不是由教师自发形成而是行政命令促成的。

（2）强迫性

强迫性指的是学校在未考虑教师的个性及所喜好的工作方式的情况下，以强硬的方式推行团队教学、同伴指导、集体备课等改革项目。

（3）实施取向性

实施取向性指的是在人为合作文化下教师合作的目的在于实施行政命令，而不在于推动专业发展。

（4）特定的时空

特定的时空指的是教师合作的时间和场所等不是由教师们自由决定，而是由行政命令来指定。

（5）可预测性

可预测性指的是教师合作按照特定计划进行，其成果具有较大的人为控制性和可预测性。

哈格里夫斯对这种人为合作文化持批判的态度，并提出了一些结论性的观点。教师的工作和生活环境是不断变化的，在后现代社会更是如此。教师工作的情境性决定了我们无法用标准化的方式来推行机械的合作。人为合作文化违背了教师专业主义理念，没有尊重教师作为专业人员应该享有的自主判断和自我抉择的权力。实践证明，人为合作存在着两个明显的消极后果，即缺乏灵活性和无效性。鉴于此，哈格里夫斯指出，人为合作文化必须向自然合作文化过渡，其重要的一个策略是赋权学校和教师。

4. 教师的自然合作文化

自然合作教师文化则是基于教师之间的开放性、信赖性和相互支持、援助而形成的一种关系形式。自然合作文化中的教师在自愿、自主、自发的前提下和同事们进行不限时空的交流和合作。自然合作文化是经过人为合作文化阶段后形成的更高级的合作文化，表现为日常教学中的教师之间自发的、自然而然的合作。在学校日常生活和工作中，这种文化表现在教师们愿意公开观摩同事之间的教育教学过程，愿意对彼此在教育实践中遇到的问题进行讨论，并且在教育价值观、思想认识上追求广泛的一致性，对于细微的不一致则采取宽容的态度。

自然合作文化主要特征包括五个方面内容。

（1）自发性

合作可能在行政措施、学校领导及其行为榜样等方面得到支持和便利，

但从根本上看，合作工作关系的来源和维持，主要依赖于教师本身。

（2）自愿性

自然合作源于共同的价值观念，而非受到行政限制或强迫的影响。共同的价值观念是通过教师的经验、倾向和互相推崇，而非强制性地说教而达成的。

（3）发展趋向性

自然合作文化下的教师合作是指向教师专业发展的。

（4）超越时空性

因为自然合作是自律和自发的，所以它并不受限于特定的活动或时间，无论是在正式的或非正式的工作任务中，还是在日常生活中，都可以体现自然合作的文化。

（5）不可预测性

自然合作文化的宝贵之处在于"自然"这一词。它可以让教师不再仅仅依赖个人反思或外部专家，而是通过互相学习、分享和交流彼此的专业知识，提高教师的自信心和实践能力，从而促进他们的职业发展，推动学校的变革进程。在教师文化中，自发合作是一种理想的形式，体现在教师自愿协作，而非被迫依赖行政指导。因此，这种合作通常不仅仅是形式上的合作，而是教师们自愿分享经验，积极讨论解决教学中出现的问题，共同探索解决方案。教师自愿、自发的合作是实现优质教育效果的关键之一。教师之间的合作与沟通至关重要，能够形成积极的教学氛围，确保学校教育目标的一致性，形成协同力量，推动教育教学工作的顺利进行。教师在自然合作文化中自行决定合作活动的目的、内容和方式，因此自然合作的结果不受事先设定的影响，不受时间和空间的限制，所以难以预测。

（五）教师文化的结构

1. 深层教师文化

深层教师文化也被称为精神文化，是教师文化的核心和灵魂。它揭示了

教师行为中蕴含的根深蒂固的价值观、思维方式和道德标准，展现了教师的整体精神风貌和生活态度。社会心理，包括信念、价值观和思维方式等因素，在构建教师文化内核方面起着重要作用。这些因素具有稳定性和延续性，因此被视为"文化的深层结构"。在这些因素中最为核心的是价值观，人们的评判准则和取舍方式是由其价值观所决定的，从而影响了他们对生活目标和生活方式的看法和选择。人们的行为受价值观的指导，这些价值观告诉他们什么是最重要的和值得追求的，在被认可后会对个人的行为产生深远影响。教师文化的核心是教师的价值观，是教师在理念和道德方面的行为准则和表现。在实际生活中，个人常常根据自己的价值观念来决定生活方式，价值观决定了一个人的精神状态和行为方式。教师所持有的理想和信念决定了他们的教育价值观念，这一观念具有独特的思想内涵。

2. 中层教师文化

中层教师文化也称为制度文化，包括与教师相关的规章制度、师生关系，以及行为习惯等方面，学校的管理和组织方式处于教师文化的中层。学校内部规定的关于教师道德行为、教学指引、进修机制、考核方式、奖罚制度，以及各类仪式、着装要求和行为规则被称为学校的中层文化。这一级别的教师文化受到特定的物质文化影响，同时也是教师内在理念文化的外在体现。完善而严谨的制度和管理体系是促使教师积极进取的关键因素和重要保障，同时也是教师制度文化不可或缺的重要组成部分，所有知名国内高校的形成和发展都源于它们对制度文化建设的高度重视。良好的制度有助于培养人才，而不合理的制度则有可能阻碍人才的成长。

另外，很多高校已经进行了校内制度改革，通过有关制度的保障确保了学校教学的有效开展，促进了良好的教师文化的形成和发展，这也是遵守法律治理学校、遵守法律治理教育的重要手段。

3. 表层教师文化

表层教师文化也称显性文化，是教师文化最具有标志性意义的部分，是

最直观地展示教师形象的部分，因而也成为最易被他人感知的部分。我们认为，教师生态环境处于教师文化的表现层。

教师生态环境就是要按照教师成长的规律、工作的规律，给教师创造幸福的工作环境，包括务实高效的工作氛围、求索创新的工作机制，这样教师才能保持积极向上的工作心态。长期高度紧张的工作环境，会对人的身心造成一定的损害。如果工作远离快乐，教师长期情绪压抑，势必影响教师的身心健康发展。学校的文化氛围及人际关系能否给教师提供一个快乐的工作环境则是影响教师工作积极性的重要原因，学校要努力创设情境，让教师在工作的过程中能享受到快乐。

二、教师文化相关理论

（一）埃德加·沙因的文化层次理论

鉴于许多研究往往仅停留在对文化现象的表面讨论，未能深入挖掘和探讨文化背后的深层内涵，美国学者埃德加·沙因通过长期而深入的研究，提出了具有深远影响的文化层次理论。这一理论不仅为学术界提供了新的视角，而且为教师文化研究领域搭建了重要的概念框架，使得研究者能够更加系统和全面地分析和理解教师文化。沙因的文化层次理论为教师文化的研究提供了有力的工具，帮助研究者们超越表层现象，深入文化的核心，从而更准确地把握教师文化的特点和规律。

沙因认为，可以从表层、中层和深层三个层次来分析文化，这三个层次包括人工饰物、信念和价值观及基本假设（见图 1-1-1）。

文化的表层是指人工饰物，包括团体的可视产品，如可观察到的礼仪、庆典、团体风格、风俗、礼节、象征、组织架构、共享的语言和互动系统等外显性的成分，它们构成了一个组织和群体的物质环境。关于各种人工饰物具有什么意义，它们之间有什么样的内在联系，反映了何种更深层的模式，埃德加·沙因认为需要研究文化的另一个层次，即信念和价值观。

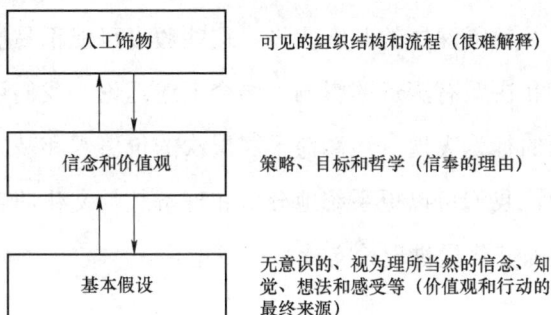

图 1-1-1　文化的层次

　　文化的中层是指一个组织中的成员共享的规范、信念、价值观等。这些价值观和规范并不一定以显性的形式呈现，而是以隐性的形式存在于组织成员的头脑中，约束着成员个体的行为。埃德加·沙因通过研究认为，文化中层的信念和价值观由团队的创建者与领导者传播开来，成为团队运行的规范和行为操作规则。

　　文化的深层是指组织团队的基本假设。埃德加·沙因认为，当解决问题的方法在一个组织或团队中被反复运用后，这个方法就会成为团队成员解决问题的有效途径。当一个仅被一种价值观所支持的假设逐渐被团队成员接受后，就会被团队成员视为理所当然的。而一旦人们形成一套完整的假设，和与自己具有相同假设的人相处时就会感到舒服，而对于与自己假设不同的事情则难以理解，甚至会对他人的行为产生错误的认知。"因为人类需要获得认知稳定性，所以，关于基本假设的任何挑战或质疑都会使我们产生焦虑和防御。"[①]埃德加·沙因认为，组织团体的基本假设，不仅是团队成员个体的心理认知防御机制，还是团队的心理认知防御机制，确保团体的持续运转。

　　在教师文化的背景下，沙因的模型可以帮助我们更好地理解和分析教师文化的不同层面。例如，教师的行为模式（如教学方法的选择等）可以反映其文化层次中的"人工饰物"。而教师所持有的价值观念和信念则属于"信念和价值观"层面，这些价值观和信念影响着教师的教学决策和行动。最后，"元

---

　　① 沙因. 组织文化与领导力［M］. 北京：中国人民大学出版社，2011.

潜在假设"则涉及教师深层的基本假设，这些假设可能不易被直接观察到，但对教师的行为和决策有深远的影响。结合上述理论，我们可以看到教师文化不仅包括表面的行为表现，还涵盖了深层次的价值观和基本假设。通过沙因的三层次模型，我们可以更系统地分析和理解教师文化的各个层面，从而为塑造优良的教师文化提供理论支持和实践指导。

（二）教师文化生态理论

1. 教师文化生态的内涵

教师文化生态是指教师文化的形成、传承、存在等情况，它是从整体、适应、多元、动态的角度来审视教师文化。

一方面是指教师在教育生活中的参与方式，是以教师的身体为媒介，以教育生活为背景，以教育行为为象征，形成的文化生态景象和文化生态表现的整体。教师的文化生活是在一个"教育场"（生态环境）中展开的，该环境是一个层次分明、整体完整、结构复杂的网状文化生态系统，具有整体循环、相互影响、信息传递、持续发展等文化生态功能。

另一个方面是指可以将教师文化视为由教育范式、教育愿景、教师行为、工具中介系统、社会及物质环境组成的生态系统。他们之间相互联系，相互影响并相互限制，从而形成动态平衡。

2. 教师文化生态的特性

教师文化生态是具有自身特质的规定性的文化形态，包括文化和生态这两个概念内涵的共同本质，它应具有如下几个特征。

（1）生命特性

文化与生命是密不可分、相互交融的两个方面。人的生命以文化的方式而存在，文化则通过人的活动来展现。只有把生命视为学习文化本质的起点，才能真正领悟到文化的重要性。

教师文化生态的生命特性，涵盖了教师对自己和教育对象生命的理解、关怀和认同，是教师文化生命价值的表现和提升，体现在教育活动中对生命

的意义和活动方式的准确把握，以及在教师文化建设中实现自我完善和追求更高的价值。构建教师文化生态应强调教育活动的意义和情感体验，通过培养生命与生命之间的情感，探索灵性与肉体之间的交集，以智慧引导学生体验生活，创造美好的生活。

首先，教师应关心并认可自己的生命意义。教师应该意识到，教育教学活动对他们而言，不仅是一种专业发展的机会，还能让他们在实现自我价值的过程中不断提升生命的幸福感。教师文化应该为教师提供物质和精神支持，建立一个有利于他们专业成长、心理健康，并促进其生活意义实现的良好环境。

其次，教师应该理解、关心学生的生活。老师是学生前进道路上的引导者和伙伴，他们通力合作，共同在学习中进步。因此，教师应当视学生为有生命的个体，把他们看作是教育的主体，是具有价值、尊严、需求、兴趣、个性和自主性的主体。

综合而言，教师文化是教育活动中教育群体的文化积淀，在教师专业成长过程中承载着生命的价值。教师文化生态具有生命特性，作为教育工作者，他们应该以尊重生命的价值为准则，探究生活的意义和价值，重拾人类真实的生活体验。在注重个人生活的意义和改善生活质量的同时，以生活的真谛来启发并加深学生对生命的意义和价值的理解。

（2）遗传性和变异性

文化会持续传承并影响后续文化发展，这就是文化生态的遗传性。随着时间的推移，社会也在不断变化，一成不变的文化无法始终适应这种变化。因此，文化必须根据社会变迁来调整其结构和功能，以保持与现实的一致性，这就是文化环境的变异性。正是通过遗传和变异，文化生态在不断变化中逐步发展壮大。

教师文化生态的遗传性就是指教师文化在传播过程中保持其固有特征的演化。教师文化的传承是一个涵盖广泛的系统，需要许多群体和个人参与其中。在文化自身的生成机制、社会的文化运行机制与文化主体的文化判断和

选择机制共同作用下，将共同认可的价值观念与行为模式一代代地传递下去。一般来说，教师文化会受到当时所处的时代和地域背景的影响，需要将当时和当地的社会、政治、经济、科技等方面的文化元素融入其中，进行横向传承；同时，教师群体的文化也会受到教师文化共同体的审视、评定和传承。通过这两种遗传模式的共同作用，教师文化能够在持续发展变化的过程中稳定地沿着自己的路径演进并传承下去。

优秀的教师文化应旨在打造具有共同理念的教师团队，倡导坚定的教育目标、强烈的职业自觉和奉献精神，注重培养道德品质和塑造人格。教师文化的传承演变形成了教师文化体系，促使教师文化生态系统稳定地发展。

教师文化生态也同时呈现出变异性。新教师在继承老教师文化传统的过程中，会汲取精华、舍弃糟粕，并基于传承的基础上进一步发展、创新文化。多元化的教师文化推动了各种新的文化形态的出现，维持了文化的生机。

当前，存在部分教师教育文化传统与社会和教育的进步脱节的现象。例如，过度强调群体文化价值观，却忽略了个人的特质，过分强调思维和行动的统一性，缺乏对学生独特个性发展的重视与支持，这可能不利于培养创新型人才。师范性和学术性之间的不协调主要因为培养目标过于单一、定位较低、教学内容相对滞后、知识专业化程度不够高、缺乏学术性等因素，使得学生的知识和能力受到限制，缺乏创新思维。教学理念和学科水平与教师专业化发展的要求之间存在着较大的差距。因此，我们需要在批评的基础上进行改良和创新。

因此，教师文化生态持续地在传承与演变之间不断发展，既展现了前辈教师的教育理念，也体现了当前教师的努力与创新，是教师文化发展的源泉，促进了文化精神和传统的传承与弘扬。

（3）多元性

多元文化的存在是必然的，因为在人类与自然、社会、他人及自身之间相互作用的过程中，产生多样的文化形式是一种必然的结果。

教师文化的多样性主要受到两个方面的影响：首先是教师所受到的外部

环境的影响。当今社会出现了越来越多的不同价值和文化，这种情况为教师文化的多样化发展提供了有利条件。教师文化受教育理念、教育体制、学校管理方式以及教学评估方式等多方面的影响，在这种情况下，教师文化呈现出多样化的发展趋势。其次，教师文化的多样性取决于教师群体中的不同内在个体差异。教师个体在地位、年龄、经验、性别、学识、价值观和信仰等方面存在差异，因此会形成各种特殊的亚文化现象，进而构成了丰富多元的教师文化。除了明显的规范意识、知识、技能和行为规则外，教师文化还体现出内在的信念、情感、习惯等多样的结构。因此，教师职业的社会性和复杂性等特征使得教师文化展示出多样性的特点。

教师文化的多元性表现为：一是现代文化与传统文化融合共生，即在尊重传统文化的同时吸取其精髓、抛弃其不足之处，对传统文化进行改良，使其与现代文化融合，以优秀传统文化为基础形成文化的优势和独特性。二是指本土文化和外来文化之间的和谐融合与共存。文化系统为了生存和繁荣，必须保持与外部世界的持续信息交流和能量流动，吸收外部资源以增强自身的活力。因此，在适当的情况下，应该促进本土文化与外来文化之间的交流与合作，相互学习、补充，实现共同发展。三是不同层次和类型的文化和谐共存。文化的多样性体现在各种不同的文化共同繁荣发展，而不是偏向某一种文化独占主导地位。各种不同的文化应当互相包容，互相融合，找到彼此共同发展的途径和空间。

教师文化的多元性首先要求教师需培养广泛的文化视野。在一个拥有多元文化的社会里，一位优秀的教师不仅需要具备教育专业素养与学科专门知识，还应该具备文化人类学素养及多元文化教育的智能，并理解多元文化教育的概念。教师需要充分认识到多元文化教育对他们的教学科目和教学环境的重要性，树立正确的文化差异观念，尊重多元文化，并培养设计多元文化教学场景的能力。

（4）系统性

教师文化生态系统是一个要素众多、层次复杂、关系错综、目标功能多

样的系统，是由教师文化与周围环境交互形成的有机整体。系统中的各要素相互影响并相互制约，也可以说教师文化与环境之间形成了生态关系。要理解教师文化系统，就需要了解教师文化生态系统的构成、属性和作用，以及生态环境。

下面我们将从三个方面来理解教师文化生态的系统性。

第一，教师文化具有开放性和封闭性的双重特征。

首先，教师文化具有封闭性。因为教师个体及其工作的学校之间有许多不同点，包括学校的地理位置、教师的个人特点及所教科目等，故而导致了不同的教师文化的产生。经过长时间的专业培训和学校工作，教师逐渐养成了与特定教育环境相适应的生活习惯、个性和认知模式，这些态度和行为方式代表了特定教育环境的文化特征。教师文化体现了教师在不同文化背景下的选择，其内部要素、文化类型、符号形式及文化意义在特定时期相对固定。外部文化难以轻易融入教师文化，因为这种融入可能引发新的关系和破坏原有的平衡。

其次，教师文化也具有开放性。外部的"文化形态"和价值观念体系中蕴含的特定语言、行为方式、价值观念、风俗习惯等都会悄然影响到教师的性格、态度、气质、信念和价值观。教师通过个人活动和主观认知，逐渐感知、认识和理解风俗礼仪和文化制度的文化内涵。经过长期社会实践，这些精神内涵自然而然地融入并潜移默化地沉淀在教师的人性结构中，形成了教师特有的人格和精神气质。教师既在教育界的小圈子里工作又身处于社会大环境中，他们的观念和思维受到主流社会文化和教师文化的双重影响。教师在专业成长过程中与外界持续交流，以适应社会和教育领域的变化，提升教学水平并追求卓越品质。

第二，教师文化内部拥有各种不同类型的文化。

根据教师总体精神状态对教师文化形式进行分类，有学者认为教师文化可分为充满活力型的教师文化、停滞不前型教师文化和按部就班型教师文化。郑金洲在《教育文化学》一书中指出，教师文化还可分为学术为本的教师文

化、学校为本的教师文化及学科为本的教师文化。还有研究者指出，教师文化可以被区分为隐性文化和显性文化。价值取向和思维方式属于隐性文化，态度倾向和行为方式等属于显性文化。根据部分学者的观点，教师文化可以被分为适应型和创生型，这是基于对教师文化本质以及未来发展方向的研究而得出的结论。有学者根据美国文化人类学家米德的"三喻文化"理论，对教师文化进行了分析，提出了教师文化可被归类为后喻型和前喻型。

有学者指出，教师文化可根据其不同形式分为体制文化、认知文化、物态文化和心态文化。一些学者从专业教师的教学经验层面出发将教师文化分为两个类别：一是在实际教育环境中培养的实际教师文化，另一个则是在象征性的符号世界中形成的象征文化（虚拟文化）。而实际教师文化又可以被划分为教师自在文化和自为文化。

第三，教师文化内部不同类型的文化之间有着紧密的联系。

教师文化内部的不同文化类型并非孤立存在，它们在同一时空里相互交织、互相影响，并会随着环境变化而不断演变。此外，各种文化类型之间有一些相互联系的特征，并且展现出一些规律性，教师的个人主义文化是受到组织环境、工作性质和教师职业心理特征等多种因素共同影响的。当个人主义文化不足以满足教师专业发展需求时，合作文化就显得尤为重要。合作文化有助于促进教师群体的成长，并整合教育力量以提升整个学校的教学质量。然而，教师的个人文化也有助于培养后现代教学所需的核心能力，如独立思考能力、自主选择能力和创造性思维能力。因此，无论是强调个体独立还是强调团队合作，都各自具有重要性，并且二者之间是相互关联的。

3. 教师文化生态系统的结构

教师文化是教师在实践工作中展现出来的自身价值观、品德修养、行为方式和习惯。教师文化生态系统的结构可根据不同层次的组成形式分为精神文化系统、制度文化系统、行为文化系统、物质文化系统，并且这些系统之间有一定的内在逻辑和规律性关系。如图 1-1-2 所示，在系统中，精神文化系统位于核心位置，对其他三个部分起着主导作用。教师文化系统的象征是物

质文化系统，行为文化系统则承载了其内涵，而制度文化系统则为整个系统的运作提供了有序保障。

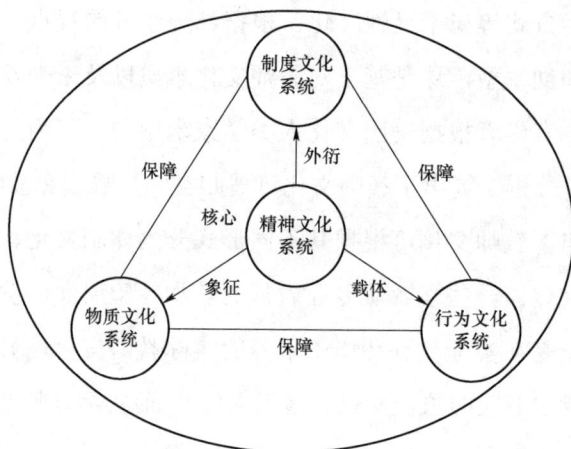

图 1-1-2　教师文化生态系统的结构

第一，深层的精神文化系统。

教师精神文化是教师在长期从事教育教学工作及与同事、学生等互动过程中，不断总结、筛选、提炼并发展起来的一套被教师群体所认同和遵循的理念、价值观、思维方式、道德准则、人际交往方式及文化传统。教师深层次的精神文化主要涵盖教学观念、教师专业精神、教师职业自尊、人际关系规范等方面。在实际教学中，教育教学理念是指导方向，教师专业精神是驱动力量，教师职业自尊是关键要素，人际关系规范是目标追求。

教师精神文化是教师文化中最核心的部分，潜藏在教师的内心深处，通过特定的文化渊源来体现，并在传承和发展中不断延续。教师的精神文化系统承载着教师文化的核心和精华，直接影响和决定教师的思想素养和生活态度。它是激励教师成长的内在动力，能推动教师的教学工作，并可通过行为文化促进物质文化的发展。

第二，中层的制度文化系统。

教师制度文化是指围绕教育核心价值观而形成的，要求所有教师共同遵守的特定程序和行为方式，以及相应的组织结构、规章制度和政策等。这是

关于教师言行和交往方式的规范体系，对教师的生活态度和行为选择产生影响。价值观可视为"源"，制度则可视为"流"，因此制度文化系统可被视为精神文化系统的拓展。

教师制度文化系统是教师文化生态系统中具有文化殖民与霸权的契约文化，是造就教师文化的制度性根源，为教师教育专业的成长与健康发展提供了保障。教师的招聘和培训制度对教师文化的建立和壮大起着直接作用，教师的评估和管理制度则是维持教师文化稳定增长的关键动力，教师的文化声誉受教师奖励和激励机制的直接影响，教师文化的社会魅力受到了教师的权利保障和申诉制度的直接影响。

第三，浅层的行为文化系统。

教师行为文化是指在课堂教学、课外辅导、人际交往、文化娱乐活动、体育活动等方面产生的独特文化现象。这反映了教师的教学信念和态度，以及师生之间的互动，同时也展现了教师的教育立场和道德标准。教师的行为文化体现在多个方面，如他们举手投足之间流露出的优雅大方，与学生沟通交流时表达出的具有启发性的思想观念，以及在平时语言表达和教学板书中透露出的深厚文学修养，而所有这些行为文化的体现，实际上都是教育文化精神通过教师行为的外化反映。

教师文化必须切实体现在教师的日常行为之中。若教师文化仅仅停留于口头讨论层面，则教师文化将会沦为缺乏实质内容的空谈，宛如一座遥不可及的空中楼阁。教师的精神文化体系与他们的行为文化之间存在着密切的相互作用关系。精神文化不仅为行为文化提供了指导和方向，而且通过教师的实际行为，精神文化得以进一步地体现和深化。教师在日常教学和生活中所展现的行为，不仅反映了他们的内在精神追求，同时也反过来丰富和深化了精神文化的内涵。这种相互作用使得教师的精神文化不再是抽象的概念，而是通过具体的行为得以实现和传承。

第四，表层的物质文化系统。

教师的物质文化系统，指的是教师在工作生涯中对人类创造的物质财富

的互动、使用和消费，以及在日常生活中表现出来的行为方式，这包括对生活必需品的消费、欣赏精神文化、享受高品质物品等。教师的物质文化系统的表现形式多种多样，如教师的仪容、造型等，主要是教师文化在物质形态上的外在体现，是教师文化的行为、精神和制度方面的具体表现。它们通常属于教师文化的表象层次，与教师文化的关键和实质相去甚远。一方面，它受行为文化、精神文化、制度文化的影响，表现出从属和受约束的特点。另一方面，它是教师文化的外在表现，能被人们直接感知到，具有形象感和直观性。我们通常通过教师展现出来的外在特征，包括工作环境、着装、兴趣爱好和阅读的书籍等方面来认识他们，这些因素可以帮助我们初步了解他们的文化偏好。

教师物质文化系统在教师教育专业的生存和发展方面起着至关重要的作用，它直接展现了教师在社会中的地位。当教师工作的物质条件下降到不可接受的程度时，会影响到教师的职业发展，并且可能威胁到他们的生存，甚至会导致大量教师不再从事这个职业。

4. 教师文化生态系统的特性

从上面的内容可以推断出，教师文化生态系统中各个子系统之间的排列顺序、组成方式及彼此之间的联系和互动都具有一定的次序。教师文化系统的结构呈现出一种耗散特征。1966年，比利时著名的物理学家、化学家普利高津提出了耗散结构理论，并因此荣获了1977年诺贝尔化学奖。耗散结构是指一个处于远离平衡状态的开放系统，其中生态系统的各组成部分之间存在着复杂的非线性相互作用。在某个特定条件下，如果某个变量的变化超过一个临界点，那么系统可能会经历一个突变，从无序状态转变为更有序的状态，这种变化可能体现在空间、时间或功能等层面上。换句话说，教师文化生态系统的结构是非平衡、动态开放的，系统的有序性越高，结构越紧凑。由于每个文化体系都与其周围的自然生态环境和其他文化体系之间紧密相互作用，一旦外部影响超出了文化体系的稳定范围，原有体系的结构就可能解体，并演变为新的体系。教师文化生态系统的结构是一个高度复杂的系统，具有

一定的特征。

第一，有序性和层次性。

根据上述分析，可以看出，教师文化生态系统具有明显的层级结构。首层是外部层面，即物质文化生态系统，直接与外部世界（自然环境和其他文化系统）相连，并且变化频繁，易受影响。而最内层是被称为深层的精神文化生态系统，人们在这个层面上主要通过理智来认知，并且更注重通过体验和领悟来接纳或抵制某些观念，相对保守，难以改变。位于中间的则被称为中层，包括制度文化生态系统和行为文化生态系统，是人们置身其中并具有一定客观形态的灵活媒介，介于前两层之间。表层、中层和深层的分类可以说是相对的，并不是绝对的，因为制度和行为层面的事物与价值观和心理层面的事物之间有着紧密的联系。教师文化生态系统结构的分层显示了教师文化在创新和发展过程中逐步提升的不同阶段。

教师文化选择的自组织过程展示了教师文化生态系统的有序性，符合耗散结构理论。它不受主观情绪影响，也不受个人意愿或想法左右，它是一个客观存在的发展过程。社会的文化形态会随着时间的推移而逐渐演变，这种演变是在一定社会条件和需求的基础上以有序的方式自发进行的。文化的演化过程是各种文化因素自发地从混沌到有序的一个自我推动过程，在文化系统有序自我组织过程中，个体具有主体能动作用。这实际上是一种内部动力而非外部影响，可以根据文化生态学原理设定和引导文化系统的结构和次序。

第二，开放性和动态性。

每个文化结构都具有稳定性、完整性和自给自足性，但并非完全封闭和静止不变的。教师文化生态系统处于特定的自然和人文环境之中，必须与外部不同文化系统进行资源和思想的交流，以维持其有序的状态。而系统的结构在交互过程中通常会从数量上的变化逐渐向质量上的变化转变，即从外部变化到内部变化，这展示了教师文化生态系统结构的开放性和灵活性。如果这种交流被打断，教师文化生态系统也将无法保持平衡，最终分崩离析。

教师文化生态系统是共时态与历时态的统一，共时态反映了系统的稳定

性，而历时态则展示了系统的发展性。根据信息论的原理，动态开放的系统不断与外界进行信息和能量的交流，系统结构的稳定与存在和该系统与其他不同系统之间的相互影响并无冲突，系统与环境或不同系统之间的相互作用能使系统内部始终保持必要的活力和张力，这也是系统保持相对稳定却不至于僵化的必要条件。系统结构内部各组成部分之间的互动和系统结构与环境之间的互动以及系统结构与环境之间的开放性密切相关。

第三，可分性和不可分性的统一。

教师文化生态系统是由多个子系统组成的有机整体，彼此相互制约、相互作用，共同存在于同一文化"场"中，难以进行明确划分，呈现出统一而完整的整体性。那么文化生态系统的各个组成部分是否可以完全割裂开来呢？实际上，教师文化生态系统及其结构的可分性和不可分性是相互关联的。每个文化系统都由多个文化元素组成的，一些元素无法脱离其原始系统存在，而其他一些可以在经过改变后融入其他文化系统中。前一个表述说明了教师文化系统中的特定文化元素之间存在着紧密联系，后一个则表明教师文化系统中的各种文化要素之间存在着可分性。

教师文化生态系统具有自己的核心理念和基础准则，包括但不限于各种价值观和思维模式，并有相应的制度和政策与之相契合。只有这些因素完好或基本完好的情况下，才能够吸纳并利用外来文化的某些元素。

第四，自调性。

教师文化生态系统结构的自调性指的是其具有自我调节的能力，这种内在的调节性质保证了文化结构的稳定性和相对封闭性。教师文化的基础根植于民族、地域和学校的文化，这种基础在教师文化的外在和内在表现中得到了充分体现。教师文化的形成受到特定历史背景、社会、教育及环境等因素的共同影响和作用。传统和现代因素塑造了教师的教学行为模式，并深刻影响了他们的教学理念、行为规范和价值观。这是由于教师文化体系比较稳定，不易受外界影响。

教师文化生态系统具有自组织和自调节的特征，通常会经历从混乱到有

序、从失衡到耗散结构的过程。教师文化结构具有内在的自我调节能力，不同要素之间相互作用，形成共振，即在教师文化中的任何要素的变化都会引起其他领域和层次的变化。尽管文化的各个要素存在自身的特点和发展规律，但它们相互关联、相互作用，共同构成了文化系统的结构。当系统内的某一要素发生变化时，系统可能会通过其他要素与其的相互作用来减弱这种变化的影响，从而维持稳定状态，或者通过其他的诸多要素的相应的变化来适应并保持整体结构的内部稳定性，这样文化就能在适度变化中保持其稳定性。换句话说，教师文化系统结构中的一个元素发生改变时，可能会引起整个系统的波动，但随着各个元素之间的相互作用和共振，系统结构最终会趋于稳定。

教师文化的内在自我调节机制在教师文化传播过程中得到了明显展现。一方面，它既促进本土文化与外来文化之间的交流和融合，又能够对部分外来文化施加限制和抵制。有益于本土文化的外来文化，往往会被本土文化吸收并融入，用以充实和改善本土文化。当外来文化对本土文化产生负面影响或破坏性时，本土文化会努力抵制其渗入。另一方面，当一种文化传入另一个文化圈时，它需要适应并融入其中，就像树木被移植到新的地域需要适应当地的土壤一样。如果没能适应和融入，文化传播可能会受挫甚至失败。

教师文化的自我调节与学校、地区和整个社会的发展密切相关。在经济发达、文化繁荣和社会开放的背景下，本土文化更加包容接纳外来文化，有助于社会更好地吸收和融合先进的外来文化。

第五，主体性。

主体性指的是人作为主体与客体互动时展现出的自我意识和主动性，主要体现为个体的自主性。自主性源自个人内在的自我认同感、存在体验和自我价值感，并体现了个人内在的独立意识和主体意识，或者说这种独立性与主体性是建立在个人内在价值观念之上的。

教师文化生态系统的核心是教师和教师文化，因此主体性是其不可或缺的特征，也是其与自然生态系统的根本区别。

教师在教师文化生态系统中的地位和作用决定了教师文化生态系统的主体性特征。教师是重要的文化创造者、传播者和接受者，教师文化体现了教师的核心特质。教师的文化与他们的行为是密不可分的关系，教师的文化既是他们创造出来的，又直接或间接地展现了他们的生存现状。教师是教师文化活动的核心，教师通过教学实践形成了教师文化，而教师文化又反过来对塑造教师个体产生重要影响。此外，教师承载、传播和接纳教师文化，他们在这个文化世界中成长，展现出其独立思考的重要价值和意义。总的来说，主体性是教师文化生态系统的所有特性中最显著甚至是最根本的特性。

5. 教师文化生态系统环境

教师文化生态系统的环境是一种以教师文化为核心，在教师文化产生、发展和创新过程中起到影响作用的各种外部刺激的综合体系。由于教师经常工作在学校环境中，可以将他们的工作环境分为校内和校外生态环境两部分。同时，教师的文化心理环境也是教师文化生态系统中不可或缺的组成部分。

（1）校外生态环境

校外生态环境包括自然生态环境、社会生态环境、规范生态环境等。

自然生态环境是指校园周边的自然界。自然环境是一个多元而独特的系统，对于人类的生存至关重要。人类活动应该与自然环境保持动态平衡的关系，如果这种基本平衡失去了，所有的关系和研究都将失去意义。校园的地理位置对教师文化生态环境产生显著影响。自然和地理因素会影响学校的布局和建筑风格，从而对教师的工作态度和情绪产生影响，进而对教师文化的发展起到重要作用。

社会生态环境是人类在自然环境基础上形成并独立存在的特有环境，包括人类生活中的各种社会条件、关系和意识形态。社会生态环境可以通过个体的活动影响个体行为的智力和情感倾向。人的社会化程度及身心发展的内容、方向和水平受社会环境的影响，这正体现了社会生态环境对教育的影响。

规范生态环境，又称精神环境或价值环境，它指的是人类在社会生活中形成和持有的态度、风气、气质和观念。每个人都有独特的观念、理解和见

解，并以此为依据进行评估和选择，从对特定事物有情感投入，进而影响其行为，有时甚至会构成其个人特质，这就是个人的价值观。只要个体满足群体需求和社会期待，就可以产生社会价值。这些价值因素如风俗习惯、社会观念、舆论导向、道德准则等，影响和塑造了人们的生活方式和行为方式，在一定程度上约束和规范了人类的社会环境。社会规范及他人的态度、期望和价值观，影响了个体的道德行为和个性的发展。同样，个人经验的积淀和价值的贡献，能够让个人的思想和精神观念对他人产生影响，从而丰富或更新文化，使规范环境更加多元化。规范生态环境主要涵盖了文化、艺术、科学、技术、哲学思想、道德观念、社会风气、民族传统和习俗、法制、管理、民主、宗教等方面。

（2）校内生态环境

学校可以被视为社会生态系统的一个组成部分，拥有自己独特的"小型生态环境"。这样的"微观环境"一方面对教师文化有全面影响，另一方面它可以透过各种因素表现出来，从而形成学校内部生态系统。生态环境的结构会因分析方法的不同而呈现出不同的外观。以下是从确保学校正常运行的各种条件角度，将校园生态环境细分为物质、制度和精神方面。

学校文化生态环境中的物质环境是学校文化建设、教学和科研顺利进行的重要支撑。学校的物质环境不仅对教育教学工作至关重要，也反映了学校的核心价值观和文化氛围。一般来说，舒适宜人的教学环境、独具特色的建筑设计、完善的教学设备、精美的校园雕塑和壁画，都会对教师的文化修养和外在表现产生重要影响。在美好的环境中工作可以潜移默化地激发教师的自豪和愉悦情绪，让他们展现出无限的教育热情和才华。

学校根据任务和目标的指导，有意识地打造制度环境，从而实现学校各项工作的规范性、层次性、组织性和程序性。学校的规章制度包括了师生需严格遵循的规范和流程，涵盖了教学、科研和学习等方面。这些规定既来源于外部社会机构制订的法律法规和政策，也包括学校根据自身特点制订的校规、公约等；既包括明确规定的条文制度，又涵盖自发形成的行为模式。学

校制度文化作为桥梁，连接了学校和个人。它直接影响着个体的态度和行为，以及教师的生活方式和生活品质。例如，教师文化中价值观念的形成是一个不知不觉、渐进累积的缓慢过程，这一过程受到良好环境的影响。那么是什么因素导致了环境的变化呢？制度的长期运作才是主要原因。在学校中，首先应建立全面、科学、合理、操作性强的规章制度，其次要确保这些规定被执行时公正合理，并有完善的监督机制。随着时间的推移，这些规定逐渐形成了一种优秀的运行方式，演变成一种根深蒂固的制度文化，从而可以引导、规范和激励教师。相反，扭曲的制度文化往往会降低教师的积极性，妨碍学校文化的蓬勃发展。很多学校在进行校内分配制度改革和人事制度改革方面作出了一定的努力，这些改革措施在一定程度上推动了学校教育教学的有效进行，推动了教师队伍的文化建设，同时也是学校依法进行治理的重要途径。

精神环境是在校园内由人们共同创造的文化氛围，与物质环境形成了鲜明对比。这种氛围可能来源于历史悠久的文化背景，也可能受到当前活跃的实践活动影响，或者是两者的结合造就的结果。因此，学校的历史传统、核心理念、使命宗旨和核心价值等都是构建大学精神氛围的重要组成部分。这些元素通过校园文化、教学方式和学术氛围直接影响学校的教学活动，贯穿于学生生活的各个层面，并影响了教师的工作态度。它们充分展现了学校的文化内涵和独特特色。

（3）心理生态环境

从心理学的角度讲，环境包括个人身体之外存在的客观事实，也包括身体内部的运动与变化等。事实上，社会的氛围也受到他人的文化心理活动的影响。文化心理环境是指人们社会生活中的深层次的环境因素，反映的是人的文化精神状态。

教师文化的心理生态环境是指在承担培养学生使命的过程中，教师们所具有的精神文化、心理氛围，包括他们的思维方式、心理倾向、行为特点和价值观念等方面。教师文化的心理环境包括两部分，一部分描述了教师群体对工作、学习与客观心理环境持续而积极的态度，被称为教师文化心理动态，

而另一部分被称为教师文化心理氛围，具体指的是在教师群体中显著且稳定的情绪状态，展现了教师群体在思想、需求、期望、动力、关注点、情绪以及人际关系等方面的表现。

教师文化心理生态的特点在于：

第一，它展现了教师个体的独特性，呈现了他们的内心世界、思维模式、文化积淀和精神境界，反映了他们的精神状态。

第二，它具有内在性和深层次性。一方面，它是客观存在的；另一方面，它潜藏于教师的理念和思想之中，需要通过实际行动进一步表现出来。正因为这个原因，它在教师的思想深处默默产生着影响，并指导着教师的行为。

第三，它呈现出可感性和难以预测性。它并非凭空虚幻的，而是可以通过切实体验感受到教师所处的文化心理氛围的优劣。同时，这种文化和心理环境的复杂性使其难以精确量化和准确描述，只能通过模糊的语言来大致估计其影响范围。

教师文化心理生态环境的作用和功能主要在于，它能够使教师在思想、心理、行为和价值观等方面与环境保持一致，塑造教师个体的文化心理特征。研究和实践显示，教师集体中的一致态度和行为往往会对所有成员产生影响，有助于规范个体的言行，使其融入所处的文化心理环境。一个健康的教师文化心理氛围有助于教师逐渐形成健康的心理状态，而不是受到无形影响而采取从众行为。因此，教师文化心理生态环境的作用对于塑造和改变教师文化十分重要。

6. 教师文化生态系统运行机制

教师文化系统的生态环境是维持教师文化生态系统生存和发展的基础和关键。在一定的时间和空间范围内，各种环境和生态要素相互交织并互相影响，与当地的教育文化相互作用，形成了教师文化生态系统，并形成了竞争、协同进化、生态平衡或生态失调等复杂的情况和关系，导致教师文化生态系统的发展从简单到复杂、由低级向高级逐渐演变。

教师与文化环境之间是双向交流的关系，但不同于自然生态系统的是，

教师同时具备本能和知性，使其能够既充当消费者又扮演生产者的角色。作为"消费者"，教师既在使用自然资源时，又在使用社会劳动加工过的第二自然。作为"生产者"，教师在自觉地推动着物质生产、精神生产和个人发展。这样，教师通过消费环境提供的资源，进行教学和生产实践，从而创造文化并形成一个复杂、有机、统一的教师文化生态系统。在这个复杂的、有机的、统一的文化生态系统中，教师文化生态诸因子按照各自的运行规律分别作用（见图 1-1-3）。

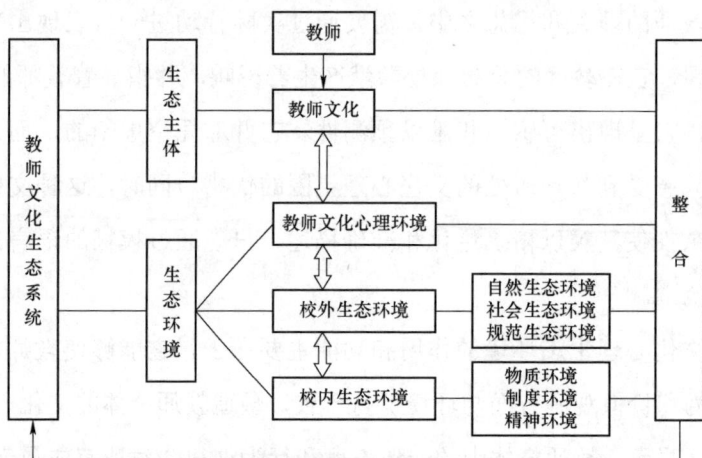

图 1-1-3　教师文化生态系统

7. 教师文化生态系统的功能

功能是指系统与外部环境之间相互联系和相互作用所展现出来的性质、能力和效果，是系统内部相对稳定的联系方式、组织秩序及时空形式的外部体现。系统只有在与环境和其他系统进行交互时，系统才能发挥作用，体现其功能。系统的内外关系在系统的结构和功能中得到了体现，结构实际上是系统功能的基础，而功能则是结构的外在展示。教师文化生态系统的核心功能包括下列四个方面。

（1）整体周流

整体周流包括整体内不同层次间的环环相扣的因果联系，网状关联结构，能量、信息和物质的传递与反馈、动态调整生长和抑制时平衡，融合与顺应

共同发展等。这展现了教师文化生态的活力，并揭示了教师文化生态活动的内在规律。环向逆反的因果关系，是构成整体周流的逻辑起点和现实基础。不同于机械的一对一因果关系，环向逆反的因果关系让系统中的每个部分都连接成一个网络，在这个网络中，每个部分都与周围的其他部分相互连接，形成一个环形的因果循环，从而形成一种网络结构，为整体周流提供通道。有了这个通道，系统中每个层次的变化都能传播到整体结构的各个部分，导致整体性的响应，从而实现系统的共振和整体的动态平衡。

教师文化生态网络的结构相互联系密切，促进了教师之间的稳定关系，增进了内部联系的一致性和整体性，同时也促使了系统与外界形成更广泛的联系，呈现出整体开放的趋势，实现了与外界充分的物质、能量、信息的交流，是系统全面发展的动力。在教师文化生态网络中，教师与社会、教师与学生，以及教师之间存在着相互影响的动态平衡关系，这样的关系让系统中的各部分能够相对独立、独具特色、并保持稳定性。网络表现出自我调节、自我控制的自组织特性，从低级次序向高级次序演化，同时实现系统内部各部分之间和系统与外部环境之间的和谐统一。系统中既体现了个性化的运动，也展现了系统与外部环境以及系统内部之间的协调发展，形成了独特性和普遍性的和谐共存。

（2）互动共生

"共生"一词最初来源于生物学概念，是由德国生物学家贝里于 1879 年提出的，生物学中的"共生"是指两种不同类型的生物为满足各自的需要而组成的互利联盟。随着共生研究的逐渐深入以及社会科学的发展，20 世纪 50 年代后，共生的思想和概念已不为生物学家所独享，逐步应用于人类学、生态学、社会学、经济学、管理学甚至政治学等领域。

互动共生根植于教师文化生态中，揭示了教师文化发展的内在机制。互动共生要以尊重差异性为前提，没有个性和差异，就不存在所谓的共生，就会造成单一的封闭性；同时，共生中的差异，是整体中的差异，是"和"中的不同，是统一中的多样，是一元中的多元。共生的真理就是多元性和一元

性的统一，差异性和整体性的统一。个性、差异性、多元性使人类有了存在、交往和活动的生活空间，整体性、统一性、一元性则是人类生存、交往和活动的本质力量。

在教师文化中，如果仅强调统一性，包括统一的教学大纲、统一的课程、统一的教材、统一的进度、统一的标准，甚至连课堂上教师提问的答案都是提前确定的。那么可能导致互动共生的发展机制受损，主体（教师）和客体（教学内容、教育资源）之间的潜在潜能无法充分被激发，教师的精神生活也会变得单调乏味。教学变成了单向的知识传递，教育也变得机械、呆板，失去了创造性和活力。只有在互相影响的文化环境下，人们才能充分发展并实现主客体的潜力。在教学环境中，教师与教师、教师与学生之间实现了双向、多元的互动，摆脱了封闭、孤立、分散的关系模式，朝着相互促进、协同合作的共生方式发展，进而促成对话和理解成为常态。

教师之间的互动和合作体现在他们的生活方式上，包括相互尊重与平等、接纳不同观点、信任和自我管理、公平竞争。这种互动使教师之间形成了民主交流、团结协作，相互学习和支持的关系。

在教师文化的生态系统中，互动共生并非零散和无序的，而是有机且统一的，代表着整体性的共生和万象归一的共生。在课堂教学中，师生之间互相交流和互动，打破了传统课堂的严格规划和稳定形式，呈现出灵活而充满活力的氛围。学生的智力得到发展，品德得到培养，自信得以建立。学生的成就可以促使教师更加投入教学和研究工作，进而促进教师个人的持续成长。在课堂上，师生之间互相作用并相互依存，共同塑造良好的学习氛围，使教师和学生都能够自愿地积极参与、自主发展，形成一种注重生命、创造和审美的教学文化，体现出全新的品质和特征。

（3）信息传递

文化信息传递是指社会成员之间利用符号进行信息交流的过程，包括个人、群体、组织之间及个人与群体、组织与社会之间的信息传递、接受和反馈。培育教师文化不只是要做到宣扬和理念解释，而是确保这些理念和信念

扎根于教师内心，并得到社会的广泛支持和认同。这需要建立一个教师文化生态系统，以传承文化。教师应该通过相互认可和共享价值观的建立来传递文化信息，从而为教师、社会和文化之间相互发展创造机会。没有信息交流作为基础，教师文化就无法建立起来，也就无法实现传承、演化和促进发展。

教师文化信息的传递需要运用符号和样式，这些符号和样式代表着被广泛接受的文化观念和规范。因此，教师可以利用基本符号、组织传达、艺文传递、媒体传递和人际传递等方式来传达文化信息。

基本符号是指教师的外在体现，包括衣着、仪表、言谈举止等。教师的穿着应该同时体现优雅和朴素之美，淡雅而不张扬，内涵丰富又不招摇，整体搭配有序一致而不杂乱，以展现与教学环境和专业身份的和谐统一。教师的着装代表了他们在社会中的地位、职业价值观、审美观和对教育使命的重视，逐渐成了展现教师专业身份的象征，是传递教师文化价值的一种重要标识。

组织传达是指教师团队根据共同的核心价值观和理念，进行内部和外部信息传递的过程。信息可以以多种形式传达，如通过会议、文件，以及学校刊物（包括报纸、杂志、手册、墙报、部门简报、工作总结等）。

艺文传递是指教师参与的娱乐、活动、教育仪式等。然而在教师日常工作中，如果教学活动过于机械化或呈现出了套路化的特点，那么教育仪式也会逐渐失去了往昔的庄严与光辉，进而导致文化传承的多样化形式也逐渐淡化。

媒体传递可以通过电视、广播、网络、信箱等渠道进行，此外，学校刊物如报纸、杂志等也属于媒体传播的范畴。随着科技的不断进步，网络作为新兴的传播渠道受到了越来越多人的关注和重视。许多学校已经建立了自己的网站，这让教师们能够通过网络一起学习、工作、生活，并在解决问题、迎接挑战时互相分享教师文化的核心价值观、心态和行为准则。

人际传递是指人与人之间传递信息的过程，这种交流方式可以是面对面，也可以是通过书信、文件、电话或网络等方式进行。这种交流的目的可以是

获取信息、说服他人、提供建议或带来娱乐。随着社会的发展，人们使用电话和网络等途径进行人际传递变得越来越频繁，人与人之间的交流影响也通常比其他形式的传递更为显著。

（4）新陈代谢

在生物学上看，新陈代谢描述了生物体通过与内外环境交换物质和能量来维持自身生命并实现更新的生理过程。教师文化生态系统始终处于一个不断演变、开放并不断迭代改进的进程中。当教师面临新情况和挑战时，他们会探索超越传统习惯和文化传统的解决方案，推动文化持续创新，并不断促进文化的演变和延续，就像进行新陈代谢一样。

教师文化不断发展变化的动力源于不同教师文化之间的碰撞和交流。在教师之间，常见教师文化的积累、传承和选择过程中出现文化差异的情况。这些差异可分为三种情况：① 文化转变，即原有的教师文化逐渐被新的教师文化所代替，导致教师的文化观念和规范体系发生重大变化。② 文化融合，指的是多种不同文化之间相互交流、互相吸收、互相融合的过程，最终形成一种全新的综合文化。它独具特色，汲取了多种文化元素，并在新的文化环境中展现出了这些痕迹。③ 文化积累——一方面，已有的教师文化及其基本价值规范体系保持稳定；另一方面，已有教师文化不断吸收和消化其他文化中的某些元素，从而丰富和完善自身。在文化积累中，已有教师文化吸收和消化的内容可能包括其他教师文化中的某些价值观、行为方式、教育理念等。这些都能使已有的教师文化得以与时俱进，更好地适应外部环境和内部需求的变化。

总之，当学校所处的外部经济、政治和文化环境发生重大变化时，学校内部的环境也会不可避免地受到影响。这种影响往往会导致文化冲突的产生，这是因为不同的文化背景和价值观在相互碰撞时，必然会引发一定程度的摩擦和矛盾。然而，正是这种文化冲突，推动了文化变革的进程。无论是人们有意识地推动，还是无意识地适应，文化冲突的过程实际上就是文化变革的过程，并最终表现为教师文化的变革。文化冲突使得教师文化能够更好地适

应新的环境和挑战，实现持续的发展和进步。

教师文化犹如生态系统一样，在不断地进行演变，以确保其持久发展。教师文化不断进行新陈代谢可以确保其内涵不断地更新，避免陷入僵化状态。

第二节　教师文化成因和影响

一、教师文化的成因

（一）中国传统师道文化的影响

中国传统师道文化在数千年绵延不息的历史进程中对当代教师文化产生了深远影响，体现在以德立师的师德文化传统上。

传统师德的论述可以从古人对圣人的描述中体现出来。圣人，是指品德最高尚、智慧最高超的人物。从先秦时期，圣人就成为人们追求的理想人格。一方面，圣人是道的载体，是天下的最高智慧者。在孔子看来，圣人是智慧、淡泊、勇敢与才艺的统一体，孟子认为圣人是超出同类的，圣人其实就是神，"可欲之谓善，有诸己之谓信，充实之谓美，充实而有光辉之谓大，大而化之之谓圣，圣而不可知之之谓神"[1]。圣人是无从为外人所知晓的，是高深莫测的。孔孟不仅将培养圣贤之人作为教育的目标，他们自身就把圣贤形象发挥到极致。

另一方面，圣人是教人在日常生活中学会生活的人。韩愈认为，在远古时期，自然条件十分恶劣，那些教人在日常生活中战胜自然的人，成为众人心目中的领袖和圣贤，没有他们的出现，人类可能早就消亡了。在《原道》中，他阐述了教师的性质，"古之时，人之害多矣。有圣人者立，然后教之以相生相养之道。为之君，为之师"[2]。陆九渊也认为"圣人教人，只是就人日

---

① 毕宝魁. 细读孟子［M］. 北京：研究出版社，2017.
② 吴楚材，吴调侯. 古文观止［M］. 武汉：崇文书局，2010.

用处开端"[①]，圣人是教人学会生活的人。

儒家在倡导对圣贤的追求中，对教师的师德提出了具体要求。孟子曾依据《尚书·泰誓》"天佑下民，作之君，作之师"[②]的说法，将君师并列，第一次将教师提到了前所未有的地位。荀况在此基础上进而把师提到与天地、祖宗并列的地位。荀子在提升教师地位的基础上也提出了"为师"的要求："尊严而惮，可以为师；耆艾而信，可以为师；诵说而不陵不犯，可以为师；知微而论，可以为师。"[③]汉代扬雄则对教师的言行进行了概括："师者，人之模范也。"[④]意指教师要在德行、言行与才学上成为楷模，教导受教育者成人、成才，即我们通常所说的学高为师、身正为范。

以德立师的师德文化传统阐释了师德是教师之所以为人师者的根本，教师只有在修身立德上以身作则、率先垂范，才能教育引领学生。这也成为当代教师文化重视师德、师风、师爱的源头活水。

（二）学校管理因素的影响

从学校层面而言，学校的管理制度、考核机制等会对教师文化的形成、发展产生深刻的影响。

1. 学校管理制度的影响

学校管理制度对教师文化的形成和发展具有深刻的影响，这种影响体现在多个方面。

第一，现代教育管理模式的变革促使教师角色发生了显著转变。从传统的知识传递者转变为学习引导者和促进者，这一变化反映了教育重心的转移，即从以教师为中心转向以学生为中心。这种角色的转变要求教师具备高度的适应性和灵活性，以便根据学生的个性化需求调整教学策略，并不断学习新的教学法和技术，以保持其教学方法的现代性和有效性。

---

① 吴文丁. 陆九渊全传［M］. 南昌：江西人民出版社，2021
② 陈戍国. 四书五经（上）［M］. 长沙：岳麓书社，2023.
③ 杨大膺. 荀子学说研究［M］. 济南：山东文艺出版社，2018.
④ 董志先，王志宇. 笃学名言［M］. 北京：白山出版社，2013.

第二，学校管理制度中的规章制度直接体现了学校的文化信念。例如，一些学校的规章制度可能强调权威和严格的考核评价文化，这会遏制教师的自主性和创造性，阻碍教师能力的发展。而另一些学校则注重人本管理，通过尊重、信任教师，使他们在工作中得到归属感、成就感和价值感，从而激发他们的积极性和创造性。

第三，教师文化的形成或改变不是一朝一夕能够完成的，它既受到教育系统的内外部环境变化的影响，同时还需要教师个人或群体的某些行为习惯和价值取向的逐步调整。因此，学校管理制度在制定和实施必须真心为了学生和教师的发展为前提，才能被全体师生所接受并长期共同遵循，最终积淀为一种文化。

第四，教师文化的建构也受到学校文化传统的深刻影响。良好的学校文化可以促使教师领导者朝着期望的方向发展，并进一步建立更完善的教师文化。例如，某些学校通过构建共享学习环境的原则与挑战，强调教师的经验和洞察力对于塑造学生的学习体验至关重要。

第五，完善的教育管理制度是培养优良师德师风的基础方法。没有科学合理的管理制度，却要求教师有良好的师德师风，是本末倒置的。因此，学校在发展过程中，总会经由制度的建立健全而渐渐形成一定的文化。

2. 学校考核机制的影响

学校为了防止教师间的不正当竞争，鼓励教师间的合作和整体推进，在制度设计上将年级组或教研组成员捆绑在一起进行管理与考核。许多学校为了促进每个年级都能出好成绩，形成了以年级组为单位、不同年级之间竞争的机制。这种竞争不仅针对学生成绩、各年级对学校安排任务的执行情况、各种材料上交的及时性，还包括对教研组建设的评价，其内容主要是教研组实施课程计划的情况、组内不同教学风格的交融、课堂教学方法实施策略、教学内容的进程安排、新老教师的合作相长等。这些评价不是针对某位教师的，而是面向教研组整体的，任何一位教师出现问题都会影响对该教研组的整体评价。集体荣誉感、群体成员身份感会不断强化教师对以年级组与教研

组为单位形成的地位群体的归属感。这种群体成员的身份感和归属感，不仅增强了同质成员间的凝聚力，还会影响新加入的成员或非同质成员，对他们产生压力并要求他们遵守群体内的秩序与规则，学校制定的相关考核机制在一定程度上促进了教师文化的集体主义取向的生成。

（三）教育体制的影响

教育体制的历史传统与演变对教师文化的塑造具有深远的影响。在不同的历史时期，教育的理念、政策导向及社会对教育的期望都会对教师的行为准则、价值观念和教学风格产生深刻的影响。例如，在强调集体主义和规范化的教育环境里，可能会培养出遵循严谨教学方式和纪律的教师文化。而在倡导创新和个性化的教育趋势下，则可能会使教师在教学实践中注重追求灵活性和创造性。

以我国教育为例，从古至今，我国的教育理念和政策导向在不断演变。在古代，儒家思想主导下的教育体制强调的是礼教、人伦和道德，这使得教师文化偏向于严谨、规范和传统。教师被视为传道授业解惑者，承载着传授知识和价值观的重要使命。

随着时代的发展，尤其是 21 世纪末，我国教育改革不断深化，教育理念逐渐从注重知识传授转向注重学生全面发展。政策导向也逐步从规范化和集体主义转向创新和个性化，这种变化对教师文化产生了极大的影响。新时代的教师不再仅是知识的传递者，更是学生个性发展的引导者、合作者和伙伴。教师文化也因此变得更加注重学生的个体差异，鼓励创新和灵活性，强调教学相长和师生互动。

二、教师文化产生的影响

教师文化对教师的影响是多方面的，既会产生积极健康向上的效应，也会带来一些问题。

（一）教师文化对教师的价值追求产生的影响

教师文化中蕴含的师德、师风、师爱等良好风尚对教师产生了广泛而深刻的影响。

中国传统师道文化的深远影响、政府相关政策对师德师风的重视、学校管理制度对师德师风及教师专业的要求等，都促进了"基于道德"的长期导向的教师文化的生成。因此，立德树人成为教师首要的价值追求。道德责任成为衡量教师职业生涯的一种重要标准与尺度，把道德责任转化为道德实践和道德引领是教师工作的重要内容。

作为立足于道德原则的角色，教师的工作是与人心灵交往的道德实践。这种道德实践是一种双重状态，在教师身上需要一种双重承诺。"第一种承诺与教师作为一个道德人所具备的以及道德专业人员自身所坚守的严谨的伦理标准有关，第二种承诺与教师作为一个道德教育者、模范和榜样有关，他们的目标是引导学生过一种道德生活。"①这种道德责任要求教师不仅以专业伦理来规范和约束自己的教育行为，还应当自觉践行道德引领的责任，引导学生向上向善。教师的道德实践是教师专业伦理的内化，既是教师专业发展的来源，也是学生道德成长的催化剂。教师的道德实践不仅深刻地影响着学生的身心发展，还时刻提醒教师作为专业人员如何运用专业伦理引领学生健康成长。

教师良好的道德品性，不论以何种方式展现出来，都能深刻地影响学生，学生最有可能受到他们所敬佩的教师的品质的影响。教室内外存在着大量的道德信息，教师对待各种行为的态度、在教学和学生管理中采取的各种措施，都有可能以道德和伦理的方式影响学生。道德引领是教育过程中一种隐性的教育力量，它既是一种价值引领，也是一种善意的牵引。

道德引领是在师生间真诚交往、相互尊重、换位思考的基础上，直抵精

---

① 坎普贝尔. 伦理型教师［M］. 王凯，杜芳芳，译. 上海：华东师范大学出版社，2011.

神世界的一种示范与召唤。道德引领要求教师把教学、人际交往、纪律、评价和课程看作潜在的道德信息的表达，充分认识到教师工作的道德维度。心存善意、真挚的关心、彼此尊重，需要教师以道德知识为基础，以道德价值为指南，以道德情感为目标去承担道德责任。

（二）教师文化对教师专业发展产生的影响

教师专业发展涵盖了多个方面，包括教育信念、教学知识和技能、专业态度和动机、自我专业发展的需求和意识，这些要素共同构成了教师专业发展的基础框架。在这一框架中，我们可以看到，教师专业发展的结构不仅是一系列技能和知识的简单叠加，它还蕴含着丰富的教师文化因素。这些文化因素在教师专业发展中扮演着至关重要的角色。

首先，教育信念是教师专业发展的动力源泉。信念是指导人们行为的内在力量，它决定了一个人的价值观和行为取向。在教师专业发展中，教育信念起到了至关重要的作用。教师群体如果能够拥有一种共同的教育信念，那么这种信念不仅会影响教师的教育教学行为，还会促进教师自身的成长及教师专业的发展。这种共同的教育信念是教师文化成熟的一个表现，它能够为教师提供一个共同的目标和方向，从而促进教师之间的合作与交流，推动整个教师群体的专业进步和发展。其次，专业精神是教师专业发展的基础。教师专业精神是教师根据自身追求，展现出来的成熟信念、深厚热情和持之以恒的追求，是教师事业发展的重要基石。教师专业发展的基础在于对个人的职业成长需求和意识的重视，良好的教师文化为培养教师自我专业发展的需求和认识打下了坚实的基础。最后，教师的价值观决定了他们专业发展的路径。文化中的一个重要方面是所持的价值观念，教师通常以自己的价值观为行为准则。只有树立正确的教师职业信念，才能引领教师群体朝着追求专业成就的方向发展。

（三）教师文化对学校管理效能产生的影响

目前，许多学校管理者已经认识到教师的思想观念、价值体系等在学校

管理中的重要性。形成良好教师文化的核心在于重视教师文化和人文素养的提升，强调以人为本的理念，尊重个体的本质。教师文化的人文影响有助于提升学校管理的适应性和应变能力，摆脱传统技术管理的问题，朝向和谐的人文管理模式迈进。优秀的教师文化具有凝聚力和动力，可以促使学校管理从基本管理转向更深层次管理，并形成持久的教师队伍建设机制。

（四）教师文化对学校文化建设产生的影响

首先，教师文化在学校文化建设中扮演着指导性的角色。教师代表了学校的形象，他们影响着学校文化的塑造方向，他们的文化观念会对学校文化产生深远影响。其次，教师文化对塑造学校文化起到了引领的作用。老师是学生的榜样，他们的言行举止对于学生的成长和学校形象的塑造具有重要意义。最后，在学校文化建设中，教师文化具有一定的整合功能。现今的教育环境越发开放，学校的信息来源多种多样，同时社会生活也变得更加复杂。这就要求教师对部分社会文化进行筛选并加工，以此来重新整合学校文化。

第三节 教师文化意识与自觉

一、教师文化意识

教师文化意识是指教师在从事教育活动过程中，对文化现象、文化价值和文化传承的敏感性和认知能力。这种意识不仅影响教师自身的教学行为和职业素养，还直接影响到学生的学习效果和全面发展。

教师文化意识的重要性体现在多个方面。首先，教师是文化的传播者和教育的主体，他们的文化素养直接影响到课堂教学的质量和学生的文化认知。其次，教师的文化意识能够帮助他们在教学中更好地理解和传授知识，使学生在学习过程中不仅掌握专业知识，还能了解不同文化的背景和价值观。

具体来说，教师文化意识包括以下五个方面。

第一，文化自觉，即教师需要具备对自己所处文化环境的深刻理解和认同感。这包括对中国传统文化、革命文化和社会主义先进文化的深入学习和理解，并能吸收人类其他文明的有益成果。例如，在地方高校中，教师的文化自觉有助于促进学校文化的形成和发展，增强学校的特色和社会影响力。

第二，跨文化意识。在全球化背景下，教师应具备跨文化意识，能够理解和尊重不同文化背景下的学生。这不仅有助于提高课堂教学的效果，还能培养学生的国际视野和跨文化交流能力。

第三，文化自信。教师应树立文化自信，认识到自己在文化传承中的重要作用。这种自信不仅能提升教师自身的专业水平，还能激励学生形成文化自信，积极参与到文化创新和发展中。

第四，文化素养。教师应不断提升自己的文化素养，包括语言表达能力、文学艺术修养等。这不仅有助于教师在教学中更有效地传递知识，还能为学生树立良好的榜样。

第五，道德修养。教师的职业道德也是其文化意识的重要组成部分。教师应以德立身，以德施教，成为学生道德修养的镜子。这不仅有助于学生的全面发展，还能提升整个社会的道德水平。

二、教师文化自觉的内涵与特征

（一）教师文化自觉的内涵

教师文化自觉是指教师作为教育事业的主体，对教育事业及其职业信仰、认识和行为准则的深刻理解和高度认同。这种文化自觉不仅体现在教师对教育生活的主动体验与反思上，还体现在对教育实践的不断优化与创新方面。

具体来说，教师的文化自觉在文化层面表现为对文化传承、选择与创造能力的自觉实践和追求。教师不仅要传承优秀的文化传统，还要在教育实践中不断选择和创造新的文化元素，以适应时代的发展和社会的需求，从而更好地满足学生的学习需求和促进学生的全面发展。在职业层面，则表现为不

断提升职业使命感、专业责任感和文化创造力，从而促进受教育者的生命成长。

教师文化自觉是一种内在的、主动的、自觉的意识，它要求教师在教育实践中不断反思和提升自己的教育理念和行为。教师的文化自觉不仅是对教育知识和技能的掌握，更是对教育价值和意义的深刻理解。教师的文化自觉要求教师在教育实践中不断追求卓越，不断提升自己的专业素养和文化素养，以更好地服务于教育事业和学生的发展。

文化的形态可以分为自在与自觉两种，这种区分有助于深入理解教师文化自觉的深层含义。

1. 自在文化与自觉文化

自在文化是指人们在社会生活中自在的存在方式或行为模式，而这些存在方式或行为模式是由深植于人们日常生活之中的传统、习俗、经验、常识，以及自然生成的情感等自在的因素共同构成的。自在文化通过家庭教育、学校教育及社会示范等途径，不知不觉地渗透至个体的思想观念，并影响着个体的行为模式。这种影响往往是持久、稳定且自在自发的。这种文化的表现形式多种多样，往往具有一定的惯性和稳定性，不会被轻易改变。

相对而言，自觉文化则是以自觉的知识或思维方式为基础的存在方式。在现代社会中，自觉文化占据着举足轻重的地位，通过道德规范和社会典范等途径引导人们的行为，它包括科学、艺术、哲学等范畴。

自在文化与自觉文化在形态和活动方式上存在显著差异。自在文化更多地依赖于传统和习俗，而自觉文化则依赖于知识和理性思考。然而，尽管它们在形式和内容上有所不同，但它们共同作用于人类和社会活动，形成复杂的互动关系。这种互动关系不仅丰富了人类的文化生活，还推动了文化的进步、演变和转型。

在现实生活中，我们可以看到自在文化和自觉文化的相互交织和影响。例如，传统节日的庆祝方式可能受到现代科技的影响，而科学发现也可能受到传统文化观念的启发。这种相互作用使得文化不断更新和发展，从而推动

社会的进步。因此，理解和把握自在文化与自觉文化的关系，对于促进文化的繁荣和社会的发展具有重要意义。

2. 教师文化从自在走向自觉

教师文化正在经历一个重要的转变过程，即从原本的自发状态逐渐过渡到自觉状态。在这个过程中，教师们需要深入地学习和理解传统文化的精髓，成为这些宝贵文化遗产的传承者。他们不仅要肩负起培育未来社会建设者的重任，还要致力于提升整个民族的素质和文化水平。为了实现这一目标，教师们必须培养出一种自觉的文化精神，不断对自身的教育实践进行深刻的反思和批判，从而推动文化的创新和发展。

区分自在与自觉文化的重要性在于，它有助于我们揭示文化问题的复杂性和文化的变迁过程。文化虽然相对稳定，但并非一成不变。在自在与自觉的文化之间存在着必要的张力和冲突，正是这种张力，成为推动文化不断向前发展的关键力量，尤其是在文化转型的关键时期。

传统文化正面临着向现代文化转型的巨大挑战。教师们需要变革根深蒂固的自在文化模式，激发自身的科学意识、创新精神和哲学理性，从而推动教师文化及课程教学的改革和进步。在这个过程中，教师们需要面对多元文化的冲击，深入理解传统文化与外来文化之间的差异和联系，进行明智的文化选择与创造，以实现文化的飞跃和升华。只有这样，教师们才能更好地适应时代的发展，培养出更多具有全球视野和社会责任感的优秀人才。

（二）教师文化自觉的特征

1. 以理性为本质

理性是一种有意识、有目的、自觉的心理活动，同时也是人类在逻辑思维方面所展现出的一种能力，这种能力使得人类能够进行有条理、有根据的思考和判断。在教师文化自觉的核心特征中，理性占据了极其重要的地位。它不仅体现在教师对个人行为的自觉判断与选择上，还体现在教师对教育现象和教育问题的深入思考和理性分析上。

实现文化自觉对于教师而言，意味着他们能够以理性的方式认识并掌握自己的未来与命运。这种认识不仅是对个人职业发展的规划，更是对教育事业的深刻理解和积极投身。教师在这一过程中展现出一种自觉实践与积极追求的理性态度，这种态度不仅体现在他们的教学行为上，还体现在他们对教育理念的坚持和对教育改革的积极参与上。

在教育实践中，教师会以理性的方式确保教学活动的合理性、目的性以及规律性。他们会根据学生的实际情况和教学目标，制订合理的教学计划，选择合适的教学方法，评估教学效果，并不断调整和优化教学策略。这种理性的教学实践不仅有助于提高教学质量和学生的学习效果，还能促进教师自身的专业成长和发展。

教师的文化自觉主要体现在科学理性、人文理性、价值理性、多元理性等多个方面。科学理性要求教师在教学过程中遵循科学的原则和方法，注重实证和逻辑推理，避免主观臆断和盲目跟风。人文理性则强调教师在教学中应关注学生的全面发展，尊重学生的个性和需求，培养学生的批判性思维和创新能力。价值理性要求教师在教育实践中坚持正确的价值观念和道德准则，引导学生形成正确的世界观、人生观和价值观。多元理性则体现为教师对不同文化、不同观点的包容和理解，鼓励学生在多元文化的背景下进行交流和合作，培养学生的跨文化沟通能力。

总之，理性是教师文化自觉的核心特征，它贯穿于教师的教育理念、教学行为和专业发展之中。通过理性的思考和实践，教师能够更好地实现自身的文化自觉，为教育事业的发展作出更大的贡献。

2. 以实践为基础

教师文化自觉的实现离不开教育教学实践。文化自觉并非仅是抽象的思维活动，它根植于实践之中，是教师创造性工作的体现。教师在日常教学活动中应批判性地审视自己的行为和信念，并在反思之后采取行动以改进实践，从而实现自我提升。

在进行教师文化价值选择与创新的过程中，教师扮演着至关重要的角色，

他们通过创造教育价值，构建一个充满意义的教育文化世界，从而实现自我超越。教师需要充分发挥自己的理性思维，深入反思自己的价值取向，仔细审视社会需求与个人实践之间的复杂关系，以便能够创造出一个和谐的教育文化环境。

为了达到这一目标，教师必须深刻理解自己的文化背景，积极学习和借鉴他人的成功经验，建立和谐的人际关系，从而形成一种自觉的教师文化。这种文化不仅能够促进教师个人的专业成长，还能为学生提供一个充满正能量的学习氛围，使他们在知识的海洋中不断探索和进步。通过这样的努力，教师不仅能够提升自身的教育理念和实践能力，还能为社会培养出更多具有创新精神和实践能力的优秀人才。

3. 以传承与创新为宗旨

一方面，教师文化自觉要求教师作为文化传承的桥梁，负责传递文化成果、培育受教育者，并维护社会主流价值观。教师通过教育活动，确保学生的学业成就和思想行为与社会规范相契合，从而保持社会的稳定结构。

另一方面，教师文化自觉意味着在多元文化挑战面前，教师应发挥其主动性和创造性，成为文化创新的推动者。教师应积极承担起文化创新与发展的责任，应构建以生活经验为基础的学习环境，鼓励学生发挥自我意识，并与学生共同进行文化的理解和实践。教师要引导学生接触并深入反思多元文化，培养学生对自我和他人的尊重，增进学生对不同历史和文化的理解，践行"各美其美，美人之美"的文化理念。

三、教师文化自觉的价值追求

（一）教师文化自觉的价值困惑

教育变革的浪潮不断冲击着教师文化，使得教师们不得不重新审视自己的价值观念和思维模式。在这个过程中，教师们不仅要面对外部环境的变化，还要应对内心的困惑和冲突。教师文化的核心在于价值选择、追求和评价。

深入分析教师文化自觉中的价值困境，并选择恰当的价值导向，是摆脱困境的关键精神动力。

随着教育在现代社会中的重要性日益凸显，各种价值观念通过教育得以传递。多元化的价值导向对教师的职业生涯产生了深远的影响。要实现文化的自觉，首先要解决教师文化自觉的价值困惑。教师需要在多元价值观念中找到自己的定位，明确自己的价值追求，从而在教育实践中更好地引导学生。

1. 自主选择与他主服从的协调

价值的形成源自选择，从理论上讲，教师拥有选择教育价值观的权利。然而，在实际操作中，教师肩负着国家和民族赋予的价值责任，其价值观具有公共性和他主性。因此，教师应当依据社会主流价值观来调整和塑造自己的价值取向，以传递社会所需的价值观念。

教育的目标在于通过主流价值观的传播实现人的社会化，教师在此过程中引导年轻一代，规范其行为，塑造其观念，并培养出合格的公民。因此，教育必须保持其独立性，并发展出抵御外部影响的能力。教师在解读教学文本时，应以社会主流价值观为立足点，维护标准化知识体系和课堂秩序，确保价值观教育的方向正确。我国教师文化中的他主性较强，这源于计划经济时代的影响以及对教育社会价值的重视。在传统教育模式中，教师往往被视为知识的传递者，缺乏创新和反思的能力。新的教育改革强调学习与社会生活的紧密联系，提倡多样化的学习方式，以促进创新和参与社会实践。新课程标准要求教师转变角色，从传统的主导者转变为协助者和引导者，以此来彰显师生的生命价值。

2. 生活需求与事业追求的平衡

教育是一项重要且神圣的事业，投身其中者须摆脱个人私欲，提升精神境界，实现从个体小我向集体大我的转变。教师应心怀学生、淡泊名利，将社会进步与学生发展视为己任。教育的价值不在于物质的富足，而在于人才的培养。教师的无私奉献源自社会的期待，他们肩负着传承文化、引导人们向善的重任，理应具备崇高的精神追求。

然而，教师并非不食人间烟火的圣人，除了崇高的精神追求之外，也有现实生活的需求，包括维持基本生存需要、提升生活质量、保障生命的延续等，这些现实生活的需求是教师工作的直接目的和重要支点。然而，在教育实践中，教师的这些基本生活需求和功利性价值常被忽视，其事业价值则被过度凸显。尽管教师因对教育事业的无私贡献而受到社会尊重，但他们的物质待遇却往往处于较低水平。虽然，近年来因国家政策的支持，教师的待遇状况有所改善，但教师群体的收入水平依然低于同等学历的其他行业从业者。尤其在贫困地区，教师的生活状况尤为艰难。

当今社会，多元化的价值观念不断涌现，对人们的思想产生了深远的影响。在这种背景下，教师群体清贫的物质条件与丰富的精神生活之间的差距愈发明显。这种巨大的反差使得一些教师的理想天平开始发生倾斜。生活需求与职业上的崇高追求之间的平衡问题，以及世俗利益与道德认知之间的冲突，影响着教师们的价值选择。教师们在追求个人发展和维护职业尊严的同时，也不得不考虑如何在物质和精神之间找到一个合理的平衡点。

3. 继承传统与创新开拓的困惑

教育这一领域拥有着悠久而辉煌的历史，而作为这一领域的从业者，教师们必须自觉地遵守一系列的职业规范，这些规范包括但不限于对本职工作的热爱、敬业精神以及对学生的关怀。自古以来，教师的工作往往依赖于经验的积累和传承，这种做法虽然在一定程度上确保了教育的稳定性和连续性，但也使教师文化变得过分保守和僵化。

随着时代的进步和社会的发展，学生们的需求也在不断地演变和升级，教育工作环境也变得日益复杂和多样化。这些变化对教师提出了更高的要求，需要教师进一步创新价值观念。教师必须勇于打破传统思维的桎梏，解决在教育过程中出现的价值观念空白问题，以适应新时代的教育需求。

在当今社会结构转型和科技迅猛发展的大背景下，教育的目标和理念正在经历深刻的变革。教师们面临着前所未有的挑战，他们需要拓宽自己的价值观念视野，增强构建新价值观念的能力。唯有如此，教师们才能有效地应

对全球化和多元化所带来的新挑战、新情况，才能在继承与创新价值观念的过程中，不断完善自身的价值体系，从而更好地适应时代的发展，满足学生的需求，推动教育的进步。

（二）教师文化自觉的价值选择

价值选择是人类自主自觉的活动，是人类创造并实现价值的重要手段和内容。

1. 价值选择的内涵与特点

教师文化自觉是指教师对其自身文化背景和发展的深刻理解和把握。教师的文化自觉体现为教师主体精神的觉醒，即教师在教育教学过程中，能够主动地、有意识地将教师文化内涵融入教学实践，从而提升自身的文化素养和教育质量。

教师的文化自觉还体现在其价值选择上。这种价值选择不仅仅是基于个人的即时需求，还是源于对更深层次、更持久的文化价值的追求。它反映了教师与教师文化之间的内在联系，是教师在主观认同、情感体验和理性判断的基础上，依据一定的文化价值观所作出的理性抉择。这种价值选择应当遵循教育发展的客观规律，顺应教育的内在逻辑，从而确保其合理性和有效性。

此外，教师的文化自觉还要求其价值选择具有目的性。这意味着教师在设定教育目标时，应当依据教育的特性和发展趋势，确保这些目标既符合教育的本质要求，又能够适应时代的需求。同时，教师在面对多元价值时，应当合理进行权衡，能够对不同的价值观念进行比较、筛选和抉择，从而作出最合理的选择。

在实际教育过程中，教师经常会遇到价值冲突的情况。在这种情况下，教师应当以"大我"为重，即以教育事业的整体利益为重，以"为学生"为先，将学生的成长和发展放在首位。教师应当根据这一标准进行价值取舍，兼顾各方价值，力求实现共赢的局面。通过这种方式，教师不仅能够丰富和完善自己的价值体系，还能够为学生树立正确的价值观，为社会培养出具有

深厚文化底蕴和高尚道德情操的下一代。

2. 价值选择的目标与原则

（1）价值选择的目标

① 以人为本

"人"是文化形成的核心要素，社会的发展体系以人类为本。文化自觉与人的解放及发展紧密相连，因此，教师的文化自觉应基于人的全面发展及师生潜能的激发。以人为本，首先，以学生为根本，确保每位学生均能公平地享有受教育权利。其次，教师应为其提供个性化的教育选择，加强教育与生活的紧密联系，全面关注学生的成长。最后，以人为本也需以教师为根本，对教师实施人文关怀的管理策略，关注教师的生命状态，提升教师的主体性，促进其积极而自由的发展。教师的文化自觉即体现为教师的主体性意识、生活意识和生命意识的觉醒。

② 生命价值的实现

教师首先应被视为人，其次才是教育者。在历史的长河中，教师职业的价值多体现在其社会职能上，而到了近代，人们则更加重视教师对社会的工具性价值。教师的角色从道德的载体转变为传播科学、文化和知识的载体，从培养官员和臣民转变为培养新时代的公民。在这一过程中，教师往往被视为满足社会需求的工具，而其内在需求则被忽视。这种定位削弱了教师的主体性，使他们成为社会需求的代表。教师文化自觉的价值选择要求教师在认识到自己社会价值的同时也要关注个人的发展需求，"生命价值的实现"意味着教师要关注自身的尊严和需求，将工具性价值与个人的人生价值和谐统一。教师还应认识到师生共同成长的重要性，教师要全心全意地投入教学，与学生共同进步，从而提升生命的质量。

（2）价值选择的原则

教师文化自觉的价值选择过程的核心原则是辩证统一，具体表现如下。

① 主体与客体的统一是教育过程中不可或缺的一环。这意味着教师在进行教育活动时，必须基于教育价值的本质和社会的实际需求，通过理性思考

和深入分析，构建起一套符合教育规律和时代要求的教师文化价值观念。这种价值观念不仅能够指导教师在教学实践中更好地发挥其主体作用，还能帮助他们更好地理解和满足学生的需求和期望，从而实现教育的最终目标。

② 主观理性和客观理性的统一是教师在教育过程中必须追求的一种平衡。教师在关注教育手段和方法的同时，更应深入探究教育的本质目的，即培养学生的全面发展和实现师生共同的美好生活。这种统一要求教师在教学实践中，既要充分发挥主观能动性，又要客观地分析和评估教育手段的实际效果，确保教育活动能够真正达到预期的目的，促进师生共同成长和进步。

③ 工具性与目的性的统一是教育目标设定和实施过程中必须遵循的原则。教师在制定教育目标时，应当充分考虑教育的最终目的，选择最有效的手段和方法来实现这些目标。这意味着教育活动不仅要注重手段的科学性和实用性，还要确保这些手段能够有效地服务于教育目标，从而实现工具性和目的性的有机结合。只有这样，教育才能真正达到预期的效果，促进学生的全面发展。

④ 主体需求与价值生成的统一是教育过程中必须实现的目标。教育价值的生成成果应当能够满足师生发展的需要，二者之间应高度契合。这意味着教育活动不仅要关注学生的需求，还要关注教师自身的发展需求，通过教育实践，不断生成和提升教育价值。

3. 价值选择的观念与环境

（1）价值选择的观念

在当前这个文化转型的关键时期，我们面临着一个重要的问题：如何正确审视和处理自在文化与自觉文化之间的矛盾冲突？同时，我们还需要思考如何妥善对待和处理传统文化与多元文化之间的激烈交锋和碰撞。一方面，传统的教师文化深深植根于教师群体之中，它已经根深蒂固地融入日常的教育活动中，成为教师们行为和思想的重要组成部分。这种传统教师文化在很大程度上影响了教师的职业认同和教育理念。另一方面，随着新课程改革的推进，新的教学理念和方法已经开始对教师的教学行为产生一定的影响，试

图打破传统教师文化的束缚。然而，尽管新课程改革在不断推进，传统教师文化依然在很大程度上占据着主导地位，对教师的教学实践和教育观念产生深远的影响。

面对这种复杂的局面，我们必须正视传统教师文化与新课程改革之间的差异，并在这些差异中寻找共识，以适应时代的发展和教育的进步。我们需要深入分析和理解传统教师文化的优点和局限性，同时积极探索和吸收新课程改革中的先进理念和方法。通过这种深入的反思和积极的探索，我们可以在传统与现代、自在与自觉之间找到一个平衡点，从而推动教育事业的持续发展和进步。

① 基于选择的创造观

文化的选择应当是筛选提取精华、摒弃糟粕的过程。教师在这一过程中承担着鉴别文化价值的责任，他们应当选取那些先进的科学理念，以此来培养学生的批判性思维能力，帮助学生树立远大理想同时抵御那些消极的价值观念，促进社会价值观的积极转变。在进行文化选择时，教师应综合考虑社会的发展需求以及学生的实际需要，确保其符合教育的基本规律。教师还应积极地构建并内化知识体系，成为文化传承与创新的主体。文化的选择与创新是相辅相成的，它们共同促进了文化的持续发展。

② 基于开放的主体观

教师文化反映了社会文化的本质，并在一定程度上与之保持一致，然而，两者之间亦存在一定的矛盾。教师文化价值观念体系的建立和发展应以实现教育的现代化、国际化为导向。因此在处理社会文化问题时，教师应保持一种开放的视野。教师必须持续地与外界进行信息交流，以便更好地适应社会主流文化，同时，他们也应保持文化观念的独立性。在多元社会文化的背景下，教师应坚持教育的主体地位，对社会文化进行批判性的选择和创造性的构建，使其适应教育的发展规律和需求。

③ 面向国际的民族观

现代信息技术和网络的迅猛发展推动了全球化的进程，加速了国际化的

趋势。文化之间的交流与融合成为当前社会转型期的重要特征，国际化已成为普遍认同的理念。教育工作者应当具备全球视野和对环境的深刻认识，摒弃狭隘的思维模式，致力于培养学生的和平意识和友谊精神。在国际化的教育视野中，注重国际化教育并非意味着教育的完全西化，而是应充分考虑和尊重各民族的文化传统。在传承和发展传统文化的过程中，我们应将国际化理念根植于传统文化之中，加速中西方文化的融合。教师应抱着开放的心态，积极吸收世界各地的文明成果，同时坚守和传承传统文化的价值，以实现国际化与民族化的和谐统一。

④ 科学性与人文性并重

科学性文化价值观主张以科学作为解决难题的核心途径，而人文性文化价值观则侧重于人的价值，反对单纯的技术至上主义，强调以人为本。在我国的发展历程中，人文与科学的极端倾向时有显现，然而，现代社会科学与人文发展正逐渐趋向于相互融合。在当前教师的文化价值观念中，科学性与人文性的观念并存，且二者呈现出融合的态势，即以科学性为根基，以人文性为发展导向和终极目标。这种趋势源于科学技术对社会生产方式、生活方式、思维模式及价值观念的深远影响。科学知识构成了教师文化价值观念的基础，但同时，人文素养和人文关怀也是教育发展的核心属性。因此，教师文化价值观念中的科学性与人文性观念势必走向融合之路。

（2）价值的选择环境

人类在不断地改造和塑造环境的过程中，同时也受到环境的深刻影响，这种相互作用在教育领域尤为显著。教师们在特定的校园环境中生活和工作，他们的思想和行为深受校园内文化因素的深刻影响。教师文化作为一种独特的社会文化现象，可以划分为多种类型，其中个人主义文化和派别主义文化是最为普遍的两种形式。由于教师工作的性质复杂多变，他们常常需要独立面对和处理各种教学问题，这种独立性在一定程度上导致了教师之间的孤立感。此外，教室的物理分隔进一步加剧了这种孤立感，使得教师们在日常工作中难以进行有效的交流和合作。学科组和年级组的划分，虽然在一定程度

上促进了教师之间的专业交流，但也促成了小团体的形成，从而在一定程度上限制了更大范围内的交流与合作。

为了应对这种现状，教师文化自觉的系统构建显得尤为重要。这一过程是一个从个体到群体的价值共享过程，它标志着教师文化从孤立的个体主义向自然合作文化的转变。在这个过程中，教师的专业知识学习和能力提升不再仅仅依赖于个体的努力，而是更多地依赖于团队合作和集体智慧。教学策略的改进和教学风格的形成也受到教师文化的影响，不同的文化背景会孕育出不同的教学方法和风格。

因此，构建一个促进合作的教师文化环境显得至关重要。为实现这一目标，高校应当鼓励教师们共同学习、分享经验和创新思维，培养一种持续学习和不断改进的学校文化。通过这种方式，教师个体和群体的生命成长将得到极大的促进，教师们将能够在合作与交流中不断进步，从而更好地适应教育发展的需求，提高教育质量，最终为学生创造一个更加和谐、高效的学习环境。

（三）教师文化自觉的价值实现

价值实现是检验实践成果价值的关键阶段。在这个阶段，我们能够评估和衡量一项实践活动所创造的价值是否真正得到了体现和实现。从主体性视角来看，价值实现是一个复杂而深刻的过程。它涉及客体向主体转化的过程，旨在满足主体的需求和期望。在这个过程中，主体的需求和期望成为核心，而客体则通过满足这些需求和期望来实现其价值。

教师的生活世界纷繁复杂，充满了各种各样的挑战和机遇。其文化的更新体现在多个方面，包括教学方法、教育理念、学科知识等，教师文化的更新可以促进教师专业实践的发展。然而，当前这些外部因素尚未与内部动力相结合，这就导致教师在实践中难以充分发挥其主体性和积极性。内部动力是教师价值实现与认同的核心，它源自教师内心深处的驱动力和对教育事业的热爱。

教师的价值并不仅局限于"教授什么"的工具性层面，而是要从其本质价值探讨，只有教师对自身的价值有了更加深刻的认识，才能激发自身专业发展的内在动力，使教师成为自我发展的主宰。

首先，教师文化自觉的价值实现表现为教师的功能性价值的实现。教育推动着社会文明的进步，并注重促进人的全面的发展和对人进行引导。教师作为专门从事教育工作的主体，他们不仅肩负着传承与创新人类社会文明的重任，更是承载着培养下一代的神圣使命。他们通过自己的辛勤努力，将知识、智慧传授给学生，帮助他们成长为有责任感、有创造力的社会成员。随着对自然界、社会结构及自我认知的不断深入，教师持续更新自身的知识体系和观念，不断充实和拓展教育文化的深度与广度。他们不仅关注学科知识的传授，还注重培养学生的批判性思维、创新能力和实践技能。通过其富有创造性的劳动，教师促进了社会文明的持续发展与进步。他们不仅在课堂上教授知识，还在课外引导学生参与各种社会实践活动，帮助他们更好地理解和适应社会。教师的辛勤付出和无私奉献，为社会的进步和发展奠定了坚实的基础。

其次，教师文化自觉的价值实现表现为教师的文化价值的实现。在这个充满竞争和变革的时代，价值观念也变得更加多元。在这样的背景下，教师在"以文化人"方面的价值显得尤为显著和重要。价值实现的最深层意义，并非仅仅源自其属性或功能，而是更多地体现在文化价值的实现上。人类所创造的每一件客体，无论是艺术品、科技产品还是日常用品，都蕴含着引人深思的文化内涵，都承载着一定的文化象征意义。这些文化内涵和象征意义，不仅是物质层面的，更是精神层面的，它们反映了人类的思想、情感和追求。教师是文化传播的重要载体，能引导学生理解和感悟这些文化内涵和象征意义。教师通过自己的言传身教，帮助学生建立起正确的价值观和世界观，使他们能够在复杂多变的社会中找到自己的位置，更好地应对各种挑战。教师的价值不仅体现在他们所传授的知识上，更体现在他们所传递的文化价值上。

最后，教师文化自觉的价值实现表现为教师的主体性价值的实现。人的自我完善与进步构成了人类历史的核心要义。自古以来，人类社会的发展就是一部不断自我完善与进步的历史。从原始社会到现代社会，人类在科技、文化、经济等各个领域都取得了巨大的进步，而这一切都离不开人类个体的自我完善与进步。通过提升教师的思想认识、科学技术水平及劳动技能，可以有效提升其劳动效率与效益，实现其价值的提升。通过这种方式，教师不仅能够更好地适应现代社会的需求，还能在工作中发挥更大的潜力，为社会创造更多的财富。教师作为教育的主体，其文化自觉能够帮助他们更好地理解教育的本质和意义，从而在教学过程中更好地引导学生，激发他们的学习兴趣和潜能。同时，教师的文化自觉也有助于维护教师的尊严和地位，使其他群体尊重他们的劳动成果，理解他们的工作压力，从而唤醒教师的主体性，促使他们主动发展和展现生命活力。

在探讨教师发展动力的根源时，我们需要深入分析其动力究竟是来自外部因素还是内在因素，究竟是社会赋予的还是教育活动本身所蕴含的。从外源观的角度来看，教师的专业发展被视为市场化的产物，教师需要按照一定的标准进行自我改造，以提升其职业的吸引力。这种观点认为，教师的发展动力主要来自外部社会的需求和期望，教师需要不断适应社会的变化和要求，努力改造自我来满足职业发展的需要。

然而，从文化自觉发展观的角度来看，教师处于一个广阔的文化场域之中，自然会受到各种文化因素的浸润和引导。在这种观点下，教师的发展被视为个体文化与群体文化相互融合的过程。教师在教育实践中不断吸收和内化各种文化元素，形成自己独特的教育理念和教学风格。这种观点强调教师的内在发展动力，认为教师的发展是一个自我实现和自我完善的过程。

理想的教师形象，是由文化塑造的。教育理论与实践的结合，不仅是教师专业成长的过程，也是教师自我价值显现的过程。在这个过程中，教师不断反思和调整自己的教育理念和教学方法，以适应教育发展的需要，同时也实现自我价值的提升。因此，教师的发展动力既包括外部社会的需求，也包

括内在的文化自觉和自我实现的需求。只有将这两方面有机结合，才能真正推动教师的全面发展。

四、教师文化自觉的学校场域依存

（一）学校场域中的教师文化自觉

1. 教师是学校文化场域的文化主体

在学校的文化场域中，获取和掌握文化资本是其核心要素，这一场域融合了显性力量和隐性力量的双重作用。教师作为这一场域中的关键角色，既在塑造着这个场域，同时也在不断地被场域所塑造。他们拥有丰富的文化资本，能够引导和传播文化价值，并确保教学活动的有序进行。在实际的教学过程中，教师们往往会受到传统教学方法的影响，习惯于沿用那些经过时间检验的教育手段。然而，与此同时，他们也可能积极地探索和应用新的教学理念，试图打破旧有的框架，寻找更有效的教育方式。教师们将理性的分析与非理性的直觉相结合，使得教学活动不再是一种机械的知识传授，而变成了一种充满活力和创造力的过程。在这个过程中，教师们不仅通过自己的努力积累了丰富的文化资本，包括知识、技能和价值观，还通过与学生的互动，将这些文化资本传递给下一代。这样，教育不仅是知识的传递，更是文化的再生产，确保了文化的延续和发展。

2. 教师在学校文化场域中表现出的双重属性

知识不仅是教师专业影响力的重要组成部分，更是其文化资本的核心。在这个基础上，场域成为教师影响力得以发挥的关键社会结构。学校文化场域是一个复杂的系统，它反映了教师群体共同的理念、思维方式及错综复杂的关系网络。这些因素共同作用，形成了学校特有的惯习。惯习作为一种行为模式，具有集体性、个体性和发展性三个显著特征。集体性体现在教师群体共同遵循的行为规范和价值观上；个体性则体现为每个教师在具体实践中

对惯习的独特诠释和运用；发展性则意味着惯习并非一成不变的，而是随着时间和环境的变化而不断演进。

随着教师角色的不断演变以及教育环境的持续变化，教师们必须调整和改变自己长期以来形成的惯习，以适应新的教育需求和面临的各种挑战。这种调整并不仅是为了个人的专业成长和发展，更是为了推动学校文化场域的变革和发展，教师的文化自觉成为推动这一变革的核心动力。它促使教师们不断审视和反思现有的教育文化，深入分析其优势和不足，并在此基础上重构和创新教育理念和方法，努力打破传统的束缚，探索更加有效的教育途径。通过这种持续的努力，教师们希望能够达到更高的教育境界，培养出更多具有创新精神和实践能力的学生，为社会的发展作出更大的贡献。

场域不仅是一个静态的存在，更是一个动态的、充满互动和变化的空间。在特定领域内，权力的单一运作机制虽然能够使个体遵从当下的规则，但这种缺乏相应制衡的遵从通常并不稳固，甚至可能在领域之外催生出反叛和不遵从的行为。因此，场域需要引入新的因素和进行结构转型。这种转型不仅是表面的调整，而是深层次的变革，旨在打破旧有的格局，形成新的力量平衡。在这个过程中，一个新的"共同体"得以诞生，它是一个基于共同目标和共同利益的集体。理想的教师共同体正是在这种背景下建立起来的。它不仅是一个简单的教师集合体，而是一个具有深厚文化内涵的"文化共同体"。这个共同体建立在"共享的价值观与共同的参与"之上，强调教师之间的相互理解和支持。在这个共同体中，教师们不仅仅是同事，更是志同道合的伙伴，他们共同致力于教育事业的发展和学生的成长。

在这个共同体中，教师们相互支持、共同成长，形成了一种积极向上的教育氛围。他们通过不断的交流和合作，分享教学经验和教育智慧，共同解决教育过程中遇到的问题。正是在这种共同体的支持下，教师们能够更好地发挥自己的潜力，不断提升自己的教育教学水平。他们通过共同的努力，为学生提供了一个充满活力和创造力的学习环境。

（二）校本教研场域中的教师文化自觉

1. 教师在校本教研场域中开展反思性文化实践

校本教研即"以校为本的教学研究"，其目的是在专业课程改革深入推进的过程中将"教学研究的中心下移到学校"。朱慕菊指出："校本教研是以校为本的教研，是将教学研究重心移到学校，以课程实施过程中教师所面对的各种具体问题为对象，以教师为研究的主体，理论和专业人员共同参与的一种教研活动。强调理论指导下的实践性研究，既注重解决实际问题，又注重经验的总结、理论的提升、规律的探索和教师的专业发展，是保证新课程改革实验向纵深发展的新的推进策略。"[①]虽然此观点指向基础教育阶段的校本研究，但对于高等教育亦有指导意义。强调创新与特色的高校建设理应立足本校特色开展教学与科研创新，而这对教师教育也提出了更高的要求。

这种教研方式不仅局限于课堂，更是深入教师的日常教学实践中，通过促使教师进行不断的反思和改进，帮助教师们打破固有的思维模式，从而实现教学方法的创新。通过校本教研，教师们能够更好地适应教育改革的需求，提升自身的教学水平和专业素养。

校本教研的实施，不仅促进了广大一线教师的专业成长，还极大地拓宽了他们的专业视野。教师们通过参与校本教研活动，有机会接触到更多前沿的教育理念和教学方法，从而不断丰富自己的知识储备和文化资本。这种知识和文化的积累，不仅有助于提升教师的教学效果，还能激发他们的创新思维，使他们在教学过程中更加游刃有余。

此外，校本教研还为教师的文化自觉提供了广阔的空间。在这一过程中，教师们不仅能够深入反思自己的教学实践，还能通过与同行的交流与合作，更好地理解教育的本质和教师职业的使命。这种文化自觉的培养，有助于教师们树立正确的教育观念，形成积极向上的职业态度，从而在教育实践中更

---

① 朱慕菊. 改进和加强教学研究工作 深入推进新课程实验 [J]. 人民教育，2003（5）：24-25.

好地发挥自己的作用，为学生的全面发展奠定坚实的基础。

在这个过程中，文化因素逐渐渗透到教学观念、内容及行为的各个层面，教师们逐渐意识到文化在他们的教育教学生活中的重要作用。

具体来说，文化因素在教学观念上的融入，使得教师们开始重新审视他们的教学目标和教学理念，不再仅关注学生的知识掌握情况，而是更加注重学生文化素养的提升。在教学内容上，文化因素的融入使得课程资源更加丰富多样，教师们开始挖掘和利用各种文化资源，使教学内容更加生动有趣，更能激发学生的学习兴趣。在教学行为上，文化因素的渗透使得教师们更加注重师生之间的互动和交流，更加关注学生的个体差异和文化背景，采取更加灵活多样的教学方法，以适应不同学生的需求。

此外，文化因素对学习方式的影响也不容忽视。传统的学习方式往往强调记忆和重复，而文化因素的融入使得学习方式更加注重探究和创新。学生被鼓励主动探索和发现知识，通过实践活动和项目学习等方式，培养他们的批判性思维和创新能力。同时，文化因素对教学方法的影响也使得教师们更加注重教学的多样性和灵活性，促使教师采取小组合作、讨论、角色扮演等多种教学方法，以适应不同学生的学习风格和需求。

同时，文化因素对师生关系的影响也是深远的。传统的师生关系往往是权威式的，教师是知识的传授者，学生是知识的接受者。而文化因素的渗透使得师生关系更加平等和民主，教师不再是单向的知识传授者，而是学生学习的引导者和合作者。教师更加注重倾听学生的声音，尊重学生的意见和选择，与学生共同探讨和解决问题，从而建立起一种更加和谐、互动的师生关系。

因此，教学活动不再局限于知识传授，而是转变为一种文化探究的过程。深入探讨教育教学问题，实质上是对文化传承、选择、交流乃至创新的研究，其核心在于在文化中进行研究、基于文化进行研究，以及为了文化研究。通过这种方式，教师们不仅能够更深刻地理解自身的教学实践，还能够更全面地理解所处的文化环境，从而在教育教学中更有效地运用文化的力量，推动

教育的创新与进步。

在探讨教育教学问题的过程中，我们绝不能忽视文化资源与文化资本所扮演的重要角色。这些因素为教育教学研究带来了全新的视角和思考维度。特别是在当今这个文化多元化的时代背景下，教育价值观的冲突已经成为校本教研问题的核心所在。这种冲突主要体现在两个方面：首先，传统的教育教学文化与现代文化的冲突尤为明显。传统教育强调知识的传承和道德的培养，而现代教育则更注重创新能力和批判性思维的培养。这种差异导致了教育实践中的种种矛盾和挑战。其次，本土民族教育教学文化与西方文化的冲突也不容忽视。不同文化背景下的教育理念、教学方法和评价体系存在显著差异，这些差异在教育实践中常常引发冲突和摩擦。然而，正是这些多元文化的差异构成了校本教研发展过程中不可或缺的张力。这种张力并非单纯的负面因素，相反，它为教育教学的创新和发展提供了内在的动力。

在这个意义上，校本教研可被视为教师的一种反思性文化实践。通过这种实践，教师能够深入反思自身的教育教学行为，进而提升教育教学水平。同时，校本教研也为教师的文化自觉提供了真实的实践场景，使教师能够在实践中不断探索与创新，从而实现教师文化的创生。通过这种创生活动，教师不仅能够提升教育教学能力，还能够形成自己独特的实践哲学，从而在教育教学过程中更有效地应对各种挑战和问题。

2. 教师在校本教研场域中结成关系性的对话网络

文化是一个错综复杂的体系，它不仅是由各种元素和符号组成的，更是由一系列价值观、信仰、习俗和行为模式所构成的。在这个体系中，教师个人的文化自觉受到了集体文化自觉的深刻影响。集体文化呈现出一定的同质性，这种同质性在很大程度上对教师个体的文化精神产生主导作用，塑造了教师的价值观和行为方式。

教师的文化自觉是在多种文化交流互动中进行的自主选择，它倡导尊重各种文化差异，并致力于在教学活动中实现不同文化的和谐共存。这种文化自觉不仅仅是对自身文化的认同，更是对其他文化的包容和理解。教师在教

学过程中，通过与学生的互动、与同事的交流，以及与社会的接触，不断地进行文化的反思和选择。

校本教研活动体现了教师个体及其群体在特定情境下的系统性反应，同时也是他们主动构建的产物。教师、教师团队及专业研究人员构成了校本教研活动的主体，他们之间形成了研究合作的网络。这种合作网络不仅是为了共同解决问题，更是为了共同进步和成长。自我反思、同伴互助和专业指导构成了校本教研的实践逻辑。在这一过程中，三方共同面对实践中的问题，通过对话、协商和合作来解决问题，构建实践性知识，并激发新的学习需求。

对话的过程促进了知识的共生和文化的交融，而不同个体间的差异性成为对话的推动力，从而实现了文化的创新。教师将个人面临的难题转化为集体共同面对的问题，借助集体的智慧来解决，进而形成了知识学习和实践创新的良性循环。在这个过程中，教师不仅提升了自身的专业素养，同时也为学校文化的建设作出了贡献。通过这种集体的智慧和力量，教育变得更加富有成效和意义。

第四节　教师文化的功能

教师文化功能既是教师文化建设中的基本课题，也是理论研究与实践探索的中介。目前，对于教师文化功能的讨论还不多，或许有人不以为意，或许有人以为不言而喻。我们认为，尽管教师文化"温文尔雅"，但并非"弱不禁风"，它应该经得住这样的"拷问"。全面深入阐述这一问题，无论是对于人们提高对教师文化的认识，还是改善教师文化建设，都具有重大意义。本书把"教师文化功能"放在重要地位，说明我们已认可了这种思维方式和多数人学以致用的需要。

一、教师文化功能的本质

校园是教育的圣地，教书育人是教师的天职。教书育人、育人为本的内

涵和外延，已经融入了时代的内容，延伸到生命深处。作为教育文化功能的集中体现，教师文化承担了更为崇高的历史使命。

教育是借助一定文化的象征符号系统，促进年轻一代个体社会化即实现"文而化之"的过程。文化以教育为中转站并通过教师劳动，把富有潜能的自然人化为具有现实素质的社会人，于是"传道、授业、解惑"成为教师职责的基本概括：一方面，人类借助教育为母体，以教师为中介传递、交流已有的文化；另一方面，社会又借助文化成果，通过教师为转化器塑造年轻一代，创造新文化。这就是文化传塑，也是教师文化功能的本质。文化传塑是教师文化的核心功能，其文化意义在于文化的传播、创造与发展，其教育意义在于高素质的师生双向共构的培养、创造与发展。

显然，文化传塑，既是教师文化功能的直接表现，又是教师文化功能的真实传达。教师文化在横切面上以价值观、组织制度、教风等因素表征自身在学校文化中的脉络，在纵剖面上表现为继往开来的活力。如果说，文化传承更多局限于知识技能的内容，那么，文化塑造则更多指向如何做人。教师对人的价值的塑造，既是显性又是隐性的：既是教师以"自己为文化"对学生进行知识"言传"和品格"身教"的过程；又是教师把自己已有并经理解的知识技能不断传递，又将教师求真、创美、行善等思想品格用以对学生进行无声无息的熏陶的过程。在这里，教师本身就是一种文化，他们对教育信念的理解、对教学方法的选择、对经典文本的解读、对现实生活的态度等都有着不可或缺的作用。

教师文化的传塑功能，构成了教师文化的核心。教师文化肩负着对人的成长和完善进行终极关怀的使命，它不仅关注知识的传授，更重视引导人们进行精神上的自我反省和人性的塑造、人格的提升。教师在教育过程中的教育行为和培养德性的实践，实质上是在为每一个个体的生命构筑一道坚实的道德防线。这种行为不仅体现了教师文化最为神圣的价值准则、功能定位和职业约束，更是对教师这一职业的深刻理解和践行。教师们努力培养学生们对真理、善良和美的不懈追求，以及对终极意义的人文关怀。

教师文化以博大精深的社会文化为知识底蕴，以源远流长的民族文化为精神根基，以丰富多彩的教育生活为展现舞台，逐渐成为反映社会发展的一个重要指标。它不仅影响着一代又一代的学生，也在社会中传播着积极向上的价值观和道德观。教师文化逐渐塑造了人们的教育共识，并沉淀为具有创新意义的教育文化。这种文化不仅体现在课堂上，更融入社会的各个角落，影响着人们的思想和行为。教师们通过自己的言传身教，不仅传授知识，更传递着对生活的热爱、对未来的憧憬和对社会的责任感。他们的教育行为成为社会进步的重要推动力量。

教师文化在教育文化乃至社会文化的传塑上，比之其他文化行为更具基础性、系统性、本质性，其实践直接促进了人的个性发展和"文化化"。如果说，传承是教师文化传塑功能的立足点。那么，塑造则是教师文化传塑功能的生长点。

二、教师文化功能的静态解读

如何表述和解读教师文化的功能，是教师文化创设的前提问题之一。优秀的教师文化不仅具有人格塑造功能，还具有社会区隔功能、团体凝聚功能、学校民主管理功能和社会伦理发展功能，其中的价值倾向十分明显。在这里，我们将从教师文化的"诠释功能""化育功能""规训功能"和"涵养功能"等方面展开讨论，力求更多展示思考的文化色彩。

（一）教师文化的诠释功能

所谓"诠释"，就是解说、解释、阐明，它是对事物的一种基本的感受方式（与此相关的是，用心和用动作感受的方式）。教师文化的诠释功能，是指教师文化赖以生存的基本素材来源于历史和现存文化，而其现实发展则是对历史和现存文化进行重新解释的结果。借助于诠释功能，历史的教师文化的嬗变过程，成为教师有意识地控制文化发展的基础，而现实的教师文化，则从相对自发无序变为教师引领下的自觉有序。

教师文化诠释功能的实现，从性质上，以教育文化的"检储"为前提。教育是优秀文化传承的重要载体和思想文化创新的重要源泉。所谓"检储"，从信息论的角度看，是文化信息的"检索、编码、登记、储存"过程；从认识论角度看，是文化嬗变历程中的去粗取精、去伪存真、去杂求纯、去乱求序、由此及彼、由表及里的过程。通常认为，"检储"需要用"真实""善意""重要"这三个筛子来过滤。借助于这种"检储"过程，社会文化被纳入教师文化主体的实践领域。

教师文化的诠释功能意味着，教师文化活动，不仅可以对社会文化中的种种现象及关系进行澄清和评估，而且赋予它们以种种富有教师文化个性的内涵，为现实中教师文化的建设提供多种可供选择的文化模式。

我们赞同"兼容就是真理""真理就是去弊""发展就是超越"的观点。社会发展的客观需要，是教师文化进行诠释的客观标准。因此，对于不同时代、不同国度以及不同级类的学校来说，教师文化诠释功能的性质和标准是不同的。教师文化在实现其诠释功能的过程中，常常受到政治的、经济的，尤其是不同级类教育目的的制约。比如，中国封建社会"太学"只能形成"仁、义、礼、智、信"为核心的"道德—伦理"模式，诠释的准则就必然是：崇古、崇师、唯书、唯上。当前，我国处于社会主义初级阶段，社会主义学校的教育目的则决定了它必然有自己的文化的诠释原则和方式。教师常常需要对已有的解释进行"再解释"。

由于人们实践领域的扩大和加深，当代文化信息呈现激增和多元一体态势，教师文化诠释功能面临新的挑战。教师文化在实现其诠释功能时，不仅要实现文化价值上的协调、平衡，还要完成自身技术手段和方法的更新。教师是课程建构者。这些表明，教师文化的诠释功能正在不断扩大，其重要性也更为凸显。

（二）教师文化的化育功能

任何文化都或隐或现、或多或少地具有化育功能，教师文化也是如此。"教

书育人"事实上是以教书为手段，以育人为目的的表达。育人为本作为教师文化指向生命的终极关怀，它也是自身得以发展的支撑点和生长点。教师文化建设的宗旨，就是通过提升教师能力进而实现其育人使命。

教师在实现文化教育功能的过程中，展现出了一些特点。首先，教师的文化教育活动具有高度的自觉目的性。其他社会群体的文化影响，如律师、医生、工程师、家长、职员等，往往带有偶然性和自发性，而教师的文化活动，无论是课堂教学还是课外活动，都具有明确的自觉目的性，明确地将教育目的融入其中，实现了教化与教育的有机结合。

其次，教师文化活动的目标具有协调性。教师在进行各种活动时，如课堂教学、班主任工作、教育科研活动、课外活动指导、人际交往、生活娱乐等，都会在目标上进行内在协调。这种协调确保了目标的高度一致性，使得各种活动能够相互支持、相互促进。这种协调性有效避免了社会文化与家庭文化影响中可能出现的目标冲突和作用抵消现象，例如，在课堂教学中，教师不仅传授知识，还会注重培养学生的道德品质和社会责任感，这与家庭教育的目标是一致的。而在课外活动指导中，教师会引导学生参与各种社会实践，增强他们的团队合作能力和解决问题的能力，这也与社会文化的要求相契合。这种协调性不仅体现在教师个体上，也体现在教师群体中。教师们会相互交流经验，共同探讨如何更好地实现教育目标，形成一个团结协作的教师团队。这样的团队不仅有利于提高教育质量，还能为学生树立良好的榜样，促进他们的全面发展。

最后，教师文化活动展现出较强的计划性。这种计划性不仅体现在活动的规划和预设上，还包含了矛盾协调措施的实施。若自觉的目的性和目标的协调性是教师文化教育功能正常发挥所必须遵循的基本原则，那么，较强的计划性则是确保这一功能得以实现的具体保障。教师在进行文化教育活动时，会提前规划和设计，确保活动的顺利进行，并在过程中及时调整和解决可能出现的问题，以确保教育目标的实现。这种计划性使得教师的文化教育活动更加有序和高效，能够更好地实现教育目的。

所有这些，都是其他亚文化系统难以比拟的。为人师表，是教师职业的首要规范。即使是非职务行为，在社会各种群体对比中，教师也是最为行为自律的，远远超过了其他职业的生活表现。

教师文化的化育功能，也不同于那种以单向灌输为特征的学科课堂教学的功能。毋庸讳言，传统的目前仍占主导地位的以班级授课制为主要形式的课堂教学，对学生来说是"强制性"的。教师文化作为一种环境文化，主要宗旨在于创造一种氛围，在耳濡目染、潜移默化中感染和陶冶教师（师生）。例如，在学术本位、教风学风严谨的学校，人们会潜心于工作与学业，其师生自然服从真理、遵从理性，作风过硬，乐于从事学术业务。因此，有的学校培养出来的学生灵活善变，适应性强；有的学校培养出的学生扎实稳健，发展后劲足……当前，教师文化的生存状态堪忧。原因是多方面的，其中一个重要方面是，长期以来，我们在思想上，只重刚性管理，轻视以人为本；在方法上，只重晓之以理，轻视动之以情；在途径上，只抓课堂教学，轻视校园文化；在方法上，只重坐而论道，轻视行而践道；在主体上，只重专职政工人员，轻视专职教学人员。一句话，没有遵循"以不教为教"这个千古不朽的至高的"教育行训"。没有充分利用一切有教育意义的因素，没有有效发挥教师文化的积极影响。

教师文化的化育机制，寓教于乐（生活娱乐）、寓教于情（人之常情）、寓教于境（具体情境），完善了教师自身进而通过教师对学生的"传塑"影响学生的发展。目前，我国的教师文化建设，要关注教师职业幸福，努力开发学生亚文化群体的自我教育的课程，创造生态型的文化育人工程，提供活动化和审美化的化育环境。要在教与化的结合上，尤其是春风化雨上着力，使积极健康的教师文化犹如"无声润物的三春雨，有心护花的二月风"。

（三）教师文化的规训功能

所谓"规训"，就是规范、训诫、约束。文化既具有包容性，也具有排斥性，即包容相同或相近的价值，排斥相反或异质的价值，规训就是文化的这

种内在特性的体现。教师文化的规训功能，是指教师文化运用习俗、制度和舆论等手段与方式调整成员的行为，防止其不良行为的发生。

但是，规训化的教育有可能导致教师轻视学生的精神和个性层面的需要，成于训练而失于操纵，教师在"全景敞式"教育中逐渐沦为规训的工具，教师感到自主发挥功能的空间越来越窄，他们往往被眼前单调而繁重的工作拖累，越来越体会不到日常教学的意义。他们在规训化教育中变得十分势利，失去教育的理想（即使有教师意识到，也常常感觉茫然无力）。同样，现代学校管理以科层制为主导形式，它的规章制度表现出较强的规约性，是教师文化规训功能的制度基础。

教师劳动特点决定了教师文化具有较强的思想性、规范性要求。教师文化与教师角色、职业相伴相生，居于社会文化中的较高层次。就其包容性而言，教师文化能够吸纳各种反映社会进步的文化，以不断提高自己的文化品位。就其排斥性而言，其排斥性十分明显而强烈，表现为对不良的思想行为进行抑制，希望促进其向好的方向转变。教师文化运作既要发挥和宣传其价值，也要实现对有悖于其价值的思想行为的转变、抑制工作。前者表现为教师文化的向心力、凝聚力，后者则表现为教师文化的约束力、规范力。例如，近年来，"潜规则"盛行，有些教师甚至将学校一再强调的纪律，戏称为"兵不厌诈"。原因何在？有人称，问题在纪律不严；有人说，是制度上有漏洞，其实都不是，至少不仅仅是。问题的症结在于，制定和执行纪律的氛围，在于那些制定和执行纪律的人怎么"导向"。如果制度形同虚设或者就是为了虚设，那么其实际执行效果和规范作用也将大打折扣。可见，缺乏规训/导正功能的教师文化是无法发挥教育作用的。这里的"规"，是实在运行着的有明确指向的"规"；这里的"训"，是实在运行着的有明确要求的"训"。

教师文化规训功能实现的内在机制，是教师群体活动中的同化与顺应。作为一种群体文化，教师文化不仅反映了社会对教师文化主体的期待，还不同程度上反映了教师文化主体的共同愿望。教师文化得以存在和发展的前提在于，它能不断地同化形形色色的个体文化，进而将其纳入自己的结构体系

中去；同时，每个教师也只有顺应群体文化质态，不断调整自身思想行为，才能适应群体的文化环境，缩小个体目标与群体目标间的距离，顺利地在校园中生存和发展。

教师文化对人们行为的规训，主要采用有形和无形两种形式。有形的形式，主要是指各项管理的规章制度。它可以抑制人们的错误行为，促使其转变为正确的行为。当正确的行为变成习惯后，外在的规范作用也就内化为自觉要求。有形的制度约束，是一种"硬约束"。无形的形式，主要是校园舆论。校园舆论是指以校刊、广播站、校园主页等所主导的公共舆论及校园主流评价。这种舆论通过有针对性的宣传教育，帮助人们分清是非，扬善抑恶，成为规范人们行为的重要力量。无形的约束，是一种"软约束"。我们认为，教师文化的规训功能，主要是通过"软约束"的形式进行的，"硬约束"主要是一种管理行为，是作为教师文化"软约束"的基础发挥作用的。在教师文化规训功能的发挥中，制度是"指示器"，校园舆论是"调节器"。

在教育领域中，教师文化所设定的个人目标在各种不同的情境下，会转化为丰富多彩的文化活动。这些活动不仅有目的地、有序地引导着个体文化的发展，而且在这一过程中，个体的文化素养和能力也得到了提升。在空间维度上，不同类型的教育机构为个体提供了不同的发展方向和选择。例如，即便是同为顶尖学府的北京大学与清华大学，由于受到不同教师文化的熏陶，其个体的思想、气质及行为模式也存在差异。这种差异不仅体现在学术研究和教学方法上，还体现在学生的生活方式和价值观念上。

在发展层次上，不同层次的各级各类学校所形成的教师文化氛围，对教师个体发展的影响尤为关键。重点大学与非重点大学、普通学校与职业学校，这些不同类型的教育机构在教师文化氛围上存在显著差异。这些差异对教师主体的生活导向和行为规范的影响是显而易见的。例如，重点大学的教师文化可能更注重学术研究和创新，而非重点大学的教师文化可能更注重教学和学生培养。普通学校可能更注重学生的全面发展，而职业学校则可能更注重学生的专业技能培养。这些不同的教师文化氛围，不仅影响着教师的教学方

法和学术研究方向，还影响着教师的职业发展和生活态度。因此，教师文化在教育领域中具有重要的作用和影响。

教师文化规训功能的实现，也是有条件的。因为，教师个体与群体文化间的同化、顺应是一个交互作用过程：群体文化不可能涵盖个体的方方面面，也不可能完成对个体的全部规训。教师文化要发挥导正的作用，必须要提高教师评价素养和加强制度文化建设，完善各项规章制度，并落实到教师生活中。要坚持正确的舆论导向，努力创造有利于规训功能发挥的软环境。我国现阶段，教师文化的规训功能，集中体现在教师文化要与教育宗旨和职业幸福相一致，凡是符合者就吸收到教师文化系统中来，否则，应被排斥和剔除。

随着法治社会的到来，现代学校事实上进入"规训"时代。规训成为教师文化最明显、最基本的功能。其中的规训何以产生，与化育的关系如何？怎样实现二者平衡，捡拾被冷落的化育理想？这些问题都需要我们深入分析。教师文化的现实处境，要求我们认真分析学校语境下的"规"（规训）、"教"（教导）、"育"（化育）的困境，明白三者的性质及其走向，探讨重建教育生活和教师职业理想的现实途径。在此问题上，制度主义经济学"路径依赖"的思想对我们大有启发。

（四）教师文化的涵养功能

任何人都离不开一定文化的滋养。教师文化的涵养功能，是指教师文化能促使教师群体凝聚并形成一种柔性涵化、潜以养正的作用。

教师文化的涵养功能，主要体现在教师价值观上。价值观作为教师文化的核心，主导着教师文化发展的方向，规定着教师文化最本质的东西。一所学校与另一所学校的教师文化的区别，主要就是校园精神和教师价值观的差别，它对师生员工的精神状态、行为方式等起着涵化、养正的作用，具有无形的不可低估的感召力和凝聚力。认识并体验到彼此具有共同的理想、价值和行为规范，会使生存于同一学校的人们，彼此间产生认同，进而升华为对群体归属感、责任感和荣誉感，从而把广大教师紧密地联结。

教师文化建设的一个理想目标，就是形成内求和谐、外求发展的精神氛围。良好的教师文化，使人身居校园时能时处处感受到集体的温暖，大家互相尊重、互相关爱，相互协作、相互激励。这种氛围，怎么不使人心情舒畅、产生催人奋进的力量？将来走出校园，甚至离开校园，人们都会以曾经身为学校一员而自豪。

激励是教师涵养功能发挥的重要手段。教师群体根本利益的一致奠定了良好教师文化的基础，而教师文化能够在合理满足教师需要的基础上，起到设置合理目标、激发其积极性的作用。在教师文化的中介作用下，校园内的个体需求得以相互联系并融合，进而与集体目标保持一致。这种文化的力量在于，它能够将个体的需求和集体的目标紧密地结合在一起，形成一种强大的凝聚力。一个良好的目标本身即具备巨大的激励和凝聚力量，能够激发个体的积极性和内在动力。人们总是渴望通过自己的努力去实现预期的目标，而当目标设定得当，既具有挑战性又能够通过努力达成时，便会极大地增强个体的信心，使其产生强大的内在动力。

相反，如果目标过于遥不可及，超出了个体的能力范围，或者目标过于容易，轻易可得，那么这样的目标就难以激发人们的积极性。因此，设定合理的目标是至关重要的。教师文化中包含诸多目标因素，如教师的职业发展愿景、人性化的教学环境、和谐的师生关系、教师个人能力的提升、科研目标的实现，以及所教授学生的达标率、合格率和优秀率等。这些目标因素不仅涵盖了教师的个人发展，也包括了学生的学习成果，形成了一个全面的目标体系。

通常，教师文化能够为个体提供众多可操作和可选择的目标。这些目标不仅能够满足教师的个人需求，还能够与学校的整体目标保持一致。与其他文化群体相比，教师群体不仅满足于物质上的回报，更渴望在精神层面上得到满足和认可。这种对精神需求的追求体现在对职业成就感的渴望和对教学环境的改善、对师生关系的和谐以及对个人能力提升的追求等方面。

因此，在建设教师文化时，必须认真考虑这一特点。只有充分满足教师的精神需求，才能更好地激发他们的积极性和创造力，进而推动整个校园文化的进步和发展。教师文化不仅是一种中介力量，更是一种强大的内在动力，能够将个体的力量汇聚成集体的力量，共同实现教育的目标和理想。

适时地激发教师内在的动机，对于加强和促进教师文化的建设具有重要的作用。动机是深植于人类复杂多变需求体系中的核心要素，它作为一种直接的驱动力，推动着人们的行为。在大多数情况下，动机并不是单一存在的，而是表现为多种动机相互作用、相互影响，最终形成一个有机的"动机体系"。这个体系能够有效地指导和规范人们的行为，使其朝着既定的目标前进。

教师文化在满足教师基本需求的同时，还能够营造出各种文化环境中的激励因素。这些因素能够促使教师产生并保持积极的行为动机，从而在教学过程中表现出更高的积极性和创造性。积极的管理策略、科学的方法和良好的公共舆论，是凝聚人心、塑造教师积极动机的关键所在。教师应当努力形成一种民主、和谐、清廉和严谨的教学风格，这样的教学风格不仅有助于提升教师自身的专业素养，还能够为学生树立良好的榜样。

一个良好的教师文化氛围，具有持久而深刻的凝聚力，它能够成为推动教师文化主体积极进取的原动力。这种文化氛围能够激发教师的内在潜力，使他们在教学和科研工作中不断追求卓越，为教育事业的发展作出更大的贡献。通过不断优化和丰富教师文化，我们可以为教师提供一个更加健康、积极的工作环境，从而促进整个教育系统的良性发展。

三、教师文化功能的对象/具象性发挥

教师文化是学校重要的行为主体文化，它对学校的最主要的文化主体——教师和学生的发展有深刻的影响，同时对学校的管理及其变革也具有重要的影响。下面就从教师自身，与学生、与学校等相互关系的角度，探讨教师文化的功能和作用。

（一）基于主流文化示范和促进学生成长的功能

1. 基于主流文化示范的积极作用

教师文化的示范功能，是以教师文化的主流性、正统性为基础并由教师文化的本质决定的。由于这种主流性、正统性，教师文化在其发展过程中能够有意识地根据社会需要，以主流的社会文化代表的姿态，使历史的文化和现实的文化展现在教师文化主体的各种相互关联的文化活动之中，展现在整个教育文化系统的核心部位，展现在那些直接间接地与教师文化发生关联的亚文化系统面前，以潜移默化的方式感染每个有意无意地参与教育的主体。与此同时，教师主体通过自身的学习能够及时反映和总结时代最新文化成果以及进行文化活动的准则，这使得教师文化较多地继承了人类文化中的优秀成果，而少与其中的糟粕有联系，从而对整个学校文化起着一种鲜明的示范作用。教师文化的示范功能体现在它对学生文化主体和其他亚文化的双重示范上。对于学生文化主体，教师文化是"闻道在先"的优秀成果，是主流价值观所提倡的教育目标，为主流的文化的发展奠定基础。对于其他亚文化主体（如家长和社区公众），教师文化呈现的是丰富和系统的文化，从而为其他亚文化群体提供文化的个性示范。

2. 对学生成长的积极作用

教师是学生成长过程中重要的引领人，以价值观和行为方式为主要内容的教师文化对学生成长具有重要影响。第一，教师文化对学生行为习惯的养成具有渗透作用。所谓"身教重于言传"，在学校教育教学活动中，教师的行为方式往往在不经意间渗透到学生的意识中，成为学生行为习惯养成的重要参照和模仿对象。很多学生崇拜自己的老师，是他的忠实"粉丝"，把他作为学习榜样，模仿其态度、品行，乃至行为举止、板书笔迹等，并在教师的一言一行中受到感染和熏陶，在教师举手投足时得到鼓励。第二，教师文化对学生人格塑造发挥引领作用。大学阶段是青少年价值观形成的重要时期，直接关系到学生未来人生的走向。大学生大部分时间在校园里度过，他们的价

值观虽说来源于社会，实际上是其成长过程中从所在群体中习得的，也就是在校园里获得的。在学生的成长过程中，教师文化对学生的价值观的形成具有引导作用。教师的高尚师德、敬业精神、奉献意识及自尊清高的内在特性对学生的人格塑造具有深刻影响。现实生活中，学生真正在内心尊敬和热爱的教师，总是那些具有崇高道德情操的优秀教师，因为他们引领学生追求更高的精神境界和道德境界。第三，教师文化对良好学风的形成具有促进作用。在每一所学校中，表征教师文化的一个重要方面是教师的教风。教师群体在共同的价值观和同一文化氛围影响下会形成特定学校共有的教风。所谓教风，就是教师在长期的教育实践中形成的较为稳定的群体心理定势以及由此而产生的外在化的行为倾向。优良的教风主要体现在以下方面：敬业爱生，乐于奉献；严于律己，锐意创新；通力协作，互勉共进。学风指学生的学习风气，包括学习动机、学习态度和学习习惯。教师良好的教风会引导学生树立正确的学习目的，从而激发学生的学习动机；会激励学生端正学习态度，使学生勤奋认真、坚持不懈；会促使学生养成良好的学习习惯，自觉主动、善于合作。

（二）基于教师自身发展和专业文化建设的功能

1. 基于教师个体发展的积极作用

人是一种社会动物，任何个体包括教师个体，也需要在一定的社会环境中获取资源，获得发展的动力。文化人类学者兰德曼认为，人是一种有创造力的生物，人创造的是文化世界，反过来人又成为文化世界的产物，人在文化创造中形成自己的存在与本质。人为了获得自身的完善，总是在追求人生的意义、存在的价值；追求意义的过程，正是人不断获得意义和本质的过程。人类的发展意味着文化的发展，文化的发展意味着文化的积累，反过来，文化的积累标志着文化的发展和人的发展。作为社会文化代表者的教师的成长，不是自然而然的过程。没有个体发展的环境，就谈不上群体发展，更谈不上专业发展；缺少教师文化，就意味着丧失教师特色，动摇教师个体进而瓦解

群体发展的根基。也就是说，教师发展既包括专业发展，也离不开教师文化的发展，它能使教师有意识地把追求理想发展当作自觉行为，并始终保持自我更新的发展方向，为真正实现自身自主发展奠定基础。

2. 对教师群体专业发展的积极作用

教师专业发展是教师基于在职研修与培训，提升专业素养的过程。教师专业从本质内涵上，主要包含教育信念、专业态度和动机、自我发展需要（意识）、知识结构、能力结构等，其中蕴涵着丰富的教师文化因素。因此，教师专业发展离不开教师文化的滋养。第一，共同的教育信念是教师专业发展的基础。教育信念作为一种文化，它是教师群体自我发展的动力。对教师职业生涯来说，教育信念是教师职业生活中的精神向导，它常常作在潜移默化中引领着教师的教育行为，对教师自身成长及专业发展有着重要作用。教师教育信念缺失或动摇，不仅会导致教师在精神层面产生失落感，也会导致实践中的许多失误。第二，坚定的专业精神是教师专业发展的支柱。专业精神是教师基于自我期许而表现出来的职业信念和不懈追求的状态，是教师专业发展的支柱和动力系统，也是直接关系教师"去留"的重要因素。教师富有专业精神、持续的积极性（体现为"高职业满意度"）是教师文化的一个成熟表现。第三，创新的思维方式是教师专业发展的保证。制度化背景下的学校文化，使不少教师的传统思维中积淀了"求同思维"习惯，一味追求"标准化"，影响了创造性才能的发挥。创新思维方式就是要提供产生创造性思维的环境，保证教师的心理上的"安全自由"，激发教师的创造欲望，挖掘教师的各种思维能力，包括发散思维、直觉思维、形象思维等，不断促进教师专业素养的提升。

（三）基于学校文化建设与辐射社区文化的功能

1. 基于学校文化建设的积极作用

学校文化是一种客观存在。每所学校都有自己的文化，区别只是在于是先进的还是落后的、积极的还是消极的、低品位的还是高品位的。学校文化

建设就是通过继承、创新和整合等手段，使先进的、高品位的学校文化成为学校的强势文化、主导文化。作为学校文化的最重要部分之一，教师文化对学校文化建设至关重要。首先，教师的观念文化是学校精神文化的基础。因为，"铁打的营盘流水的兵"，教师作为学校的主人翁，是学校文化建设的主体，是教育目标的具体实施者。教师共同的价值观是形成学校共同愿景的精神基础。一个好的愿景，能够唤起希望，激励士气，产生强大的驱动力。结合共同愿景，培育学校价值观是学校精神文化建设的核心任务，也是学校文化建设的本质所在。与此同时，教师的教育观、人才观、教学观等价值观念系统，直接影响教育教学行为乃至学校教育培养目标的实现。学校中教师全体共同的价值观是教师文化的灵魂，它决定了教师的教育教学实践行为。只有教师主体在时代精神观照下，不断检视群体的价值观，并改变自己行为以适应时代需求之后，学校文化的变革才可能发生，而其中教师的价值观在由冲突到融合的过程中所形成的学校价值观，正是学校文化的灵魂。其次，教师的行为文化是学校行为文化的核心。教师行为方式是教师文化的显性表征，其中最重要的是教学行为方式。教学是教师职业特有的行为，如课堂教学、课后辅导、批改作业、课外活动等，它受教师精神文化支配，直接影响教学质量和学生发展。高校的中心工作是教学，而实施教学的主体是教师，教师构成教职工的绝大多数，教师的行为方式是学校行为文化的核心。学校管理者承担着为教学服务的职能，因此教师行为文化直接影响到管理者行为文化（当然，教师教学行为同时也受管理者文化制约）。最后，教师文化发展状况直接影响学校发展状况。如果在一所学校中，教师群体有一个乐业敬业、勤于钻研的文化氛围，那么，它必将激励每个教师努力创新教学方法，提高教学质量；反之，如果在一个得过且过的教师群体中，倘若有人想要钻研进取，往往会受到排挤、孤立。所以良好的教师文化对学校健康发展起到积极促进作用，而松散疏离的教师文化也会对整个学校发展产生不良的影响。

2. 对社区文化辐射的积极作用

教师文化对社区文化的辐射作用，是由教育对文化的选择性，以及教师

在教职工群体中的主导地位决定的。教师文化对社区文化的辐射作用，体现在它对社会文化和其他亚文化系统的双重示范上。对于社会文化，教师文化清高纯正，代表的是主流价值观；对于其他亚文化，教师文化呈现的是教育文化的个性化和示范性。它通过两种方式实现，一是"价值批判"。批判是文化"性格"、文化的精神，也是文化的过程、文化的方法。文化批判的标准是价值观，它需要在厘清某种价值标准的前提下，才能有序、有效的进行。而不同时代、不同国度、不同级类的学校，其教师文化进行价值批判的性质和标准是大不相同的。其中，社会发展和青少年身心发展的需要是不容置疑的"客观标准"。"道之不存，师之不存"，一旦丧失批判功能，教师文化也就丧失应有个性，其影响力必然降低。二是"形象塑造"。形象塑造已成为当代个人、群体和各种组织生存发展的重要环境和基本手段，是否拥有形象意识是素质高低的一个标志。而上述这一切，都离不开教师主体的主动参与艰苦努力。我们也应当利用新媒体进行文化批判，利用"CIS 理论"进行形象塑造，进而扩大教师文化对社区文化的积极辐射作用。

第五节 教师文化的转型

教师文化中存在不少积极、合理的成分，但也存在着一些消极因素。教师文化是学校文化的核心，教师的发展影响学校的发展，更关涉学生的发展。因此，教师文化需要转型，需要融入更多合理、积极的元素，以促进教师的健康发展。教师文化的转型，需要政府转变职能，为教师专业发展提供健康发展生态，也需要学校建构以服务为取向的组织文化，为教师文化的转型营造良好环境。当然，更需要教师文化向以自然合作、服务为取向的教师文化转变。

一、向以自然合作为取向的教师文化转型

教师间的合作机会较多，其中有人为合作，也有自然合作。而教师在教

研组文化和年级组文化的影响下，容易形成"人为合作文化"，即教师间的合作关系以学校组织和行政命令方式推行的居多，如师徒合作、集体备课，这样容易造成教师为了合作而合作，难以实现教师间真正的经验分享与交流。因此，人为合作的教师文化需要向自然合作的教师文化转型。

教师自然合作文化是教师在日常生活中自然而然生成的一种相互开放、信赖、支援性的同事关系，它具有自发性、自愿性、发展取向性、超越时空性、不可预测性五种特征。李特尔等人通过研究证明，教师自然合作的目标在于促进教师的专业发展和学校的整体发展。教师自然合作文化以发展为目的，旨在为教师营造一个资源共享、情感交流、身心愉快的共有空间，使教师在合作、分享中找寻到教师生活的真实意蕴，从而达到实现自我、提升自我、超越自我的专业发展目标；通过倡导合作基础上的适度竞争，提升教师整体的学习能力和发展能力，促进学校的发展和学生的发展。

教师工作建立在教师们相互合作、相互配合的基础上，始终需要教师间的沟通、交流与协作。建构自然合作文化，就是要为教师合作提供良好的合作氛围，以于解决教师职业倦怠问题。自然合作的氛围有助于减轻教师的压力感和紧张感，感到被支持和有团队做后盾的教师能够有效地消除自身的孤独感。教师间自然合作的形式是多样的：可以打破教研组和年级组的边界，教师以共同的旨趣、共同的愿景结合成合作的群体，开展教案设计、课件设计、对话内容设计等方面的合作；可以利用教学观摩、业务学习进行专业交流以促进专业发展；可以采取师徒形式对新入职的教师进行指导；可以鼓励教师在学校范围内采取换班授课的方式，减少"蛋箱式"工作方式导致的相互隔离性，并促进教师间进行更密切的交流。教师间的自然合作，能够使教师超越个人反思的局限性，从同伴和群体中获得更多的专业发展所需要的工具性支持和情感支持，从而有助于提高教师的专业水平与专业能力。教师间的自然合作，有助于教师在面对教育教学中的种种不确定性时，通过沟通、讨论、交流及合作协商的方式予以解决，从而形成相互切磋、合作共事、相互信任、相互尊重、相互认同、相互负责的团队氛围。

二、向以服务为取向的教师文化转型

服务是第三产业广泛使用的一个概念，是从客户或用户的角度出发生产商品并提供帮助、解决问题的一种社会劳动。教育是以影响人的发展为目标的社会活动，它的实质是为人的健康发展服务。教育所提供的服务是产品，这种产品既具有使用价值，也具有交换价值。学校及教育者是教育服务的主要生产者，家长、学生、社会则是教育服务生产的消费者和需求者。教育是服务，学生则是学校教育中最主要的服务对象，学校的各项工作就构成了一条服务链，其中，最主要的是环节就由教师将一种优质的教育服务提供给学生。有学者曾明确提出："新教育的本质，就在于它具有了前所未有的鲜明的服务性质，它是为学习服务、为学生服务的。"[①]正是由于教育的服务性，才使得教师职业的目标在于"提供专门性的社会服务"[②]。

"提供重要的社会服务"是 1995 年利伯曼提出的教师专业的五个评判标准之一，且位列五个标准之首。教师是在教育系统中与学生接触最密切、影响最深远、辐射最广泛的一个群体。教师的理念、教师的学识、教师的素养不但关系着学生的成长，而且关系着整个教育事业的兴旺繁荣。重塑教师文化，不仅是希望教师能够享受到一种和谐、幸福的文化氛围，养成健全的人格，更是希望教师用幸福的人生体味、健全的人格特征、专业的知识与精神去影响、教育学生，真正地去关心、关怀学生，为学生提供优质的教育与服务，让学生体会教育的美好、人性的美好。教育是一种以服务为宗旨的工作，这就要求教育者在教育过程中具有高度的责任心和爱心，以专业化的知识与技能、人性化的方式去充分展现教育服务的魅力。教师服务说到底就是一种爱的表达，是教师将对教育事业的热爱投射在学生身上，表现为对学生的关心、理解、引导与帮助。

因此，向以打造关怀学生的服务文化转型，要求教师要转变理念，把关

---

① 陈建翔，王松涛. 新教育：为学习服务［M］. 北京：教育科学出版社，2002.
② 教育部师范教育司. 教师专业化的理论与实践（修订版）［M］. 北京：人民教育出版社，2003.

怀、服务的思想融入教学与管理，增强自身的批判反思意识，提升专业能力与专业素养，提升自身的服务能力和水平。

（一）将关怀伦理融入师生关系

关怀伦理学起源于母婴关系中体现出来的"自然性关心"。关怀这一术语含义广泛，含有"发现""挂念""顾虑""在意""惦记""关照""照料""喜欢""爱""顺从""希望"等意思。关怀是一种表达对被关怀对象操心、怜恤、养育照料的人与人、人与生物、人与物体之间关系的术语。关怀伦理学把一切有关爱心、操心的活动视为伦理活动，主要关心的是行为者同他人的关系，不但考虑在同他人的关系中发生了什么，而且关心行为者和他人是如何感受、应答这种关系的。它以创造出同他人共同成长的关系作为核心目的。

虽然女性主义研究者将关怀的核心思想归结为女性的关系性体验，但研究女性主义伦理学的诺丁斯认为，"关怀作为一种道德取向是不限于一个领域或一个性别的"①。她认为，男性和女性都可以通过分享关怀的酸甜苦辣，来丰富人生。在教育领域中，将关怀伦理学融入教育中，使教师成为关怀型教师，意味着男教师可以深刻认识到最严肃意义上的关怀就是帮助他人成长，帮助他人实现自我；女教师则可以把传统意义上女性承担的关怀或关照他人的责任迁移到教育中。由此，可以在教育者和受教育者间建立信任与应答关系。

将关怀伦理融入师生关系，意味着把教育中的相遇变为关怀性相遇，即关怀关系。"教育可以被视为许多有意或无意的相遇经历，这些经历通过促使学生习得知识、技能、提高理解力和鉴别能力而促进其发展。"②要真正实现教育经历成为学生成长的动力，就应当把看似偶然的相遇变为关怀性相遇，关怀性相遇的根本特征在于接受性的关注。关注是关怀者"心灵释放出所有

---

① 诺丁斯. 始于家庭：关怀与社会政策［M］. 侯晶晶，译. 北京：教育科学出版社，2006.
② 同①.

的空间，来接受面前的这个人，如其所是地、真真实实地接受他"①。除了关注这一意识特征外，关怀者还有一个"动机移置"特征，即理解并为被关怀者提供他所需要的一切帮助，如倾听、解难答疑。换言之，关怀性相遇对于关怀者来说，其主要特征在于显示一种关怀努力。但这还不构成真正的关怀，只有当被关怀者认识到或承认关怀时，关怀关系才形成。被关怀者的回应是对关怀的内在回报，没有这些回应，关怀者会感到失望、疲惫和力不从心。因此，教师将关怀伦理融入师生关系，不是简单地把自认为的"关心"投射给学生，而是必须确保这些行为在学生身上产生影响，以及学生是否体验和感受到了这种关怀。

将关怀伦理融入师生关系，意味着教师应适当满足学生的合理期待。诺丁斯认为，"如果我们把关怀看作一种令人向往的关系属性，那么我们的出发点就可能会倾向于被关怀者、其需要以及关怀者对被关怀者的需要作出的回应"②。在人与人的相处过程中，一方或双方通常会有着特定的需要，这种需要或许隐性，或许显性。学生被父母送到学校，在学校这个特定场域与教师相遇，他们有着种种需求与期待。学生的合理期待可分为两类：一类是在教育中自然得到的东西，如受教育的机会、知识、技能、情感的支持、得到保护免受伤害、道德修养；另一类是用行动赢得的，例如，取得好成绩得到教师的表扬，做好事受到学校的表彰。这个层面的期待是条件性的，其合理性取决于可得到的资源、相互竞争的要求以及需要的可接受性。关怀型教师不仅应当满足学生的合理的基本期待（第一类），还应当重视并尽可能实现和满足学生的条件性期待，因为只有当学生感到能通过自己的行为赢得某些权利和回报时，他们才会更信赖和认可教师。

（二）养成批判反思意识

"每个人的存在，或多或少地像是生活在他们自己文化水体中的鱼，对于

---

① 诺丁斯. 始于家庭：关怀与社会政策［M］. 侯晶晶，译. 北京：教育科学出版社，2006.
② 同①.

始终存在于日常思考和行动中的文化力量，他们普遍将其视为自然而然的事情，并将之看作完全是'本性的'。"[①]要实现教师文化的转型，教师应努力培养自身的批判反思意识。批判反思意识是教师对在职业中长期形成的教育思想、知识、观念和为教师们所共同认可的体系或范式进行价值判断，对看似合理的管理制度进行质疑，对教学过程中形成的惯例和惯性进行思考，对教师基于何种目的使用对学生的权利和权威进行考量。换言之，批判反思意识要求教师对被常识掩盖之下的实践经历进行真正理解和探究，进而使其成长为批判反思型教师。例如，对于教育情境的不确定性，批判反思型教师往往有着准确的理解，他们能意识到教育情境的不确定性是教育的魅力所在，正是其内在的随机性、偶然性、不可预见性，对教师的教育智慧提出了挑战；对于"面子"问题，批判反思型教师有着清醒的认识，只有提升"里子"才会更有"面子"；对于教师"道德人"的形象设计，批判反思型教师明白只有认真成为健康的自然人、社会人，才有可能成为"道德人"。总之，成为批判反思型教师需要教师从多角度来看待问题，并习惯于对种种貌似合理的现象进行质疑，进而提升自己的教育自信和教学勇气。

教师应养成自我反思的意识与习惯。教师可以通过学生的学习日志、问题诊断、参与者学习文件夹等途径从学生眼中认识自己。因为"评判良好教学实践最基本的元标准就是教师在何种程度上从学生的眼中看自己"，透过学生的视角看待自己的教学，有助于教师从学生的立场来审视课堂教学。

教师可以通过和同事一起组织开展对话来认识自我。通过对话，教师会发现其他教师和自己一样正面临矛盾与困惑；通过对话，教师会了解自己有哪些错误的假定；对话可以给教师提供反思的线索与机会，激发教师的潜能。这种批判式对话不仅应在教师间进行，还应当在教师与管理者间进行。教师与管理者间由于缺乏必要的沟通，缺少交流的有效途径，容易产生隔阂。通过开展对话，教师与管理者可以增进对彼此的了解，缩小情感距离。

---

① 英格利斯. 文化与日常生活 [M]. 张秋月，周雷亚，译. 北京：中央编译出版社，2010.

教师可以通过家长会、家校联系簿、电话、短信、QQ、微信等与家长进行对话来反思自己的教育主张。教师往往从教育者的视角看待学生，从学生在学校中的表现来了解他们，实施自己的教育主张。而与家长展开对话后，教师就能清楚自己的教育行为对学生所产生的影响，并评判自己的教育行为是否妥当。

教师可以通过对理论书籍的阅读来判断自己的实践并丰富自己看问题的视角。理论学习不仅可以使教师了解学生认知和发展的过程，还可以通过学习其他教师的自传故事获得启迪与启示。阅读理论和教育学文献，可以甄别在教育情境中哪些是自己的教学能力不足造成的困境，哪些是教育本身的因素造成的问题；阅读还可以帮助教师理解阶层、文化和性别的不平等如何影响教学。

通过批判反思，教师会发现教学中的困难与困境不是个体性的，而具有集体性和共性色彩；通过批判反思，教师可以意识到"教"是为"学"服务的，不以学生的"学"为出发点和归宿的"教"没有任何意义；通过批判反思，教师会形成自己的思想，发出自己的声音，增强自己的信心和勇气，从而形成新的文化价值观。

（三）提高专业能力，培养专业素养

教师的专业能力和专业素养是对教师赋权、进行教师评价体系改革的前提。赋权不仅意味着自上而下地授予教师专业自主权，还包括教师"有能力行使其自主权""专业自主既不是外部授予的'人赋'权利，也不是教师天然具有的'天赋'权利，而是真正专业化的教育实践活动的内生权利"[①]，专业自主权是既被制度认可，又通过教师的专业实践和长期学习而逐步获得的。因此，重构教师文化需要从提高教师的专业能力和专业素养入手。

第一，教师是帮助学生健康成长的人，因此教师应在如何提高自己的专

---

① 康永久. 教师专业化的组织激励［J］. 教育科学研究，2006（11）：58-60.

业能力上下功夫。例如，在知识方面，教师应该掌握关于人的学习与发展的知识；为使学生产生良好的学习体验，掌握所教学科和有关教学法的知识；掌握针对不同学生因材施教的教学方法的知识；掌握关于学习情境的知识。在能力方面，教师要思考怎样使用形成性评价和总结性评价去提高学生的学习能力，并确保学生获得持续发展；如何运用教学策略激励学生发展批判性思维和解决问题的能力；怎样使用有效的语言和非语言交流技巧激发学生探究、合作和沟通的能力；如何创设鼓励学生积极参与社会互动、主动学习和自我激励的学习环境的能力；怎样培养与同事、家长的友好关系来培养学生学习和健康成长的能力。

第二，教师还需要在提高自己的专业决策能力上下功夫。教师需要关注自身探究、反思、批判能力的培养，养成局限参与专业事务决策的习惯，使自己能够改变在专业上安于现状、局限于已有的教学惯例和惯性的情况，树立专业自信。

第三，教师还应培养和锻炼自己的管理决策能力，积极参与学校事务，获得参与学校事务管理的话语权。

第四，教师要在提高自身的专业素养上下功夫，使自己不仅具有一定的道德敏感性，还能运用伦理知识进行恰当的道德判断和道德选择，处理好在教育实践中面临的道德问题。强调教师的道德引领与道德责任并不是要求教师所做的每件事都必须具有道德意义，而是希望教师能够意识到他们采取的任何行动都可能具有潜在的道德意义。

第五，教师应致力于专业共同体的组织和建设，通过加强专业共同体的专业性、合作性和相互尊重性，树立专业共同体的权威，维护教师的合法权益。

总之，教师文化的完善需要政府、学校、教师共同努力，为教师的健康发展提供良好的文化生态环境，让他们满怀希望、身心愉快、充满激情地投入工作与生活。

三、实现教师文化转型的策略探析

教师文化理应顺应时代发展的要求，转型也是必需。教师唯有实现教师文化的转型，方能适应不断发展的人才培养质量的客观要求，不断提升自身的文化素养，胜任教师的使命。

（一）加强教师多元文化教育

多元文化教育的核心目标在于跨越不同文化之间的界限，培养出具备跨文化沟通和理解能力的人才。这种教育形式不仅是为了应对全球化进程所带来的挑战，更是为了推动全球范围内的文化交流与进步。为了实现这一目标，多元文化教育的内涵必须不断进行更新和丰富，以适应全球化进程所带来的多元文化融合趋势。

为了加强教师在多元文化教育方面的专业能力，首先，必须确立多元文化的理念。这意味着教师需要对文化人类学进行深刻理解，具备对不同文化背景和价值观的敏锐洞察力。教师应当发展批判性思维能力，能够对自身文化进行反思，并吸收其他文化的精粹。通过科学研究和国际化的教育实践，教师可以不断提高自身的多元文化素养，从而更好地发挥教育的育人作用。

其次，教师还需要学会如何在多元文化背景下进行有效的教学。这包括了解不同文化背景下的学生需求，采用多样化的教学方法，以及创造包容性的课堂环境。教师应当具备跨文化交际的能力，能够在不同文化之间架起沟通的桥梁，帮助学生明白跨文化理解与尊重的内涵。

最后，多元文化教育还应当注重消除多元文化可能产生的负面影响。这包括避免文化刻板印象的形成，防止文化霸权的出现，以及确保所有文化背景的学生都能在教育过程中得到公平对待。通过这些努力，多元文化教育不仅能够促进文化交流与进步，还能够为学生提供一个更加公平和包容的学习环境。

（二）重构教学文化的价值内涵

在推进教育改革的过程中，我们应当特别关注学校内部的教学文化，尤其是其中的人际互动环节。教学文化不仅是教师文化的核心组成部分，而且对教师对于教学的本源、价值、目标、方法以及师生关系的理解与实践具有深远的影响。为了重塑教学文化，我们需要教师将"育人"作为其根本宗旨。教师应当注重培养学生的批判性思维、创新能力和解决问题的能力，而不仅是灌输书本知识。通过创设开放、包容、互动的教学环境，教师可以更好地激发学生的主动性和积极性，使学生在学习过程中能够主动探索、积极思考，从而达到真正的教育目的。此外，教师还应当关注学生的个体差异，因材施教，尊重学生的个性和兴趣，帮助他们找到适合自己的学习路径。通过这种方式，教学文化才能真正成为促进学生全面发展的有力支撑。

具体来说，学校应当提供丰富的学习资源和环境，鼓励学生主动探索和学习，而不仅是被动接受知识。学术研究应当成为学生学习的重要组成部分，通过参与研究项目，学生可以学会如何提出问题、设计实验、分析数据和撰写报告。辩论演讲则能够锻炼学生的逻辑思维和表达能力，使他们能够在公众场合自信地表达自己的观点。语言技能的掌握不仅包括母语学习，还包括外语的学习，这有助于学生更好地与世界各地的人交流和合作。

教师在这一过程中扮演着至关重要的角色。他们不再是单纯的知识传递者，而是成为学生学习过程中的引导者和支持者。教师应当提出具有挑战性的问题，激发学生的好奇心和探索欲，引导他们在课堂上进行深入的讨论和交流。教师还应当鼓励学生参与各种创造性活动，如艺术创作、科技创新等，帮助他们将所学知识应用于实际问题的解决中。

此外，教师还应当成为学生咨询的顾问和意见交流的伙伴。他们应当倾听学生的困惑和需求，提供个性化的指导和支持。通过与学生的互动，教师可以更好地了解学生的兴趣和特长，从而帮助他们制订适合自己的学习计划和发展方向。

（三）彰显教师的人性化管理

人性化管理理念的起源可以追溯到梅奥的人际关系理论，这一理论强调了价值导向、信念支持和情感凝聚的重要性。这种理念的核心在于通过构建符合人性化的制度，并实施相应的人性化评价机制，来激发教师的潜能，促进其自觉地进行教学活动。其目的是促进教师文化内涵的发展，从而提升教育质量。

在推行人性化评价机制的过程中，我们必须构建一个科学且完善的教师评价体系。这个体系应当充分尊重教师的辛勤劳动成果，赋予他们必要的自由空间，并给予他们充分的尊严与幸福感。评价机制的设计应充分体现人性化原则，充分考虑教师劳动的复杂性和精神需求，以激发他们的积极性、主动性和创造性。这样的评价机制不仅能够促进教师的个人发展，还能够提升整个教育系统的效能。

具体来说，这个评价体系应当包括多个维度，如教学效果、科研能力、社会服务、师德师风等，以全面评估教师的工作表现。同时，评价过程应当公开透明，确保每位教师都能了解评价标准和结果，从而有针对性地改进和提升自己的工作。此外，评价结果应当与教师的晋升、薪酬和培训机会挂钩，以激励他们不断追求卓越。

在实施过程中，学校和教育管理部门应当定期收集教师的反馈意见，及时调整和完善评价体系，确保其始终符合教师的实际需求和教育发展的趋势。通过这样的努力，我们可以建立一个真正以人为本的教师评价体系，为教师提供一个公平、公正、充满激励的工作环境，进而推动教育事业的持续发展和进步。

此外，在实施人性化评价机制的过程中，应当恰当地运用教学和科研的量化评价方案，优化指标体系，提升教学考核标准的科学性，并适当增加教学业绩的权重。在科研管理方面，需要加强"质量检查"，注重质量而非数量，引导教师树立正确的态度，提升专业水平，强化学术道德方面的自律性，以

解决价值导向失衡的问题。通过这种方式，可以确保教师在教学和科研工作中都能保持高度的责任感和使命感，从而为学生提供更优质的教育体验。

无论时代的变迁衍生出何种类型的教师文化，在构建专业教师文化的过程中，我们始终不应忽视以下三个因素，即信念、态度、行为，它们构成了教师文化的三个维度，促使教师文化由"自在"走向"自觉"。

第二章
教师文化的要素形态与精神特质

本章详细探讨了教师文化的要素、形态与精神特质，旨在揭示教师文化在教育领域中的重要地位和影响，主要介绍了三个方面的内容，依次是教师文化的要素、教师文化的形态、教师文化的精神特质。

第一节　教师文化的要素

也许人们会发现，文化学者总是孜孜以求地划分文化结构。这是因为，他们希望通过探寻文化所蕴含的要素，并以此进行文化的解释与重建。事实上，对于文化这么复杂的对象来说，任何一种划分都难免遗漏和交叉，因而在划分文化结构同时，也需要以一种反向的视角——通过要素分析来把握文化。所谓教师文化的要素，就是教师文化实现不可或缺的因素，是产生教师文化"结构性问题"的内在的"基因"。深刻认识教师文化要素，是概括教师文化的特征、功能，进而进行教师文化建设的基础。

一、教师文化的主体

什么是主体？主体在哲学上就是指活动者。作为教师文化的直接继承者、建设者、创造者和反映者，教师文化主体问题，关涉"何人为师"与"何人是师"，直接影响教师文化的性质和功能。

谁是教师文化的主体？这实际上研究的是教师文化主体的范围。对此，过去，还没有人清晰地提出这个问题。事实上在这个问题上一直存在某种分歧。有人主张，教师文化就是学校中以教学为职责的"教员"文化，只有教员才是教师文化的主体；有人主张，教师是学校教职员工的统称，因此，教师文化的主体是所有的教育工作者；有人主张，教师文化就是教风，因而只有教师才是教师文化的主体。以上主张各有道理，之所以有此分歧，主要在于"教师"的广义和狭义。应该说，其中任何一种理解，都有其适用的时空和情境，只要不要用错了时空和情境就行了，而在理论上保持逻的辑连贯性和自治就够了。

　　在教师文化活动基本要素中，主体作为其中的能动因素，其素质和有机构成直接决定着教师文化的性质、水平以及活动方式的选择，他们是推动教师文化传播、变迁和整合的直接动力。教师文化主体同时也是教师文化客体的组成部分之一：当他们在教师文化建设过程中发挥积极主动作用时，他们是主体；当他们成为教师文化结构中特定的研究和作用对象时，他们是客体。在特定意义上，教师文化主体是教师文化客体中具有主观能动性的部分。各种教师文化主体由于其自身条件的不同，他们带来影响的方式和程度是有区别的。教员即专职教学人员，是教师中的最大群体、最重要群体和核心。作为专职教学人员，他们的基本任务是教书育人，他们闻道在先、术有专攻，社会要求以及教育对社会文化的注释主要并具体地由教学人员来落实，他们在教师文化活动中具有指标意义。

　　从社会层面上说，教师文化主体还是各级各类教师组成的集合体。由于这些教师具有不同的年龄、学历、专业、阅历，来自不同阶层，因而他们在文化倾向上有一定差异。因此，要建设满足各方面需求和适应时代要求的教师文化，必须从改善教师队伍结构、提升教师自身素质入手。

　　此外，与教师群体具有各种直接间接关系的群体，如学校领导者、学校职员、后勤职工，家长甚至学生等，都对教师文化产生着不同程度的影响。那些给教师及其工作以各方面直接关心的群体或个人如校外辅导员、捐资捐书者、家长委员会、社区委员会、协作单位等，也对教师文化有不同程度的影响。在日益市场化、信息化和开放化的今天，对这些影响教师文化的主体，应当给以更多的关注。这一情况在个人捐资、私人办学、特意命名的学校中表现得尤为突出，这表明了当代教师文化的开放性。

二、教师文化活动的环境

　　环境是主体实践活动的各种背景条件的总和。教师文化活动也有自己的环境，它主要包括校园物质环境、人际关系环境、制度规范环境和文化历史环境。

物质环境用中国术语表达，属于"器物"层次，如教师文化活动的主要场所、手段，主要反映教师与自然物质的关系性质和水平（如是否和谐相处）。教师人际关系环境是相关主体相互交往作用而形成的，它是一种动态的场环境。教师人际关系既简单又复杂：说其简单，体现为教师与纯真的学生为伍，与具有较高素质的"文化人"为同事；说其复杂，体现为教师与最为复杂的"人"打交道，教育工作的复杂性和创新性。教师的人际关系，主要发生在与学校领导、教师之间、师生之间。在开放的社会环境下，教师人际关系实际上已超越校园的空间制约（如校园网和其他虚拟空间）。人际交往接触，对于教师身心状况和积极性的发挥有着重要的影响。

制度规范环境是指各种影响教师文化活动的法规和习俗的存在。教师的思想行为同样有着某种"路径依赖"。教师文化历史环境主要是指某一国家、地区和学校历史文化传统的积淀及其对教师文化活动的影响。

三、教师文化活动的手段、方法和途径

教师文化活动的手段、方法和途径与教师文化有着密切联系，关涉"何以为师"的问题。

教师文化活动手段，是指文化活动的技术性方式，它大体可分为物质性技术手段和非物质性技术手段。前者是指各种教学科研的材料和设备，后者则是指非物质的语言、情感等。文化活动手段是文化活动得以进行的基本条件，始终处于不断更新过程中。不同时代、不同国度、不同民族、不同场域的教师在文化活动手段上存在很大差异：从简单的口耳相传到"全副武装"，从直面的传统课堂教学到网络的多媒体教学，不一而足。

教师文化活动方法是各种技术手段的组合方式，它可以分为实验的和非实验的方法。前者主要是物质技术手段与非物质技术手段的有机结合，如教师制作教具、教师服饰等；后者则主要是非物质技术手段的组合，如教师教育教学方法、人际交往方法等。

教师文化活动在手段和方法上，较之于社会文化系统以及其他亚文化系

统，具有极大的便利和优势。因为，学校毕竟是文化之所，人文荟萃，有专业的人员。从我国现阶段教师文化活动开展的实际看，在我国教育投入还相对不足的社会背景下，应当注重非物质性手段和非实验方法的运用。事实上，教师文化作为一种文化创造和反映过程，是两种手段和两种方法综合起作用的，在文化活动过程中，教师可以根据具体活动的性质和条件而有所侧重。大学之精髓，不在于其巍峨之楼宇，而在于其拥有之大师。此言道出了大学真正的价值所在。显然，物质与精神两个维度在教师主观能动性的作用下，是可以有效组合并在一定条件下相互转化的。

教师文化活动的途径，是教师与教师文化活动手段、方法在特定环境下的结合。由于教师具体教育教学任务的不同，教师文化活动途径的选择也会受到一定限制。根据各种组合的结果，教师文化活动的基本途径主要有：课堂教学、课外活动指导、班主任工作、教科研活动、同仁共事、研究学习及对外人际交往、文体娱乐及校外交流（如家校、社区等）等方面，其关系如图 2-1-1 所示。

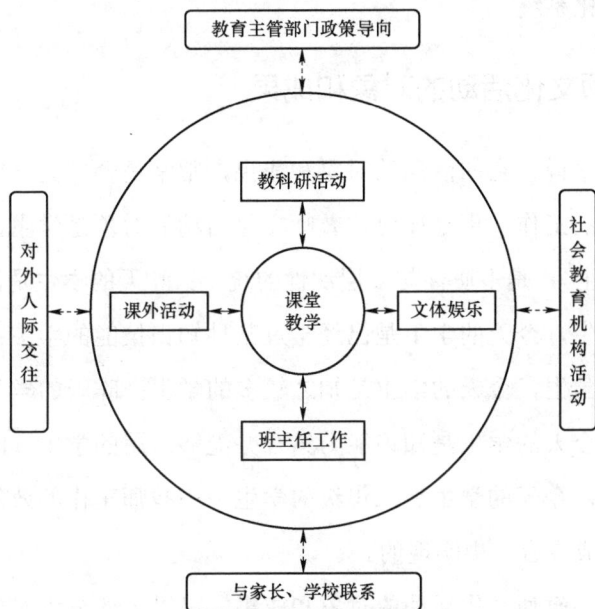

图 2-1-1 教师文化活动途径示意图

（1）圆形内表示教师职务活动的基本场域，方框表示教师文化活动直接所达区域。

（2）箭头表示教师文化行为所向，其中"教育教学"职务的履行是合法中介。

（3）实线、虚线表示相互间的关系性质和作用强度。

需要指出，以上各种途径都有发挥自身功能的特定方式。其中，圆形内各种途径，尤其是课堂教学途径，是教师文化赖以存在并区别于其他亚文化（如专职班主任、辅导员、科研员、教工、领导等）的主要方面，在此领域进行的文化活动，构成教师的基本职责和整个文化活动的"双核心"。对此别人也许有不同观点，但那主要是对教师含义的不同理解。本书的观点，并非仅仅为了强调专业从事教学的教师的重要性，更没有简单认为课堂教学是教学文化活动唯一重要的途径，而是强调从事直接教学工作对教师文化的重要性，是从教师文化的历史现实和运行规律而言的。否则，就会淡化教师文化的特质，可能使教师文化滑向行政（校长）文化、职工文化、学生文化、政治文化等其他亚文化系统。

四、教师文化活动的对象和成果

对于文化来说，它的活动的对象和成果，常常是合二为一的。这对于以人为主要对象的工作，更是如此。教师文化活动的对象是学生，成果还是学生（包括毕业生），是多质性与多层次性的统一：昨天的学生是没有学过某种知识技能的学生，今天的学生是已经学过某种知识技能的学生；昨天的学生是知之不多的学生，今天的学生是知之较多的学生；昨天的学生是知识能力分离的学生，今天的学生是知识能力结合并能够运用的学生；昨天的学生是一年级的学生，今天的学生是二年级的学生……教师工作的效能，往往就是在这样的对象成果合一中实现的。

具体而言，教师文化活动的对象和成果，可以大体分为对象性文化和主体性文化两个方面。前者主要是物质形态的文化，后者主要是主体素质文化。

从性质上，教师文化活动对象和成果，主要体现为智力文化、价值文化和个性文化等三种文化样式（教师文化活动的结果，也可从载体上体现，其中包括文化活动的主体教师本身的改变，也包括教师文化活动客体学生、社会文化的改变）。所谓智力文化，是与知识掌握、智力发展有关的教学科研等文化活动及其成果。智力文化活动是教师文化活动的基础和重要特色。所谓价值文化，是与教师文化主体思想品质形成有关的教育（如传道、解惑等）、自我教育活动及其成果。价值文化活动决定着教师文化活动的性质和方向。所谓个性文化，是与形成教师文化主体人格有关的文化活动及其成果。个性的和谐发展是教师文化活动所追求的核心目标之一。从文化样态上，教师文化表现为器物表征、制度规范和精神意象三个层面。正是因为教师文化的多质性和多层次性，才使得教师文化如此丰富多彩，才使得校园恰如一块磁石，吸引万千学生来这里求学，才使得无数教师甘于清贫，"蜡炬成灰泪始干""献了今生献来生"。

显然，对于教育普及时代的每个个体来说，拥有一段美好的校园生活，是难忘的；碰到一个好老师，是幸福的。而对于以育人为职责的每个教师来说，我们每天从事教学，是必需的；碰到一个好学生，是快乐的；碰到一个好同事，是愉悦的；身处一个好学校，是幸运的——因为，它们作为教师文化的重要因素，是我们永远的"社会印记"。

多质态文化之间，是相互联系、相互渗透、相互贯通的。作为一个整体，一种质态文化的改变，必然或多或少地受到其他质态文化的制约并反作用于其他质态文化以至教师文化的整体。这是我们关于"教师文化结构性要素分析"的基本观点。

第二节　教师文化的形态

学界基本形成共识，文化从状态和性质上，表现为物质文化、制度文化和精神文化（简称形态或质态论）。教师文化通过物质表征、制度载体、精神

意象，从社会发展和个体需要出发，使人获得理性、情感和诗性的发展，最终成为既能认识自然、社会，又能尊重他人、创造生活，善于实现自我的完善个体。我们认为，教师文化的形态是从形态和行为方面研究文化。教师行为文化，作为一种职业性群体文化的外在化，是相对于校园其他文化主体（如学生行为文化等）而言的。作为教师文化的显性表征，教师行为文化是教师文化中显性的、活的文化，具有示范性、纯正性、清高性、自控性等特点。

一、教师文化的器物表征

"器物"是一个中国哲学范畴，它表现了具象的物质，是教师文化的物质性表征。物质是不依赖于人的意识并能为人的意识所反映的客观实在。所谓教师文化的物质性表征，它是教师文化主体曾经和正在作用于其上的一切物质对象，是人们通过感官可以感受的一切物质性对象的总和。主要指作为教师工作载体、对象和成果的校园的"人化自然"、设施、设备、仪器、教具、自编教材、教师服饰等，它们提供了广大教师生存发展的可能性。以最有教师文化物质性表征性质的教具为例。教具是教学时用来讲解说明某事物的模型、实物（如戒尺、教鞭、黑板、粉笔等）、图表、幻灯片等。教具作为教学活动不可缺少的器材，可分为实物教具和复制品教具。具体有，来自自然界的标本或样品：如用于科技教育活动中的生物标本、矿物标本、化石、岩石及珍稀动物样品等。还有标本的仿制品和模型：有些标本十分珍贵（如北京猿人头盖骨化石等），不宜到处传播，于是人们制作了各种仿制品以及模型，用以传播科技信息。又如，人体解剖模型，航、海、车的模型等。教具还可以分成演示用和实习操作用的两种，教具具有直观性、典型性和教学研究性的特点。

与制度载体、精神意象比较，物质表征是一个与"文明"尤其是与"物质文明"密切联系的概念，具有物质性、基础性和直感性的特点。物质表征作为物化的教师文化形态和外壳，既是学校物质文明建设的基础和成果，又是学校精神文明建设的载体和反映，体现着一定的价值目标、审美意向等。

作为教师文化中的有形部分，器物表征是看得见、摸得着的文化形态。从教师文化诸形态的内部结构来看，物质性表征从最外显的意义上，反映着整个教师文化的历史积淀、时代特征和地域风格，折射出教师主体的价值倾向和审美意向，是教师文化的制度和精神意象存在的基础。依据不同的标准，可以将教师文化的物质表征进行不同分类。根据其稳定性，可分为流动型和稳定型；根据其功能作用，可分为实用型、观赏型和激励型；根据其历史价值，可分为历史型和非历史型。

对教师文化的器物即物质性表征的研究，其根本目的是在充分认识物质文化的组成与功能的基础上，更好地创建优良的教师物质文化。但是，人们对于教师文化的物质性表征所具有的独特作用，还没有充分重视。甚至还有人以为，作为群体文化的教师文化是没有或无须讨论它的物质性表征的。可以从三个层面，来理解教师文化物质性表征的功能：一是寄托标志功能。从深层来看，在环境知觉的导引下，人在特定空间进行实践活动，作为物质依托的物体与人慢慢发生一体化联系。如教鞭，它现在已不是体罚学生的戒尺，而是只供教师讲课指示板书、图片之用，有时还指代教育教学工作，说某某教师接过某某教师手中的教鞭。又如有的老师，向别人自谦地介绍自己的工作，"我是吃粉笔灰的""我是孩子王"等，由此可见，这些具象性的物质，已成为某种"意义"的标志和精神依托。二是审美创造功能。某些教具作为物质文化，如教师的穿着，就不仅是某种意义标志，还体现了一定时期大众的审美追求，是教师审美创造力的体现。三是"无意识"激励功能。"物质"虽不能以直接对话的方式向人们传递信息，但它却会以独特的方式展示它的作用，如幼儿园老师常用的"小红花"激励学生，又如教师佩戴校徽，不仅是一种自警提醒和身份标志，还体现了"教书育人"和"文以载道"的意涵。

教师文化的器物即物质性表征的创设，应集科学性、思想性和艺术性于一体，讲究夯实基础、注重品位和形成特色的思路，既有整体的统筹安排，又注重局部的精雕细刻，让每一处物质表征都起到潜移默化的熏陶作用。

二、教师文化的制度载体

任何一种制度的产生，无论是自发的还是有意设计的，都可以认为是反映了某些文化的轨迹或需求。现代学校的组织管理，主要是以马克斯·韦伯科层制管理为主导形式，规章制度表现出较强规约特征。教师文化的制度载体，就是教师们习以为常并在实际运行的"文化"中体现出来的规范。教师职业生涯中的传统、仪式和规章，是最基本和典型的教师文化的制度载体。作为教师文化系统中最具稳定性的因素，教师文化的制度载体是教师文化活动得以有效进行的保证，发挥着制度规训的作用，它集中体现在教学教研制度、师生关系制度、教师选任制度、教师评价制度、教师职业礼仪制度（如教师节、教师誓词）等方面。教师文化的制度建设的目标是，在人文关怀、规范操作等先进理念指导下，从规约与后顾的管理模式转到激励与前瞻的方向上来，努力通过制度规范的完善，形成与我国社会倡导的相适应的民主科学、积极创新、自由包容的新教师文化制度载体，构建激励广大教师终身学习、热爱学校，充分体现教师工作学习的自觉性、研究性、创新性的有效运行机制。

制度乃是文化分析的真正单元。制度的实质是以行为规范为基础进而实现对行为的规范。不同的出发点，会有不同的规定，从而形成不同的规范。教师文化的制度载体受到政治、经济、文化传统、学校规模等多种因素的影响，是一个随时代变化的范畴。比如，近现代，西方学校在行为规定上比较尊重个性，强调灵活，认为自由的环境有利于师生的发展；而东方学校中则提倡群体主义，比较强调管束，认为"严师出高徒"，严格的环境更有利于师生的成长。这体现了东西方不同的价值取向和文化背景。当然，不同教师群体，如班主任与任课教师的制度载体，所关涉的领域及其重点是有所不同的。从根本上说，它是教师职业活动的产物，其作用在于调整教师群体的内外部人员的关系，目的是使教师职业活动有序运行，高效低耗。

教师文化的制度载体，可从不同角度分类。根据正式程度可划分为正式

的制度载体和非正式的制度载体；根据注重激励还是约束可分为开放型和内敛型制度载体；按照来源划分有来自群体外部和内部两个方面。一般来说，来自权力机关的，如《中华人民共和国教师法》，具有普遍性、强制性；教师群体自行制定的，如教师工会的规定、倡议等，更多的是依据实际状况而制定的，具有较强针对性；大量的非正式制度则以填补正式制度的空白点、弥补正式制度的不足，甚至代替一些正式制度的方式而发挥着正式制度不可替代的作用。随着社会文化发展和教育体制改革，教师文化的制度载体的来源也在发生变化。一方面，教师文化更具开放性，要顺应社会压力，即法制和道德规范的变化要求；另一方面，教师文化更具自主性，教师自身专业组织将发挥更大作用，要反映教师本身的各方面诉求。

与物质表征、精神意象比较，制度载体具有鲜明特性，主要体现为定型化、普遍性和持续性。教师文化制度载体大多是群体价值观的体现，覆盖面较大，一旦形成就会具有惯性，从而产生持续影响。那些为实践活动所证明的优秀制度载体，往往不因时空转换、人员变动而废除。

有游戏，就要有游戏规则，有游戏规则，就必然有某种强制性。教师文化的制度载体的功能，也可以从不同角度进行分类。我们从其作用性质角度探讨，认为教师文化的制度载体具有表征，进而具有导向、约束、激励、整合、教育和社会化功能。需要特别指出的是，教师文化的制度载体同样可能产生某种负面功能。大量的、烦琐的制度往往是建立在约束、抑制文化主体基础上的。制度本身蕴含丰富的教育意义，好的制度是重要的教育资源，可以增强教师的权利意识、自主意识、责任意识，从而提高人的发展层次，塑造健康和谐的教师人格。相反，坏的制度是教师身心发展的牢笼，使人的批判意识、独立意识、探究精神受到压制，摧残其创造性。教师文化的制度载体功能的大小和性质，取决于它合理性、合目的性的程度，它不能仅仅从群众中自发产生，也需要有目的有意识地去进行整体设计。学校是培养人的地方，我们在设计和实施教师文化的制度载体时，也理应把"以人为本"和教育性作为指导思想，并把它作为我们发现、界定、思考与解决学校一切问题

的出发点，综合考虑发展性、民主性、可行性和开放性的诉求。其中的焦点，是教师与教师之间的关系，这一关系的主体是教师"自己"。

教师文化的制度载体，不是一朝一夕形成的，同样，它也不宜瞬间推倒重来。这是由教师文化的制度载体本身的地位和特性所决定的。教师文化制度再造是一个创新过程：教师文化的制度载体发展的过去、现在和未来是密切相连的，制度载体的历史决定了其未来创新的可能性。对此，1993 年诺贝尔经济学奖得主道格拉斯·C·诺斯所发展和完善的"路径依赖"理论，对我们研究教师文化的制度载体再造，颇有启发意义。例如，"建立中国教师誓词"的倡议及其引发的讨论，已经引起了广泛关注。我们认为，教师誓词应揭示教师劳动的主体性价值，现在应当讨论的问题不是要不要的问题，而是建立什么样的誓词（包括从业宣誓仪式）的问题。

三、教师文化的精神意象

文化的实质，是特定群体所共有共享的价值观念和意义体系，而精神意象是文化的灵魂。真正影响我们生活的，并不是器物、行为规则本身，而是器物、规则背后的价值和意义。教师文化的精神意象的核心是价值观，主要体现为教师文化的传统、校风、人际关系、心理氛围等。学校物质环境、器物表征、教师群体的组织制度和行为方式，都在一定程度上反映了教师文化的精神意象；而精神意象又通过教师主体，影响着学校其他文化的建设。与器物表征相比，精神意象的内容和作用方式均是精神层面的；而器物表征、制度载体、行为文化等，实质上都是在以不同形式体现人的思想和精神创造。精神意象是深层的、内在的，是教师文化的灵魂。学校精神是教师文化精神意象的依据，校风是教师文化精神意象的外在反映。教师文化的理想状态，是建设和实现具有个体性、合作性、生命性与发展性的精神意象，从而形成和谐向上、崇尚一流的精神氛围，最大程度地调动全体教师的积极性。

与教师文化器物表征、制度载体相比，教师文化的精神意象有三方面特点。一是沉积性。教师文化的精神意象是教师在长期的职业发展中逐渐形成

的，代代相传并不断地丰富和发展，最终成为教师群体共同的价值观和行为准则，并逐渐被维系、巩固和规范。教师文化的精神意象的沉积性，植根于人类文化的继承性，植根于精神意象变迁的相对稳定性。它悄然沉积于文化共同体的集体无意识之中，进入人们的精神—心理结构，"水滴石穿""随风潜入夜"，具有化民成俗的特点。二是隐渗性。教师文化的精神意象所创设的那种潜伏的、弥漫于整个教师群体并凸显风范的精神氛围，使置身其中的人无须接受烦琐的说教，便会自然受到心灵的净化和情感的熏陶。这种渗透性具有"桃李不言，下自成蹊"之妙。整洁的地面比"禁止吐痰"的警示牌有效得多；幽静的阅览室比"禁止喧哗"的规则有效得多……浓郁的学习氛围，整齐的学校环境无不在传递一个信息、一个规则，以劝喻、示范的方式作用于受教育者的方方面面，默默发挥着它的规范功能。与此同时，学校人文景观则犹如一种无形的精神感召——静置于厦大校园内的鲁迅塑像，表现了伟大学者心系国家天下事的浩然正气，也在大学生心中树立了振奋民族精神的丰碑；矗立于安徽师大教学楼前的陶行知塑像，跃然于师生心中的是"捧着一颗心来，不带半根草去"的人民教育家的伟大师魂……教师文化的精神意象的传统，以其特有的内在潜力激发着后人们奋发前行，有的甚至成了一个学校的精神支柱。三是持久性。文化发展具有明显的继承性。人的价值观的形成和转变需要经历一个过程和长期不懈的努力，其中，正确的价值观一旦形成，又往往会持续稳定地对人的思想行为产生积极影响。同样，教师文化的精神意象作为教师团体的精神，体现着一种高尚的"品位"，它以一种潜移默化的形式，对教师精神世界产生持久影响，这种影响或许是缓慢的、不经意的，但却能深刻地影响教师的精神世界；它一旦形成，就会持久地存续下去。

教师文化的精神意象，可以从多方面进行分类。我们认为，从学校主体素质的角度，教师文化的精神意象大体可分为，智能型知识文化、素质型心理文化、情感型审美文化和意识型观念文化四大类，集中表现为教师的信念，凝聚力和教师职业的思维定式。从文化哲学的层面来看，教师的思维理应属于非日常思维，具有理性、自为性、开放性等特性。由于受传统文化的制约、

作为普通人与作为教师的内在冲突等各方面的原因，教师的思维，很容易由非日常思维异化为日常思维。实现教师思维的超越，内在方面要通过教师自身的文化反思，外在方面则要对教师进行文化启蒙并加强制度规范。

纵观各大名校，各有不同的教师文化特质，而这不同的教师文化特质，恰恰就是他们推进学校发展的关键因素和制胜武器。作为一般学校及其管理者，我们手中拥有的资源相对有限，但"干什么，像什么"，是教师职业精神的基本要求。这意味着营造切实、可行、有利于教师可持续发展的精神文化，是摆在每个文化管理者面前的重要课题。

第三节　教师文化的精神特质

作为一个大写的人，人生最有价值的东西：一个是生命，一个是精神。但是，身临物质时代，不少人的价值取向，都可能扭曲。学者周国平提醒大家，"物质时代"人生取向不能跑偏。文化的内在本质正是价值取向：一个群体的精神维度，决定着它所能达到的广度、深度和高度。一支粉笔，积淀千秋智慧；三尺讲台，寄托百姓文化。教师是社会主流文化的代表者，教师文化具有主流文化、理性文化、高雅文化的"性格"，是教师精神力量的源泉。作为教师，我们常常需要提醒自己和告诫学生，不能把生命中的物质和精神的关系颠倒了，要把自己变成一个精神丰富的人。但是，如何理解这些"内涵"，如何把握教师文化的个性倾向、内在特质和精神品格，还需要我们具体入微的分析，需要我们在多维度的考察中，体会教师文化的特性。

一、教师的文化境界

道德是人类崇高精神的历史积淀，正如康德所言，理性的终极目的就是道德，如果说知识是用理性之光为自然立法的话，那么道德则是实践智慧的自我立法。所谓境界，是对人生追求和品位的一种"描述"。教师文化建设应当彰显理想人格，其离不开"师德"，更应当有"境界"的追求。如果说把伦

理性培育视为教育的根本，那么，崇道尚德就是教师及其文化的基本起点和品质前提，是教师文化作为社会亚文化形态设计的历史必然与现实依据。因此，教师文化的构建，首先要考察其价值及其倾向，即要对教师文化的价值基础和方向作出解读，而教师个体则要努力把个人道德修养与社会普遍伦理统合一体。

崇道尚德、关注生命是中国传统文化的品格，它警示教师应当追求理想人格，也是解读当代中国教师文化内在特性与品格追求的钥匙。中国传统文化这种对人性及其道德丰富性的关注，使得中国人的生活向着理想目标进发，所谓人性提升，则是人的潜能在现实中从有限性趋向无限性的道德提升过程。如果从伦理道德的意义上诠释，生命的过程，在消极意义上是自我约束、自我规范，由此显现出人的特点和人的尊严的过程；在积极意义上就是自我造就、自我提升，实现生命的意义和价值的过程。显然，中国文化传统中对人之存在的意义和价值的思考，对理解教师文化建设的目标和境界是有启示的。在中国文化传统中，寻求人之存在的意义和价值，不是把它置于梦幻的彼岸世界、超然世界，而是立足在现实生活的世界和现实生命中。中国文化设定了"人人皆可以为尧舜"的人生理想。而如何为尧舜，不是像西方中世纪那样的对上帝的忏悔，也不是像近代的自然科学研究那样依赖实验证明证伪，而是通过自我反省并在日常生活中实现。这样，一方面，它提供了人发展的目标与境界——内圣外王的理想人格；另一方面，又指出了实现的途径与方法——天、地、人三者相容互补。也就是说，我们要注意到文化传统关注生命的基本特点，以此为基点，寻求文化传统中的合理因素，促进教师文化的发展。

崇道尚德、关注生命的品格特征自然体现在教育中。何谓人？何谓人之师？如何为人之师？崇道尚德、关注生命为"教师是什么""教师为什么""教师做什么"的考量提供了渊源，而这些恰恰也是建构教师文化境界的根基。对个体来说，它是教师的良心良知，对社会来说，它是教师的自觉责任。于是，追求理想人格成为教师的文化境界，也是教师文化的品格风范。这意味

着，我们的教育，要关注有生命的人，而实质是如何使人成为有道德的生命。教师文化就是以伦理道德作为教师个体性生命的引导和生物性生命的规范，使教师的状态与人生追求符合实现人性价值的目的并遵循伦理道德的原则。教师文化所关心的不仅是知识的传播，更要为人格的形成、品格的获得进行一次"施洗"，伦理道德是对教师行为、形象的设计与权定，是构成教师文化的标尺和维度，是教师文化的精神底色和形象前提。

民族文化传统给教师文化构建提供了依据，同时也是教师文化的意义本源。它的现代启示是，立足于现实生命呵护的维度，去理解教师生命的意义及其群体文化建设。这样的设计和追求，开辟了教师自我成长的道路，不仅有助于教师关注自身，促使教师注重自我修养，反思职业生命的意义，使知、情、意、行和谐发展，健全教师的人格，并建立起对社会的责任感、使命感，更有助于教师"推己及人"，即从关注生命角度理解学生，理解学生的生命，培植有道德有智慧的生命。这在根本意义上，也有利于我们回归生命的意义和教育的本真，平衡科学主义嚣张、人文主义式微的状况，避免把师生理解为张扬科学力量的工具。

二、教师的精神气质

教师文化以其本身的人本性、崇高性和奉献性，把社会对教师职业的道德期望，内化为教师主体的职业良心和志趣，使教师文化主体的个性和理想融为一体，达成真、善、美的价值和知、情、意、行的教育的契合。我们认为，自尊、清高、示范性、规范性等是教师群体所拥有的较具代表性的文化特质，其中，自尊、清高是教师群体文化的主要的、典型的内在精神气质（特质）。这是把追求理想人格作为教师文化目标和意义的必然。

所谓"自尊"，即自我尊重，指的是个体尊重自己，不容他人歧视和侮辱的自我意识。自尊是一种自我认识、自我评价的心理，表现为承认和重视自我在社会中存在的价值，喜欢和热爱自我的情绪以及接受自我的意向。自尊，

本是人之为人的所应有的意识，是个体健全人格的基础，但它作为教师群体的文化特质具有特别含义，这是因为，每个教师都有着与职业相伴相生的强烈的"自我尊严感"。教师在充分肯定自我价值的基础上，将藏于内心的自我意识形诸于外，表现在教师与人交往过程的始终。

所谓"清高"，即清正高雅，清者，意即不同流合污，高者，意即不低眉附俗。"清高"是教师在自尊基础上形成的群体道德操守的行为表征。

追溯中国"师道"传统中教师自尊、清高气质形成的文化根源，它既是教师追求理想人格的必然，又是建立在教师自我认知和自我期许基础上的，即教师自认为应当或已经是"有知之人""有德之人"和"有品之人"。

职业的特殊性，几乎使每一位教师，不可避免地在工作和生活中保持着一种"自尊感"和"清高感"。并且，这种教师群体思想行为特质，以"日习而不知"的方式渗透在教师的一言一行、一举一动当中，表现于教师日常工作和生活的各个方面。如教师常常使用社会中心式的自我称谓，教师与人尤其是学生、家长交往中表现出的权威感，教师诲人不倦的社会形象等。这种自尊、清高的精神特质，既是教师对自己、职业的自尊自爱，也是对自己及职业所属——小至学校、教育对象、教育内容，大到民族、国家等的自爱自怜。这种自尊、清高的精神特质，更是对教师自己的精神所属——文化母体（集中体现为民族文化传统、教育文化使命）、精神家园的自尊自爱的永远的守望。

三、教师的文化形象

在中国文化传统中，常常把求知与德性结合起来，并以此提出求知的基本路向。论语中多次提到"古之学者为己，今之学者为人"，故中国知识人最看重的是"为己之学""为己之教"。

《大学》提出了三纲八目（三纲是：明明德，亲民，止于至善；八目是：格物、致知、诚意、正心、修身、齐家、治国、平天下）的求学目标和路径。

中国传统文化总是认为，做学问，要先做人。因此，研究学问必须首先研究人，不能离开人来谈论学术，更不主张为学术而学术。相反，学术活动应该做到如孟子所言的"尽心知性，尽性知天"，如果离心、离己，就谈不上是人的学问，学问之道无他，"求其放心而已"。由此，形成了中国文化人的"尊德性、道问学"的传统。正是据此传统，钱穆先生把中国传统学问及其做派，分析成三大系统或类型，即人统、事统和学统。

显而易见，中国文化传统中最重视的是"人统"，这与西方注重知识探索有根本性的或路径性的区别（当然这样说并非否定西方教育重知识的传统的意义）。在中国文化传统的语境下，教师的成长，不能仅仅依赖于自然科学知识的掌握，更需要德性之智、体验之慧，也即是以成人成才为宗旨，以养成"正人""君子"为目的。由此来思考教师文化，揭示了以生命为基础融合科学人文两大文化的新视野，形成了教师文化构建的理论基础，为教师文化建设指明了方向性思路。

这个方向性思路，体现在四个方面。一是爱人如己，增强社会责任感。中国文化，尤其是其体现者——知识分子，素有"先天下之忧而忧，后天下之乐而乐""天下兴亡，匹夫有责"的胸襟和抱负。这种爱人如己的高尚情怀，注重整个社会和谐发展的群体意识，是今天教师文化建设的宝贵资源。教师要努力把个体素质提高、群体文化完善与社会、群体的进步、发展结合起来。二是立足生活。"尊德性、道问学"现实地指出了教师能够成就学问的路径，即在其日常生活世界中完成。教师要学会合作、学会关心，努力超越自我，自觉地协调与他人、社会乃至自然的关系，克服自卑、虚荣和嫉妒等不健康心理。三是强调好学敏求。中国文化传统中的"知"是对生命的反思——反思个体，反思个体的有限性，反思与周围人、事的关系，反思人与世界共存、"天人合一"的关系。所有这一切，在于涵养人生的态度和境界。对知本身的觉悟，是人的德性。四是注重言行一致。学问的人统、事统和学统内在关联着，要求人从人统向事统、学统逐渐深入，只有做好人，才能做好事；不仅要知，

更要行；而好的学问，应该与服务社会相联系。带动人类发展和社会进步的人和学问，才是好人、好学问。重视自我修养和身体力行之教，对教师文化建设是有根本意义的。

从另外一个角度来理解，教师文化的构建，要努力实现"事实特性"与"价值特性"的统一。就事实特性而言，教师文化建设，要伴随教师文化素质的提高，有一定物质的或具象的指标，这是理解教师文化建设的必要基础。所谓"闻道在先，术有专攻"，即成为"经师"，这是职业的前提性要求。就价值特性来说，教师文化建设，要有一定价值方向，即把教师职业作为一种境界加以追求，如孟子所言："得天下英才而教育之，三乐也"，所谓"为人师表"，即成为"人师"，是职业的信念性要求。与此相关，德国教育家赫尔巴特提出的"教学的教育性"，苏联教育学提出的"在教养的基础上进行教育"，也说明知识教学与品德塑造的内在联系，蕴含有"经师"与"人师"统一的思想。这意味着，当代中国教师在对"技术专家"身份扬弃过程中获得"知识分子"的文化品性，并在与"技术专家"角色区分中获得身份的自明性。这意味着，当代中国教师的文化形象应是集"经师""人师"于一身，言传身教、树德立人、教书育人。教师不仅要传知、拓能——不仅担当"经师"角色，更要以身作则、全面关心受教育者的健康和持续发展，更要担当"人师"角色，让"经师"与"人师"协调统一。教师不仅应具有广博的知识能力、高明的教育智慧，更要有崇高的人格和深厚的人文精神，是能够为人类创造幸福生活的人。智仁兼备、德艺双馨，在教师身上有特殊的意义。

可以相信，在这样的文化特性把握和价值信念引领下，将更有助于教师自觉地关注生命，关注现实，知情意行统一，超越世俗功利，真正做到尽职展能，言传身教，因材施教，实现职业生命的完满。

综上所述，我们认为，成为肩负神圣使命的当代中国教师，一个重要前提就是反求诸己，真正认识自我，立足于时代背景，以民族文化为基色，打造良好的教师文化——具有鲜明中国特色的当代教师文化。崇道尚德、追求理

想人格，是教师文化设计的目标；关注生命、自尊、清高，应是当代中国教师文化所追求和着力打造的基本品格。这种品格在文化形象上具有深厚民族文化传统的特质，以基于忧患意识的自省自克作为内在动力。与此同时，教师的职业特点和群体特性，也决定着这种品格不仅属于中国特色，也在一定程度上具有可通约性，即普世性。

第三章
教师文化建设剖析

本章为教师文化建设剖析，分别介绍了四个方面的内容，依次是教师文化建设的基本目标、教师文化建设的方向与原则、教师文化建设的主体性诉求、教师文化建设的支持性条件。

第一节　教师文化建设的基本目标

教师文化的形成发展，受到社会文化和学校文化的制约。因此，教师文化建设是一个关乎社会的系统工程。有调查显示，我国教师在职培训和专业发展活动的开展非常普遍。培训内容较为全面，教师主要出于内部动机参加各类培训，培训效果取得了多数教师的认可，但培训内容与教师真正需要的东西存在差距，他们仍期待能够提升培训的实效性。如今，高校教师已踏入终身学习和专业终身发展的时代。总体来说，我国教师培训在培养"教书匠"方面做得更到位，而"通识教育"和"研究型教师"的培养方面还需进一步加强。此外，教师的工作满意度总体水平较高，但分布不均衡，教师的离职意向水平比较高——超过六成的教师存在离职意向，表明我国高校教师队伍的稳定性不容乐观，需要政府部门和学校管理者重视。

从教师专业发展和队伍建设来说，首先要立足于学校实际，加大管理变革的力度，从文化管理的高度，加强对教师专业发展的领导。而建立学习型学校和学习型文化，正是我国学校变革的未来发展趋势。因此，加强对教师专业发展的领导与管理，学校领导和管理者也应承担必要的责任，积极参与教师的专业发展，并实现他们自身的专业发展。教师文化重建，应立足学校层面，明确建设教师文化的基本目标，从而为教师专业发展营造良好的组织管理环境。

一、关注成长需要，改善文化氛围

《国家中长期教育改革和发展规划纲要（2010—2020 年）》把加强教师队伍建设，提升教师素质，促进教师的专业发展列为教育改革的重要内容之一。

应该说，建设高素质教师队伍也是教育改革顺利推进的重要条件。建设高素质的教师队伍，应该关注教师的成长需要，从构建新型教师文化寻求突破，为教师专业发展提供文化土壤。教师文化重塑的内在动力，是教师主体意识觉醒和生命价值实现的强烈愿望，这是教师文化重塑的主观要素。但教师文化重塑同样需要一定的管理推动，良好的管理文化会促进教师群体形成积极向上、民主和谐的文化；反之，不良的管理文化会导致教师群体出现散漫、自闭甚至对抗的文化。学校管理文化的革新，首先需要管理者思想观念的转变。学校对教师的管理，要树立以教师为本的管理观，增强服务意识，为教师的工作和生活服务，满足教师的成长需求。马斯洛的需要层次论揭示人在低级需要得到满足后会追求更高层次的需要。尊重的需要和自我实现的需要是人的高级需要，并且人对尊重和自我实现的需要是无止境的。教师作为知识分子，在中国传统文化的熏陶下，本身具有自尊、清高的文化特质，他们如果得到了来自学校管理者、家长和学生的尊重，就会产生强烈的成就感，从而获得极大的精神愉悦，这就会促进教师以更饱满的激情投入教育事业。学校管理者要始终清醒地认识到教师是学校发展的主力军，学校的建设和发展关键要靠教师。因此，学校管理要尽可能地为教师的成长需求服务。要关心教师生活，尽力解决教师生活中的实际困难，帮助教师消除后顾之忧；要重视教师的职称评聘，给予教师合理的待遇；要尽可能地为教师创造进修培训的机会，使教师能不断提升自身的专业素养；要尽可能地为教师提供先进的教育教学设备，让教师适应信息化时代的教学要求。总之，学校的教师管理要着眼于教师的成长需求，促进教师努力追求生命价值的实现。教师文化重建是教育改革的深层需要，也是学校管理变革的现实课题。

教师文化的形成有着复杂的历史和现实原因，因而教师文化重建既是整个教育文化变革的重要方面，也是相对独立的一项系统工程。其中，最为迫切，也最为现实的是教师教育的改革和学校教师管理的变革。在当今时代背景下，高校教师文化重建更需要学校在教师管理上加以变革。深入研究高校教师文化重建的内容，明确教师文化重建的方向，再通过变革学校教师管理，

以具体的措施营造优良的学校组织文化氛围，是教师文化重建的必由之途。新型教师文化应该催生先进的教育思想文化，它唤醒教师的教育使命感，使教师追寻教育的本真价值，在"育人"的神圣事业中追求自身价值的实现；新型教师文化应该是激发改革精神和创造热情的文化，它燃起教师主体的热情，使教师积极投身于教育改革的实践，在反思、批判、改造和创新中，体验着教育生命的激情和欢乐；新型教师文化应该是营造民主、开放、合作的和谐氛围的文化，它使每一个身在学校中的教师，秉承着教育的人文关怀，感受着道德与知识的力量，为共同的教育理想精诚合作，互助共进。这样的教师文化就是教师成长的一方沃土，在这样的文化土壤中的教师定能成长为枝繁叶茂的大树。这是教师文化重建的理想目标，也是我国教育改革的一项重要的文化使命。

二、改革评价机制，搭建合作平台

评价机制实质上是利益分配机制。没有对教师主体自身价值的追求，没有自觉的醒悟与觉醒，就不会产生巨大的内驱力去支持教师完成这一复杂、有意义的过程。因此，教师专业的持续发展必须首先启动、激发和形成其自身持续发展的动机，使教师形成不断自我学习、不断提升素质的信念。在教师管理中，教学评价是教师发展的"指挥棒"：升学率取向的教学评价，会导致教师片面追求升学率、强化功利主义的倾向。而科学合理的教师评价，则会促进教师主体意识的觉醒，从而使教师自觉学习，不断提升专业素养和文化品位，实现自主发展。学校要立足于教师的专业发展，改革评价体系。具体而言，应从评价维度、评价标准和评价方式等方面加以革新。首先，改变过去学校管理者自上而下评价教师的单一维度，建立管理者评价、同行评价、教师自我评价、学生评价、家长评价相结合的多维度评价体系。其次，改变过去学生成绩的唯一评价标准，建立包括职业道德、创新精神、教科研能力、教学成效等内容的多元的评价标准。再次，改变过去只看结果不看过程的评价方式，建立重视过程性评价的评价方式。过程性评价要关注教师教学工作

的态度、学识、方法等因素，对教师的教学工作给予充分的信任和宽容，鼓励教师的创新。过程性评价有助于我们发现教师的优缺点，对于优点要及时地肯定，对于缺点要及时地诊断，帮助教师找到工作失误的原因及改正的方法。最后，教师评价中始终要坚持公正和诚信，这是有效教学评价的根基。多维度、重过程、多标准的评价体系，会全面客观地反映教师的智慧、能力以及工作投入的程度，从而保证了教师评价的公平、公正。科学的教学评价会在教师群体中建立起公正、诚信的价值体系，会营造出积极向上、乐于追求的浓厚氛围，从而促进教师自主追求专业发展。

搭建有效的合作平台也是重要内容。传统教师文化的封闭性，使教师在个人的小天地里独自"战斗"，这必然会造成教师思想狭隘、缺乏创新。管理者要打破过去教师与他人之间交流的"壁垒"，搭建相互合作的平台，使教师与管理者、同事、学生、家长之间开展广泛的交流与互动，从而促进他们之间的相互了解、相互学习、相互帮助。同时，教师的工作具有很强的个性特征，不同教师之间具有相互欣赏、相互学习、相互弥补的现实需要。根据学校实际，建立畅通的沟通与交流的机制，是重塑教师文化可行且重要的举措。校长要充分发挥引领作用，构建民主和谐的学校管理环境，鼓励教师积极为学校发展建言献策；教师之间可以根据不同的合作内容和发展取向组建不同形式的合作共同体，共同体在相同目标的指引下，建立相互协作的工作机制，充分发挥个人潜能，相互配合、相互协作；在师生之间的交流与合作上，可让教师以指导老师的身份参与学生社团活动，班级授课教师兼任不同角色的辅导员（如心理辅导员、女生辅导员、住宿生辅导员等），使教师在课外有更多与学生交流的机会。学校管理者、教师、学生是学校文化中的三种主体，通过开展不同形式的活动，搭建三种主体之间交流与沟通的平台，促进相互学习与协作，才能开阔教师视界、启发教师思维，从而使教师在教育教学活动中发挥个性和潜能，在教学中不断推陈出新。

三、培育教育信念，规约教学行为

教育信念是教师文化的核心和灵魂。教师文化以价值、信仰、假设等精

神内容为核心，教师文化的主体是教师的精神文化，教师文化建设的前提在于教师精神文化的追寻。重塑教师文化的根本是塑造教师的精神文化，而教师精神文化塑造的根本途径在于培育教师的教育信念。教育信念包含着教师对教育事业的理解、教育理想的追求和职业精神的坚守，教师文化的一个成熟表现就是教师群体拥有一种共同的教育信念。处在良好教师文化氛围中的教师的教育信念包括先进的教育观、学生观和教育活动观。教师拥有与时代精神相一致的教育信念，就会激发对教育事业的极大热情，自觉树立"一切为了学生的发展"的教育观；就会追求职业生命的内在价值，追寻教师职业生命的真正幸福。培育教师教育信念是教师文化重塑的核心，它促进教师职业意识的觉醒，帮助教师重新体悟教师角色、树立教育理想、明确职业追求。培育教育信念要注重对教师的精神引领，具体的行动策略可分为加强培训、榜样示范和活动感召。学校要加强教师的在职培训，改革教师培训的内容和形式，注重培训的实效。内容上要走出过去重教学技能的误区，注重树立教师的课程意识，促进教师对自身角色身份的体悟和转换；形式上要根据教师的工作实际，采用业余自学、专家讲座、校本研修、网络培训等多元的方式，使教师可以随时随地的学习；榜样示范，就是要宣传教师中的先进模范，尤其是在新课改中勇于创新、大胆实践，给教育教学带来新变化的典型人物和示范学校，宣传他们的经验，鼓励教师思变求新、大胆创造；活动感召，就是通过举办一些课改论坛、教育沙龙等活动，让教师在参与这些活动的过程中思想碰撞，从而促进教师职业意识和生命意识的觉醒。

教师文化建设最终要落实到活动和行为上。这意味着，教师的行为需要一定的制度加以规约，这是变革教师文化的必要前提。制度化管理被很多人批评，他们认为无孔不入的制度与规则通过对教师行为的全方位的控制，限制了教师的自我发展、自我表达，甚至是自由思考的权利，这主要是学校在"以工作为中心""效率至上"理念主导下才会出现的问题。在"人治化"管理倾向严重的学校，制度化管理尤其必要。制度化管理的问题，不在制度本身，而在于制定制度的立场和价值取向。基于教师文化重建的学校管理制度，

必须以促进教师专业发展和学生全面发展为宗旨。判断学校管理制度好坏的唯一标准只能是人的全面发展，也就是要看这个制度是否能给学生的成长创设更加有利的条件，是否使教师们更自觉、更有创造性地进行那些无法用数字来统计的教育教学工作，是否让学生在知识的学习过程中感到精神的愉悦与人格的陶冶。也就是说，教师管理制度的制定必须以促进人的发展为价值取向。如制定教师教学规范，对教师课堂教学行为加以规约，促使教师摒弃传统的灌输式的教学方式，积极建构自主、探究、合作的教学范式；制定教师在职学习制度，创造条件促进教师主动学习、终身学习；制定校本研修制度，以明确的目的和规范，促进教师深入教学实际去发现问题和思考问题，从而探索解决问题的有效途径。制度化管理既有防范、规训和制约的作用，也具有激发、引导和促进的积极功能，学校教师管理制度也要尊重教师的人格，给教师工作一定的自由度。制度的制定要尊重教师的意见，经过教师的参与和讨论，这样的制度才能让教师自觉遵从。一句话，应避免制度对教师自主精神的禁锢，而应该通过制度的完善，激发教师的工作热情，引导教师树立更高的职业追求，促进教师坚持学习、积极进取、勇于创新，从而提升教师的生命质量。

第二节　教师文化建设的方向与原则

教师文化建设是一个持续而深远的过程，它关乎教育质量的提升、教育环境的优化以及教师队伍的全面发展。在明确了教师文化建设的方向之后，我们需要进一步探讨其原则，以确保这一建设过程能够稳步前行，真正落地生根。

一、教师文化发展的方向

在多元化信息浪潮的冲击下，人们对于教师角色的认知发生了深刻转变，教师不再仅仅被视为知识的传递者，而是日益成为精神的引领者。教育旨在

为学生铺设通往理想人生的坚实道路。成为真正专业且富有使命感的教育工作者，首要条件是拥有教育良心，这是源自其教书育人崇高职责的职业道德自觉与自我约束。此外，他们还应具有关怀社会的广阔胸怀，这样的教育者不仅是个人教育良知的践行者，更是社会良知的守护者。他们不仅致力于推动学生全面发展和教育事业的持续进步，更承载着建设人类社会的重大使命。

科技进步及其所造成的职能细化与专业化，成为了驱动社会持续进步的核心动力。在此过程中，各领域专业人士的作用不可或缺。经济学家以深入研究经济现象为己任，为社会发展提供经济策略与智慧；行政人员致力于政治实践，确保国家机器的有效运行与政策的贯彻执行；军人则忠诚守护国家安全，维护社会稳定与和平；而艺术家则通过创作丰富多样的文化作品，滋养民众精神生活，促进社会文化的繁荣与发展。然而，教师的角色独具魅力，他们既非纯粹的专家，也不受某一职业范畴的严格限定。诚然，教师会教授涵盖天文、物理、化学、工程、文学、艺术等多领域的知识，但其核心价值远不止于此。当专家们深耕于各自学科的专业领域，局限于特定的研究范畴与问题意识时，正是教师发挥跨学科整合与专业能力超越的时机。他们需超越单一学科界限，将知识融会贯通，启迪学生思考，引导他们探索更广阔的知识天地。

社会不断对教师职能提出新的挑战与要求。尽管"传道授业解惑"作为对教师职能的精炼总结深入人心，且知识传授也是教师工作的核心部分，但在当前这个日新月异的社会环境中，仅将教师简单等同于"知识传递者"，其充分性与合理性正面临越来越多的质疑，因此我们需要对教师职能进行更为深入的思考与验证。在古代，当知识资源尚显稀缺且获取渠道极为有限之时，教师便成了那个时代中少数掌握着知识资源的智者。从整个社会的视角来看，古代的教师身份实际上是知识库存的象征，他们的主要职责就是不断将知识传递给其他人。当今时代，知识急剧增长，多元价值并存，教师除了传授知识外，还承担着越来越多的社会责任。随着学校与社会的联系日益加强，教师不仅要精心设计并开展教学活动，还需深入阐释并批判性地审视社会价值

体系，引导学生形成正确的价值观。此外，学校的功能已广泛拓展至教学之外，教师因此需与各类教育力量紧密合作，共同引导年轻人融入社区生活、家庭生活及生产实践等。在与社会各界的互动交流中，教师应坚定不移地恪守教育者的职业操守与良知，勇于担当起培养未来社会栋梁的重任，致力于持续促进学生及整个社会形成积极向上的价值观念与敏锐的道德判断力。尤其是在知识经济时代，随着高等教育的普及，教师角色更多地转向了知识的引导者、启迪者与共创者。随着高等教育普及化趋势的加速推进，社会关注的焦点已不再仅局限于教师个人所掌握的客观知识量。知识的广泛性与易获取性使得知识量的多少不再成为区分教师与受过高等教育的普通民众的唯一标尺。因此，"知识的传递者"这一传统身份标签，不再能全面而准确地描绘当代教师的角色与地位。随着对个体精神世界的日益关注与重视，教师作为"人类灵魂工程师"的角色价值愈发凸显。当前知识的更新速度日新月异，教师不仅需要坚守并优化其传递知识的传统职能，更需在此基础上，不断探索与拓展其广泛的社会职能，以寻求两者之间的和谐与平衡，为学生的全面发展与社会的和谐进步贡献力量。在众多职业群体中，教师群体愈发依赖于其内在的精神特质来构建身份，并赢得社会的广泛尊重与价值认同。这种精神性的存在，不仅是教师个人修养的体现，更是整个教育行业乃至社会文明进步的重要基石。

二、教师文化建设的原则

（一）主体原则

主体性原则强调要充分激发并有效利用各参与主体的积极性和创造力，鼓励各类主体积极、主动地投身于教师文化建设的具体实践。

教师文化建设非教师群体一己之力所能成就，它依赖于多元主体的有效汇聚与协同合作。首先，学校领导者须深刻认识到教师文化建设对于教育高质量发展的关键作用，将其提升至战略高度加以重视与规划。其次，应构建

教师文化建设的领导体系，该体系既可由专门设立的部门独立承担领导职责，也可通过跨部门协作机制，集合各相关职能部门的智慧与力量，共同引领教师文化的培育与发展。在此过程中，机构还需承担起评估建设成效的重要职责，通过科学的方法监测进展，确保各项措施的有效落实。最后，在制定教师文化建设的目标、内容及实施方案时，学校领导层与相关机构的管理者需切实担当起引领与规划的重任。这要求他们深入教师群体，识别亟待构建的新型文化元素与摒弃旧有的文化糟粕，确保教师文化建设方向既符合时代要求，又贴近教师实际。总之，高品质教师文化的塑造，离不开各参与主体的携手并进与共同努力。

（二）文化自觉原则

文化自觉，作为一种深刻的内在驱动力，涵盖了文化的自我觉醒、深刻反省与积极创建的全过程。它是人们对共有文化的深刻理解与高度认同。在教师文化的形成过程中，文化自觉扮演着至关重要的角色。若缺乏这份自觉，教学活动中的师生可能失去理性认识，教学秩序也将难以维系。

文化自觉包括两方面的内容：一是对自身文化传统的洞察与预见，二是个体自觉人格的逐步构建与完善。教师文化自觉形成的前提是教师个体需对教师文化有一定的认识，不仅要理解其起源、发展历程，更要洞悉其对于教育事业的深远意义。教师个体需具备对教师文化现状的敏锐洞察，以及对未来发展趋势的了解。同时，教师应深刻认识到，文化自觉不仅是教师文化建设的起点，更是推动其不断向前发展的核心动力。在实际教学工作中，文化自觉应转化为教师的具体行动。而在教师文化建设中，文化反思能让教师更加清晰地认识教师文化的本质，既能自豪于传统教师文化的独特魅力，也不避讳其存在的局限与不足。正是通过深刻而全面的反思，教师才能在总结经验与教训的基础上，探索出一条符合我国国情、彰显时代特色的教师文化建设新路径。

（三）与时俱进原则

文化随着社会变迁而不断演变，教师文化同样无法脱离这一发展规律。随着教学改革的不断深化与信息技术的迅猛推进，旧有的教师文化将被逐步替代，而更加符合时代需求、更具创新活力的全新教师文化形态将应运而生，为教育事业的发展注入新的活力。教师文化建设的与时俱进原则具体表现为：

1. 进取性

教师文化必须具备一定的进取精神，这种精神是教师文化得以持续发展的核心要素。教师们必须时刻保持一种强烈的紧迫感，明白只有不断进步，才能避免落后。这种不进则退的意识对于确保教师文化的先进性至关重要，因为一旦教师文化停滞不前，它将不可避免地对大学的教学质量产生负面影响。教师文化的进取性不仅仅体现在某个特定的阶段或方面，而是贯穿于整个教师文化建设的全过程。这种进取性是教师文化能够与时俱进、保持时代感的关键所在，它为教师文化的持续发展提供了源源不断的动力。正是这种不断追求进步的精神，使得教师文化能够在教育领域中不断推陈出新，引领教育潮流，从而确保大学教育的质量始终处于高水平状态。

2. 时代性

在当今这个快速发展的时代，教师文化必须与时俱进。在当前这个信息化时代，我们要洞察教育信息化对教师发展的深远影响，确保教师文化的构建与之相协调、相融合。同时，应具备前瞻性的视野，引领教师文化的发展方向，使其不仅能够适应当前的教育环境，更能为未来的教育变革奠定坚实的基础。

在建设教师文化的过程中，我们必须掌握与教师文化发展相关的前沿动态，深入理解教师文化的核心意义，准确把握教师文化发展的总体趋势。只有这样，我们才能确保教师文化始终走在时代发展的前列，不断适应和引领社会变革的需求。教师文化不仅是一种职业文化的体现，更是教育质量提升和社会进步的重要推动力。因此，我们必须不断探索和创新，以确保教师文

化能够与时俱进，为培养更多优秀的人才奠定坚实的基础。

3. 开放性

开放性这一概念在人们认识世界、分析问题及解决问题的过程中扮演着至关重要的角色。它鼓励我们在面对各种情况时，要以事实为依据，以全球视野来审视问题，立足于当前的实际情况，并且能够展望未来的发展趋势。在教师文化建设的过程中，开放性更是不可或缺的要求。只有当我们保持开放的心态，才能不断进步，才能真正地了解和评估自己的实际水平。通过自我认知与对他人的了解，我们才能在教育领域取得实质性的进步和发展。

具体到教师文化建设，开放性意味着教师作为主体，必须具备一颗谦虚和包容的心态。在与外界接触和交流的过程中，教师需要不断地学习和吸收新的知识与经验。这种持续的学习态度不仅有助于教师个人的专业成长，而且对于掌控和引导教育发展的全局具有重要意义。通过不断学习，教师能够更好地适应教育环境的变化，应对各种挑战，从而确保教师文化建设的可行性和科学性。这样的开放性文化，能够促进教师之间的相互学习和合作，推动教育事业的持续进步和创新。

4. 创新性

创新性是与时俱进的显著标志，它体现了时代精神的不断进步和发展。在当今这个经济迅猛发展、科学技术不断更新换代的时代，大学作为知识传承和创新的重要阵地，其进步的不竭动力正是源于文化创新。大学肩负着探索高深学问、传承和创新知识的神圣使命，这是其存在的核心价值之一。教师作为文化的构建者和传递者，他们的职责不仅是传授已有的知识，更重要的是要具备创新文化的意识和能力，成为推动文化创新的重要力量。

教师的文化创新主要体现在两个方面：学术创新和教学创新。学术创新是指教师在自己的研究领域内不断探索新的理论、方法和技术，推动学科的发展和进步。教学创新则是指教师在教学过程中不断尝试新的教学方法、手段和技术，以提高教学质量，激发学生的学习兴趣和创新能力。如果教师在学术和教学上失去了创新意识，那么教育也将失去其应有的活力和生命力，

无法适应时代的发展需求。

　　教师是否具备创新文化的意识和能力，不仅关系到他们个人能否在社会中立足，更关系到学校是否具有竞争力和影响力。一个具有创新意识和能力的教师，能够培养出具有创新精神和能力的学生，从而为社会输送新鲜血液，推动社会的进步和发展。因此，大学应当重视教师创新文化的培养，为教师提供良好的创新环境和条件，鼓励他们在学术和教学上不断探索和创新，以保持大学的活力和竞争力。

第三节　教师文化建设的主体性诉求

　　教师文化建设的根本，在于强化教师的主体地位，激发其内在的自主意识。这一过程是教师实现自我主导的关键，更是教师深刻反省过往与当下教学行为、主动规划未来成长路径的必经之路。通过自主意识的提升，教师们能够更加自主地决定自己的教学风格、方法乃至教育理念，从而在教育实践中展现出更加鲜明的个性与创造力。唯有在积极开放、勇于探索的思想状态下，教师文化建设方能持续获得前行的动力。

一、价值关怀的彰显

　　教师必须超脱于狭隘的功利考量，将全人类福祉作为规划未来的出发点。教师的角色，远不止于知识的积累者与传播者，更应具备知识分子的特有品格、深怀社会责任感。这要求教师们不仅要全身心投入知识的耕耘与传承，更要勇于肩负起以知识为武器，推动社会进步、启迪民众心智的崇高使命。唯有如此，教师方能突破教书匠的局限，蜕变为真正的教育者。在精研教学技艺、追求专业化的过程中，教师应当秉持一种超脱于物质利益之外的精神"业余性"。这种"业余性"源自对教育事业纯粹的热爱与好奇心，它驱使教师不为外在的奖赏或利益所动，而是沉浸于教育的真谛之中，享受塑造灵魂、启迪智慧的纯粹快乐。在教育实践中，教师更应深刻反思并明确教育所蕴含

的更为广阔的价值维度，应积极发挥知识为社会服务的积极作用，同时不忘履行对社会现象的批判性审视职责。这种批判并非简单的否定或指责，而是基于理性与良知，对社会问题进行深刻剖析，以期促进社会的和谐与进步。

学术体制的健全与完善为理性的学术研究构筑了一个坚实的制度化框架，然而要让学术发展真正实现科学化、启蒙化，需培育学者与教师们的学术伦理。学术伦理引导着学者们在追求真理的道路上保持清醒的头脑、严谨的态度与高尚的情操，确保学术研究不仅止于知识的累积与技术的革新。因此，加强学术伦理的培育是学术发展不可或缺的一环，也是实现学术繁荣与文明进步的必由之路。知识创造的意义不仅在于帮助学生更好地适应社会生活，更在于推动整个社会精神文化的提升。教师的学术研究，体现着"人类价值守护者"的崇高使命，是对真理不懈探索、对善良坚定守护、对美好不懈追求的过程。在这一过程中，教师通过学术研究，不断揭示世界的奥秘，弘扬真善美的力量，为社会的文明进步而努力。尽管教师已从庙堂、广场转向了学院，但学术与思想始终有对现实世界的超越性力量。这种超越性驱使研究者不断突破既有框架，自觉追寻并构建一种更为理想、更加完满的社会蓝图。尽管理想社会的蓝图在复杂多变的现实面前往往显得遥不可及，但研究者们始终怀抱坚定的信念，不断审视与衡量周遭的社会现实。人们之所以将一个人尊称为知识分子，是因为其内心深处秉持着一份坚定的信仰。这份信仰赋予其力量，使之在汹涌澎湃的世俗洪流中保持清醒与独立，不为外界纷扰所动摇。当下的学术研究领域正亟须这种既坚守原则又不失理想情怀的宝贵精神。诚然，教师专业精神的核心离不开对学术与知识的追求与精进，但更深层次上，它还离不开更为基础的人格担当。因此，发展并强化教师的人格力量，不仅是教师教育、教师管理工作的重要使命，更是每位教师应当自觉承担的责任。

二、主体意识的提升

教师的专业发展不应仅被视为工具性的发展过程，它应当是教师内心深

处的一种自觉追求。教师应当具备强烈的自我发展意识，同时，他们还应掌握规划自我发展的能力。教师应勇于承担起自我发展的责任，不畏艰难，不惧挑战，以实际行动诠释"精神导师"的深刻内涵。然而，在学生的教育主体地位得到了提升与重视的同时，教师的主体地位却面临着边缘化的隐患。这反映出在某种相对视角下，教师的主体地位未能获得同步且充分的提升。教师的教育主体价值亟待重新评估与强化。学校常倾向于通过学生的学业成绩与升学率来塑造其社会声誉与品牌形象，在这一过程中，教师的角色往往被边缘化，仅被视为教学资源的载体、教学方法的执行者，乃至某种程度上的教学工具。然而，教育体系中的主体构成是多元且相辅相成的，学生固然是核心，但教师的价值与贡献同样不可或缺。实际上，学校的持续繁荣与长远发展，依赖于教师队伍的质量与活力，而非仅仅是学生层面的成就。学校要实现可持续发展，必须建立在真正重视并促进教师专业发展的基础之上。只有当教师自身处于持续学习、不断进步的状态，他们才能引领学生不断前行。

教师与教育管理者皆应意识到，教师职责远非单一的"教"之工具性，更蕴含了"学"之主体性。特别是在当今这个信息渠道纷繁复杂的社会背景下，知识的更新换代速度前所未有，学生借助多元的渠道获取信息，在某些领域学生的知识量甚至可能超越教师，这无疑对教师传统的知识权威地位构成了挑战与冲击。因此，教师应当持续学习，以此来提升自身的专业素养，确保在快速变化的教育环境中保持竞争力与引导力。新课程改革的深入实施，对教师的能力与责任提出了更为全面与深刻的要求。教师的职责范畴已不再局限于传统的课堂教学，而是广泛延伸至教学反思与研究、课程自主开发，以及社会教育参与等多个维度。在现实教育环境中，当前的教育体系往往难以保障教师完成既定教学任务所需的资源，更遑论为新职能的拓展创造有利条件。要摆脱这一困境，教师的主体性发展至关重要。教师的主体性发展，即意味着他们应具备充分的自主能力与决策权，能够主动规划并追求个人职业发展的目标。这不仅是对传统教学技能的一次深化与提升，更是对新涌现

教育职能的全面认知，从而在教育变革的浪潮中保持主动与活力。鉴于此，教育行政部门与学校领导层应当致力于激发教师内心深处对于专业成长的渴望与追求，促进教师积极主动地投身于自我提升。同时，还应通过多元化的途径与策略，为教师创造更多专业发展的机会与平台，助力他们在专业道路上不断前行。

三、自我修养的辅证

虽说"学高为师，身正为范"，但现代社会对教师的德行要求似乎更加突出。教师的心性修养，本质上是对教育事业的深刻敬畏与无私奉献，它体现为一种内化的、不可动摇的道德责任感。这种责任感，不仅是教师个人品德的展现，更是教育不可或缺的精神支柱。社会对教师寄予厚望，期望他们秉持崇高的精神追求，拥有公正、负责、关爱学生的教育良心。在这一过程中，教师的人格魅力与情感共鸣引领着学生向着善良与美好不断前行。教师的心性修养深刻影响着学生的性格塑造，进而对社会伦理的发展产生深远影响。基于此，教育者所肩负的首要使命，便是对自我灵魂的审视与提升，力求触及至善的崇高境界。唯有如此，教育者方能真正践行"教书育人"的神圣职责。

伦理道德是人为自己的社会行为设立规范与准则的体现。在这个充满物质诱惑与功利的世俗社会中，教师作为社会的一员，同样难以避免地会遭遇各种诱惑与挑战，考验着他们的道德与职业操守。然而，正是这些挑战，铸就了教师职业的高尚与不凡，促使他们以更加坚定的步伐，追寻着真理与美德的光芒。具备高尚品性的教师，在追求个人正当利益的同时，更应时刻铭记良知，坚守内心的原则，让道德与人格的力量成为自己最坚实的后盾。在知识日新月异的现代社会，教师传授给青少年的知识成果或许能为他们带来短暂的辉煌，但唯有道德成就能成为学生终身受益的宝贵财富。要达成这一崇高境界，归根结底还需仰仗教师自身修养的不断提升。

自古以来，人类道德修养的培育便遵循着外部规范或内部引导这两条并

行不悖的路径。在当今时代，各级教育行政部门纷纷将目光投向了教师职业责任的法律框架构建，致力于建立健全教师职业道德规范体系。与此同时，各所学校也积极响应，纷纷出台详尽的教师职业道德制度与规定，力求从外部约束与内部引导两个维度，共同促进教师职业道德水平的提升。然而，个体或许能在形式上严格遵循道德规范，但其行为却可能隐藏着对道德精神的背离与忽视。外在的道德规约往往难以直接转化为教师内心深处的责任伦理与专业自律精神。为此，教育者不仅要外在遵守规范，更要内在地认同并践行道德原则，将道德修养视为个人成长与职业发展的核心动力。

我国古代的圣贤之师为现代教师提供了道德榜样，儒家身心修养的方法也为我们提供了道德修养的典范。自孔孟至宋明时期的古代教育者，都重视对内省与慎独的道德修养方法的阐释，并亲身实践，以涵养自身的"善端"。孔子讲："克己复礼""吾日三省吾身""见贤思齐，见不贤而自省"，孟子讲："反求诸己""养心莫善于寡欲"。宋明理学的道德修养论也是从人的先验的道德本心（天理、天命、良知）出发，祛除物欲、私欲的蒙蔽，恢复人心的本善。儒学的"内圣"及宋明理学"存天理，灭人欲"的道德修养的途径主要体现为向内用功，自存本心，也就是培养主体至善的道德理念，追求自觉的道德约束，最终成就一种高度的道德自律状态，也就是所谓的"慎独"。《中庸》有言："道也者，不可须臾离也，可离非道也。是故君子戒慎乎其所不睹，恐惧乎其所不闻。莫见乎隐，莫显乎微。故君子慎其独也。"[①]

在当今这个多元价值交织的现代社会，人们的道德行为往往更多地受到制度规范与舆论监督的引导，而非直接源于个人内心的良善与纯粹。在这样的背景下，内省与慎独，这两种强调个人自我反省与独立道德判断的品质，似乎成为理想化的道德追求，难以在充斥着喧嚣与物欲的现实社会中寻得广泛的共鸣与实践。许多人在公共场合或与他人共处时，能够自觉遵守道德规范，然而，一旦处于私人空间或缺乏外部监管的环境，他们的行为便可能发

---

① 施忠连. 四书五经鉴赏辞典（第 3 版）[M]. 上海：上海辞书出版社，2020.

生变化，如随地吐痰、乱扔杂物、闯红灯等。这一现象深刻揭示了，只有在明确的规则与监督之下，人们才能较为一致地展现出良好的道德风貌。教师人格修养的高低直接影响着民族与国家的道德风貌，因此，教师的行为不应仅仅是对外在规则的机械遵守，而应深深植根于内心的教育良知，是一种自发的、源自灵魂的自我约束。即便在规则体系存在盲区或漏洞之时，教师也应保持道德自觉，坚守内心的道德准则，让自身的言行举止始终契合君子风范。教师之职责，不仅在于以道德为基，构建坚实的知识体系；更在于以自身高尚的人格魅力，塑造学生的精神世界。

第四节　教师文化建设的支持性条件

人类的生存与发展始终与特定环境紧密相连，特别是人类的精神境界，只有在良好的道德环境中才能得到提升。理想的社会与教育环境，能够解开束缚心灵的枷锁，让思想自由。这样的环境，不仅能够激发个体内心深处的潜能与追求，更能引导他们实现自我超越。

一、社会价值观的重塑

社会价值观念凝聚成了集体的共识与信仰，构成了人们进行价值评估、抉择及定向的依据。它不仅指引着个体在纷繁复杂的世界中做出正确的价值判断与选择，更是塑造理想人生、引领社会发展的潜在力量。时代的更迭与社会情境的变迁，孕育出各具特色的主导价值观念。因此，在不同时代背景下，乃至同一时代的不同社会场景中，都能观察到价值观多样化的鲜明表现。

在封建社会中，儒家文化在古代统治阶层与广大民众之间，确立了道德人格与伦理宗法价值的至高无上的地位。在这一文化体系中，伦理道德被奉为核心价值。受此影响，人们普遍将精神追求置于物质之上，对道德人格的崇高向往成为社会文化的鲜明底色，引领着整个时代的精神风貌与文化走向。儒学思想家们坚信人的价值核心在于其伦理道德与人格修养的完善。在这一

理念下，伦理道德不仅成为衡量个人价值的唯一标尺，更是指引社会前行的精神灯塔。除了对伦理道德及其宗法价值的坚定守护外，现实世界的多元价值体系往往未能得到充分的关注与展现。然而，自改革开放以来，我国社会经历了一场深刻的价值观变革，人的主体地位与价值得到了前所未有的重视与提升。这一转型不仅标志着社会对于个体存在价值的重新认识与肯定，也预示着在追求经济发展的同时，人们将更加注重人文关怀与社会的全面进步。以人的发展与人生幸福为核心的人本价值观日益成为引领社会思潮与价值取向的新风尚。这一转变，不仅是对个体价值与尊严的深刻肯定，也是社会文明进步的重要标志。

在社会主义市场经济蓬勃发展的背景下，人们的主体意识日益觉醒，平等、效率与竞争的理念深入人心，这无疑为社会注入了新的活力。然而，与此同时，部分人在追求个人利益与物质享受的过程中，忽视了道德情操的培养与人格魅力的塑造。在推动经济社会发展的同时，必须高度重视道德建设，努力构建与社会主义市场经济相适应的道德体系，引导人们树立正确的价值观与人生观。在审视与塑造社会价值观时，应保持理性与务实的态度，既要尊重并引导多元价值的共存与发展，又要关注社会现实与道德实践的紧密结合，努力构建一个既富有理想色彩又不失现实根基的社会价值观体系。不仅要鼓励每个人追求自我实现与个性发展，更要注重培养其深厚的道德情感，让感性的社会生活与理性的道德关怀相互交织、相得益彰。同时，在确立人的主体地位、尊重其自主选择的权利时，也不能忽视对其社会责任感的培养与强化，确保每个人在享受自由的同时，也能承担起对社会、对他人的责任与义务。将主体责任感与道德人格紧密融合，这样不仅促进了良好社会道德氛围的逐渐形成，还进一步提升了个体的道德人格境界。尤为重要的是，这样的价值导向为教师与学生精神世界的成长与发展提供了有力的环境支持与方向引领。

二、教育评价观的转变

在现代社会，考试成绩的高低往往成为主管部门评判学校教学成效的首

要标准，同时也被视为评估学校领导者管理能力与教师个人专业素养的关键指标，深受教育界的广泛重视与采纳。学校和教育管理者，作为教育政绩的直接或间接受益群体，往往将提升教学成绩视为首要任务。于是，"题海战术"成为一种常见的应试策略。在教育行政部门追求政绩的导向下，高度集中、以行政命令为主导的教师思想与文化管理体系逐渐形成。在这一体系下，教师身份更多地被定位于"教书匠"，原本旨在促进教育创新与发展的教育科研活动，也逐渐走向形式化与体制化。然而，学术研究的根本使命，在于解决人类对于理想、真理及是非的追问，这要求研究者始终保持质疑精神，以开辟新知、提出问题为己任。当学术研究被纳入官方意识形态，便不得不受于体制规范的约束，这种限制与学术研究追求真理、勇于探索的本质属性之间，无疑产生了矛盾与冲突。政治思想对教师思想的深刻影响，往往在一定程度上束缚了学者的独立思考与言论自由。为充分发挥教育研究在价值导向方面的关键作用，教育行政部门亟须对传统的学校、教师及学生评价机制进行全面改革。在此过程中，要赋予教师适度的权力，确保他们在教育教学实践与学术研究领域内能够拥有超越科层管理的专业自主权。唯有如此，教师方能实现真正的自主与自为，追求学术卓越与探索价值，进而推动教育事业的蓬勃发展。

三、教师管理观的改革

为了维护教学秩序的稳定与促进学校的健康发展，对教师实施适度的行政管理是必要的。然而，一旦行政权力过度扩张，几乎限制了教师的所有行为，便可能导致教师角色转变为仅遵循既定程序的"执行者"，失去了其应有的教学灵活性与创造性。为此，有必要实现行政权力向专业权利的合理让渡，从而在制度层面为教师的自主精神筑起坚实的屏障。我国现行的教育法律法规，已对教师的各项基本权利进行了清晰而具体的界定，包括教育教学自主权、科学研究自由权、学生管理权、获得合理报酬与待遇权、参与民主管理权及享有进修与培训机会的权利等。然而，在当前学校教育的实际运作中，

对于课程的设计、教学内容选择的依据，以及更为优化的教学进度安排等，教师往往缺乏足够的发言权与质疑空间，其专业自主性与批判性思维在一定程度上受到了限制。尽管新课程改革尊重教师在课程开发中的核心地位，并倡导赋予其选择多版本教材的自由，但现实情况是，课程框架早已固化，教材也由地方教育部门统一指定。即便是学校层面，也鲜有课程设计与教材遴选的自主权。在此情境下，教师的教学活动往往局限于遵循既定规范，创造性与独立思考的空间被大大压缩。在课程编制的环节中，教师被剥夺了参与的权利；在教学安排的决策上，他们无法自由选择；而在学生学业成绩的评估过程中，他们亦无法掌握最终的决定权。更为严峻的是，在各级管理者的严格管控下，教师的个人时间也难以自主安排，其作为教学主体的意识几乎被完全削弱。

教师群体本质上是充满自由意志与创造活力的职业共同体，然而，当前层级分明的教育行政体系却倾向于将教师视为科层结构中的一环，对其实施严格的规范化管理。这种管理模式下，行政权威时常凌驾于教师的专业权力之上，对其形成压制与削弱，从而引发了教师专业自主权与制度化管理之间难以调和的张力与冲突。近年来，教育领域广泛推行的末位淘汰、岗位裁减、教师聘任与解聘、薪酬分级及绩效挂钩等一系列竞争导向的评价机制，为教师群体带来了持续而沉重的心理负担与压力。这些外部因素不仅深刻影响着教学环境的构建，更在某种程度上主导了教学活动的设计与评估，使得教师难以完全按照自己的教育理念与节奏进行教学。

唯有当职业从业者能够自主管理，并握有对其职责范围的终极决策权时，该职业方能自主发展，从业者亦能充分展现其作为主体的精神风貌。外行对专业领域的过度干预与控制，往往会限制专业人员的工作权限，进而引发系统向非理性轨道偏离，最终阻碍专业的健康发展。在教育活动中，要警惕科层体制对专业权利的潜在压制，确保为教师的专业成长预留充足的制度空间。尽管在科层管理体系中，教师或许处于较为基层的位置，但在教育教学这一核心领域内，他们享有的专业权利是神圣且不可剥夺的。教师的专业决策权

与专业发展权，均应得到教育管理者的充分尊重与重视。在教育教学管理的过程中，绝不能简单套用科学管理的教条，进行机械的约束与效率的片面追求，而应更加注重人性化的关怀与引导。此外，管理者应清晰认识到，赋予教师以权力非但不会引发管理上的混乱，反而能激发其内在的专业素养与责任感。凭借深厚的专业知识与崇高的专业精神，教师更倾向于将手中的权力转化为对专业发展、学生成长、学校发展乃至社会进步的深切责任。美国已明确"强调教师赠权（Empowerment of Teachers）"，旨在减轻科层制对教师的不当压力，促使他们能够更加专注于满足学生及社会各界对教育质量的期待与需求。在我国教育改革中，教师专业自主权的建设已日益成为理论研究领域的焦点，然而，要将这一理念从理论层面转化为实践中的现实，仍需跨越重重障碍与挑战。这要求各级教育管理者不仅在思想认识上达到高度统一，更需在具体行动中为教师专业自主权的实现贡献力量。

四、教育改革观的完善

教育改革离不开决策者、执行者与实践者的相互支持、协同共进。鉴于教育改革本身的综合性和问题复杂多变的特性，改革规划的制定必须把握尺度，在严格的规范限制与放任自流的无序状态之间，探索并维持一种动态的平衡状态。自上而下、一味追求线性的教育改革观念，其内在缺陷已日益显现。众多具备改革远见的领导者已深刻认识到，企图仅凭上层力量实现全面控制，实则是一种不切实际的幻想。许多由专家倡议、行政人员推动的教育改革项目，常常未能紧密贴合真实的教育生态与具体问题。按照美国学者古德莱德（J·I·Goodlad）对于五种课程类型的划分，自上而下的控制性改革关注的是专家心目中的"理想的课程"（Ideological Curriculum）和行政部门规定的"正式的课程"（Formal Curriculum），而对于教师心目中所"领悟的课程"（Perceived Curriculum）和实践中"运作的课程"（Operational Curriculum）以及学生所体验的"经验的课程"（Experiential Curriculum）缺乏切实的关照。此类教育改革忽视了教师作为改革主体的接受能力与当前教育环境的实际情

况。它试图单凭制度力量强行改变教育实践模式，却未能充分考虑到教师群体的意愿与需求。且教师长期形成的行为习惯可能成为改革推进中的隐形阻力，对改革成效产生深远而根本性的影响。

在 21 世纪构建卓越教育体系，需汇聚并珍视学校教师的智慧、丰富经验及前瞻视野。历史经验表明，那些仅由专家、顾问团队及自上而下管理模式推动的改革，往往会不经意间将教师置于被动接受的地位，而非将其作为改革的积极参与者。这样的做法不仅难以激发教师内心深处的改革热情与动力，更可能阻碍教育创新与实践的深入发展。依据解释学，人们在解读与体验既定的教育理论与文本时，其过程绝非机械式的照本宣科，而是深受个人需求、信仰体系及独特认知模式等多重因素的深刻影响。在教育改革的推进过程中，教师不仅要改革教育理念，更将这些理念转化为具体教学实践。凭借深厚的专业知识与丰富的实践经验，教师们对官方提出的原始教育改革方针进行深入的剖析与再创造，使之更加贴近教学实际，更具可操作性。在教育改革中，教师群体蕴藏着巨大的主体性潜能，尽管这一主体地位尚未获得教育行政系统的广泛认可与充分重视。然而，在改革的实际进程中，教师们所展现出的主观能动性与积极作用，却远远超出了改革规划者的初始预期与有限视野。他们不仅是改革政策的执行者，更是推动改革深入发展、不断超越既定框架的重要力量。

传统的教育改革往往忽略了对教师精神世界的关怀，未能深刻认识到教师在教育实践中对改革规划所起的转化与再创造作用。教育改革的决策者倾向于采取指令—责任式的运作模式，将教师视为改革的被动接受者与执行者，期待他们在行政指令的引导下，将既定的知识体系准确无误地传递给学生。然而，这种观念忽视了教师的主体性与创造性，限制了他们在教育改革中应发挥的积极作用。教育改革的核心理念若要转化为实际成效，最终还是要依靠教师的教育教学实践。因此，教师需在思想观念与行为模式上积极向当前教育改革的前沿理念靠拢，实现"趋同"，以确保能够高效地将这些先进理念转化为具体的教学行动。当教育改革的理念与教师群体当前所秉持的文化状

态发生冲突时，教师往往会倾向于坚守既有的价值观念与教育习惯，对改革产生自然的抵触情绪。即便在行政压力与制度规范的双重作用下，教师可能被迫接纳新的教育理念与行为模式，但这种接纳往往仅停留于表面形式。在精神内核层面，他们依然深受旧有文化传统的深刻影响，难以真正实现改革所期望的深层次转变。

为确保高等教育领域能够真正践行先进的改革理念，关键在于激发教师的教育改革热情，并着力培育他们的创新意识与革新能力。当前，"赋权—参与型"这一新型教育改革理念已在我国教育领域初步站稳脚跟，但此过程仍面临挑战：教育管理者的民主观念尚需深化；教育实践者应对教育问题的能力需持续提升。随着教师自主实践意识的觉醒与创造性问题解决能力的不断提升，教育行政部门应适时调整角色，建立对教师教学效能与教育规划能力的坚定信任，并正式确立教师作为教育改革核心主体的地位。通过充分赋权于教师，并辅以精神上的引领，激励他们主动参与改革。在这样的教育改革生态中，教师将满怀激情地投入到改革实践中，以高度的主体责任感和使命感，共同推动教育系统的持续进步与革新。

第四章

教师文化建设构想与进展

本章为教师文化建设构想与进展，依次介绍了教师文化建构维度、教师文化建设体系、教师文化建设路径、教师文化建设进展等四个方面的内容。

第一节　教师文化建构维度

信念、态度、行为是构成文化的三个有机构成要素。在探讨教师文化的深层次结构时，教师的信念无疑是其核心与基石。信念通过教师的态度，显现在其行为举止之中。因此，深入剖析教师的信念、态度及行为之间的复杂互动关系，成为理解教师文化的关键所在。这一过程不仅揭示了教师文化形成的内在机制，也为我们提供了优化与提升教育环境的重要视角。评判教师文化是否真正扎根于教育体系之中，核心在于审视教师的信念体系是否稳固建立，并能否在信念的指引下展现出积极向上的工作态度，以及这些态度如何在教师日常行为中得到体现。

一、信念——构建教师文化的出发点

信念作为一个多维度的概念，其研究广泛延伸至哲学、心理学、社会学及人类学等多个学术领域。从哲学的视角审视，信念关乎个体对特定观点、基本原则或崇高理想的坚守与追求。在心理学领域内，信念被视为一个与情感及意志紧密相连的复杂心理结构，它塑造了个体的态度体系与行为模式。学者们在对信念概念的多维度探讨后，提炼出了界定信念的几个核心要素：认知维度、判断取向、情感维度、情感—认知—评价的混合取向。对这些维度的综合考量说明，信念不仅关乎个体的认知结构与主观判断，还深刻影响着其评价过程、情感体验、态度形成乃至行为倾向，是构成个体心理世界不可或缺的重要组成部分。在日常生活中，信念首先影响个体的态度，进而催生出一系列明确的行动意向。当行为实施后，其所产生的结果又会作为反馈信息返回给个体，促使他们根据这些新信息对信念进行审视与调整。教师信念涵盖范围广泛，涉及教师对学校组织架构、教师职业角色定位、教育教学

理念、学生成长规律及教师个人成长发展等多个维度的思想、观点和假设。这些信念不仅塑造了教师独特的认知框架，更通过其外显的态度得以体现，无形中渗透并引导着教师的教育实践活动。因此，树立教师信念，成为构建教师文化的首要任务。

教师文化展现为一种多维度、深层次的体系，它不仅显性地体现在教师群体共有的规范认知、专业知识、技能掌握及行为准则上，还隐性地蕴含在教师的无意识信念、情感体验及行为习惯等方面。在日常的教学互动中，教师们的言行举止自然表现出这一群体独有的生活韵味和职业氛围，同时也映射出他们内心深处的信仰。然而，教师信念的形成与发展是一个错综复杂的动态过程，受到个人教学经验的累积、社会环境的熏陶、教师社群文化的塑造及个人知识框架的构建等多重因素的交织影响。教师核心价值观内化于教师的信念中，促使教师的个人职业愿景与集体发展目标紧密融合、相互促进。

教师文化构建的成果，显著体现于教师信念的培育之中，这一过程尤为注重教师的自觉与自我约束。然而，要确立教师群体的信念，需克服一系列挑战。首要问题是教师专业认同感的缺失。长期以来，教育领域内科研与教学之间的矛盾，加之社会对教师职业专业性认知的局限性，使得教师职业在我国尚未获得充分尊重与专业地位。同时，教师工作的复杂性要求其持续创新，生成性要求其灵活应变，滞后性与内隐性则增加了社会评价的难度，这些特点进一步加深了外界对教师职业独特价值及不可替代性的理解障碍。另一重大障碍在于教师专业自觉性的不足。这不仅阻碍了教师将职责与使命内化为个人发展的动力，也限制了教师主动进行对教育实践的深度自我审视与反思，从而影响了其信念体系的稳固构建。因此，提升教师的专业认同感与自觉性，成为促进教师信念培育、强化教师文化构建成效的必由之路。为了激活教师的专业精神，培育积极主动的职业态度，并促进教师专业自觉的形成，核心在于深化教师的信念体系。教师的信念体现在对教育事业的深沉热爱、对教学使命的庄严承诺、对岗位职责的坚定担当、对专业成长的不懈探索、对职业道德的严格恪守以及对教育事业的无私奉献上。这些信念引领教

师树立高远的职业理想与价值追求，激发强烈的职业认同感与献身精神，从而在心理与文化层面上构建出积极的专业自我认同，为教师在职业生涯的各个阶段提供持续成长的不竭动力。

二、态度——构建教师文化的切入点

态度作为个体针对特定对象所展现的一种主观评价性心理倾向，由认知、情感以及行为倾向三个紧密相连的部分构成。认知是情感的基础，而情感又驱动行为，个体的态度导向促使特定行为得以实践。此外，态度与信念之间形成了一种动态的相互作用：态度既受到信念的塑造，又能在一定程度上反作用于信念，促进其形成与演变。值得注意的是，尽管信念在塑造态度上扮演了决定性的角色，但其具体表现仍需通过态度来实现。相较于信念的抽象性和普适性，态度更加具象，它往往聚焦于具体对象或情境，而信念则关注的是指导行动的根本原则与目标。鉴于态度与行为之间的紧密联系，调整教师的态度便成为构建积极教师文化的关键起点与核心策略。通过引导教师态度的积极转变，能够促使他们将内心的信念转化为实际行动，进而推动教育实践的深化与发展。从动态发展的视角来看，态度与文化之间存在着深刻的内在联系。兰哲学家皮尔森（Pearson，C.A.V）在为其著作《文化战略》中文版写的引言中指出，"文化"不是一个名词，而是一个动词，即文化是按一定意图对自然或自然物进行转化的人类全部活动的总和。从语义层面解析，"文化"一词本身就蕴含着促使态度转变的深层意义。"文化"是古已有之的汉语词汇。"文"与"化"各有其意义，并联使用较早见于战国末年儒生编辑的《易·贲卦·象传》："天文也。文明以止，人文也。观乎天文，以察时变；观乎人文，以化成天下。"[①]"人文"与"化成天下"紧密联系，"以文教化"的意义已十分明显。自西汉以后，"文"与"化"二字共同承载了"以文教化"的核心理念，与单纯依赖武力的征服方式形成鲜明对比。在这一过程中，"文

---

① 陈戍国. 四书五经（上）［M］. 长沙：岳麓书社，2023.

化"侧重于心灵的滋养、性格的陶冶以及品德的塑造，致力于促进个体内在世界的转变与升华。构建教师文化便是在稳固教师信念的基础上，引导其审视并调整那些可能阻碍学校持续发展的旧有态度。这旨在通过态度激发教师对教育事业的热情，进而促使他们形成稳定且积极向上的行为习惯。

信念时刻通过教师的态度影响他们的行为。教师对工作的满意度及对学校的归属感，往往直接反映在他们教学时的热情与创新能力上，二者呈现出显著的正相关关系。然而，要实现态度的积极转变并非易事，它要求在教师文化的构建中采取具体而有效的策略。美国学者哈格里夫斯（A. Hargreaves）将教师文化划分为个人主义文化、派别主义文化、人为合作文化和自然合作文化四个层次，其中自然合作文化以其开放包容、互信互助的特质，被视为教师文化发展的理想境界。因此，在教师文化的塑造过程中，营造一种鼓励合作与对话的环境显得尤为关键。这包括建立合作与对话的环境和氛围，形成民主平等的教师关系、团结协作的同事关系，以及确立相互尊重与信任的上下级沟通机制。同时，需充分激发教师的自主意识，让他们在参与中获得成就感，将这份积极的情感转化为日常教育教学的动力。此外，教师间的相互学习、交流、支持与鼓励，以及平等的对话与协商，是打破旧有认知、塑造新态度的有效途径。这些新的认知将引领教师以全新的视角审视教育，促进他们对教师文化的深刻认同与内化。这一过程不仅是教师个人成长的体现，也是教师文化不断丰富与深化的过程。值得注意的是，教师应保持自我审视与反思的习惯，勇于摒弃错误、不合理或消极的观念，以开放的心态迎接变化。当教师的态度与他们的信念相契合时，教师文化的构建将事半功倍，形成正向循环。

三、行为——构建教师文化的落脚点

行为在不同学术领域展现出丰富的多样性，但归根结底，它反映了人们在特定价值观念框架内展现出的外在活动。尤为重要的是，行为与信念、态度三者之间紧密相连。态度作为信念与具体事物或活动之间的桥梁，承载着

个体对后者的意义解读与价值评判。这种解读与评判，最终通过态度指导下的行为得以实践与体现。同时，行为并非单向作用于态度，它亦能作为反馈机制，促使态度在互动中发生微妙而深刻的变化。文化正是"价值观"的凝聚，价值观虽潜藏于意识深处，却能通过行为这一可观察的形式显示其影响力。

教师文化基于教师个人信念，最终通过其独特的专业风采、积极的教育态度以及日常教学实践中的·举一动得以展现。教师的每一个细微行为，不仅是教师文化建设成果的直观映射，也是学校独特精神气质与核心价值观念的生动诠释。教师运用语言艺术的技巧、与学生间深刻而细腻的情感交流、促进师生互动的创意方法等可以精炼地归结为教学行为、育人行为、专业发展行为三种类别，共同彰显了教师们对教育事业的无限热爱与不懈追求。在构建教师文化时，需引导教师实现教学实践模式的变革与教育理念的创新。这要求教师们勇于改革传统教学方式，了解每一位学生的独特个性，强化师生间及学生间的深层次互动与沟通，从而培养学生的批判性思维及自主学习能力，引导其掌握高效而个性化的学习策略。同时，教师应以身作则，树立高尚的道德典范，将教书育人视为神圣的使命，以爱心与公正之心，关怀每一位学生，营造充满正能量、鼓励探索与成长的学习氛围，促进学生的全面发展。教师应当怀揣着对知识无尽探索的热情，持续更新与拓展个人的知识体系，实现知识的深度融合与创新。这一过程不仅有助于提升个人的专业能力，更能推动教育事业蓬勃发展，为培养未来社会的栋梁之材贡献力量。

尽管个人的态度在很大程度上引导着行为的方向，然而，行为的实际展现还受制于周遭的外部环境与条件。个体依据信念会对外界提出的行为规范进行筛选、理解和整合，力求将这些外部准则内化为个人的自发行动准则。倘若这一内化过程遭遇障碍，那么文化对个体行为的深远塑造力和影响力将显著减弱。教师在面对学校既定制度与个人期望、意志间存在的冲突与矛盾时，其展现出的情感反应、思维方式及行为模式相互交织，共同催生了一种独具特色的文化生态环境。教师文化的形成与发展，实质上是对教师管理体

系持续进行深度审视、灵活调整及优化完善的动态过程，旨在构建更加契合教师发展需求与教育理念的文化氛围。孔子的"内仁外礼"中，"仁"作为内在的道德自觉；而"礼"则代表外在的社会规范与制度。只有当"仁"与"礼"相辅相成，使道德规范成为教师精神世界的追求时，教师的道德行为方能真正彰显出"仁"的深刻内涵与高尚品质。

行为规范的内化始于日常实践，逐渐由外在的驱动转变为内心的自觉，将外界的压力熔铸成内在的动力。经历这样的转化，教师不再是机械的执行者，而是积极的参与者和创新者。他们不仅精通正确行事的准则，更擅长以最佳的方式去实现目标，展现出既合规范又不失灵活性的行动能力。

四、信念、态度和行为三者协同作用

教育的本质是基于信念的行为，这一特性决定了信念是教师文化的基础，其关乎着教师文化的属性及发展方向。教师的信念不仅塑造了教师文化的独特风貌，更在影响着每一位教师的职业态度与日常行为。只有当教师文化真正与教师的信念融合，成为其内在精神世界的一部分时，这种文化才会通过教师的言行举止得以展现，散发出独特的魅力。在构筑与塑造教师文化时，信念、态度与行为紧密协同、相互促进。通过这三者的深度融合与相互强化，教师文化得以不断丰富与发展，为教育事业的蓬勃发展注入活力。

在探讨文化要素的复杂关系时，沙因（Schein）依据文化表现形式的显隐程度，将文化分为三个层次：人工饰物、价值观与基本假设。具体而言，人工饰物构成了文化表象中最直观、最易感知的层面，涵盖了建筑风貌、技术应用以及仪式庆典等众多具象元素。若欲洞悉这些元素背后的深层意蕴，则必须穿透表象，深入价值观、行为规范与内在规则的层面进行剖析。价值观作为文化构成中的较深层次，其抽象性使得它较难直接通过感官捕捉。这一层面蕴含了组织成员普遍认同并遵循的战略导向、追求目标及核心哲学，基本假设则构成了文化中最为隐秘的层面，它转化为组织成员无意识的信念、思维及情感体验。马克斯韦尔与托马斯（Maxwell & Thomas）也对文化要素

进行了剖析，并创造性地构建了一个层次分明的文化互动模型。该模型精妙地融合了信念、价值观、规范与行为四大核心要素，它们自内而外层层递进。信念作为最内核的要素，是文化体系的根基与灵魂，它深刻影响着后续各层次的形成与发展；价值观则为组织成员提供了明确的价值导向与行为准则；规范将价值观具体化为可操作的行为规范与标准；最终，这些要素共同作用于行为层面，使文化在个体的日常实践中得以展现。

参考沙因对文化要素结构的研究以及马克斯韦尔和托马斯提出的文化互动模式，我们将教师的信念、态度、行为三者之间的关系架构作如下理解（见图 4-1-1）。

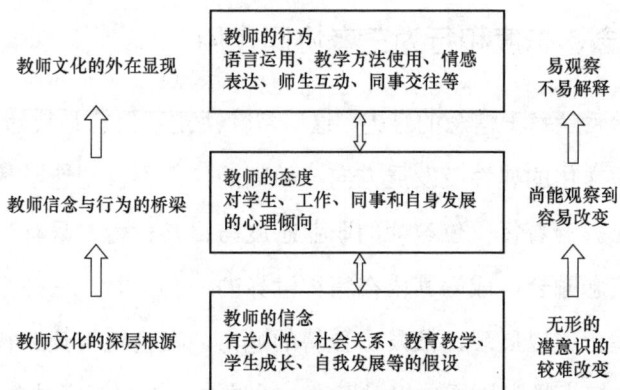

图 4-1-1　信念、态度、行为三者之间的关系

教师文化的核心在于教师信念、态度与行为的深度融合与展现。然而，在这三者之中，信念占据着核心地位，它塑造着教师的精神世界，涉及人性本质、社会关系构建、教育教学理念等。这些信念是教师态度与行为的心理驱动力，驱使着教师在教育事业上追求卓越。在"信念—态度—行为"这一架构中，教师的态度将内在信念与外在行为紧密相连。在探究教师文化的过程中，不仅要关注行为层面的外在表现，更要深入挖掘其背后的态度与信念，以全面、深刻地理解教师文化的内涵与价值。信念、态度与行为之间的相互作用与支撑，构成了教师文化独特的生命力与创造力，推动了教育事业的持续发展与进步。

在教师文化的培育过程中，首要任务是树立教师崇高的教育信念，这些信念应成为教师职业生涯的指南针，指引他们不断前行。同时，积极态度的培养同样不可或缺，更为重要的是，需将这些信念与态度内化为教师的自觉行动，使教师在日常教学中自然而然地展现出这些优秀品质，从而真正实现教师文化的深度构建与广泛传播。

教师的文化自觉意识的形成标志着教师文化已由自在阶段逐步发展到的成熟阶段，是教师文化发展的一个理想状态，也是专业化的教师文化最终要达到的目标。教师文化自觉的实现不仅须借助教师自身的努力，更需要教师所在学校的有效支持和引导。

第二节　教师文化建设体系

教师文化的建设超越了单一维度的改革范畴，在此过程中，需要深入推进教师培养体制的革新，优化教师继续教育体系，并不断完善管理制度等基础性工程。更为重要的是，我们必须直面并有效解决教师在价值取向领域面临的挑战，尤其是在面对价值冲突时，应为教师提供全方位的支持，包括职业发展规划、心理健康关怀、营造良好的教育生态环境等，以激发教师的内在潜能，推动教师文化的发展。

一、教师文化核心价值体系建设

（一）教师文化核心价值体系建设的内容

"核心文化"是一种精神文化，它反映的是教师行为中所蕴含的深层次的价值观念、思维方式、道德风尚等。"核心文化"的精髓就是"教师精神"，因此我们应将核心文化建设的重点放在教师精神文化建设上。

1. 教师职业精神

教师职业精神映射出该职业所独有的思维模式、意识导向及心理风貌。

这一精神涵盖了教师的职业愿景、工作态度、责任感、道德情操、情感投入、职业操守、团队协作精神及无私奉献精神等。职业认同感促使教师将自身视为教育共同体中不可或缺的一员，对职业的整体利益抱有高度的自觉与认知。正是基于这种认识，教师们能够更加主动地投身于各项社会义务之中，以实际行动践行教师职业精神，为培养未来社会的建设者与接班人贡献自己的力量。在这个过程中，教师职业精神不仅是教师个人成长的内在动力，更是推动教育事业不断向前发展的强大精神支柱。从外在表现来看，教师的职业精神直观地体现为职业作风，优良的职业作风不仅让教师在同事中树立起正面典范，还激发了良性竞争与合作氛围。这不仅促进了教师队伍的整体进步，也为教育事业的发展注入了活力。

为了胜任教师岗位并达到职业规范的基本要求，每位教师都需主动调适个人的文化背景与行为习惯，使之与教师队伍中的主流文化相契合，进而实现个人与集体的和谐融入。教师不仅需确保自身的专业素养与群体基准保持一致，还需通过不断学习与提升，超越既有标准，以确保能够高效、顺利地执行教育教学任务。鉴于每位教师所处的具体工作环境千差万别，加之他们的个人理想、职业态度、努力程度及思维模式的个性化差异等因素共同作用于实际教育教学实践以及教师与家长、社区和学生间的广泛互动中。因此，教师在适应并融入主流教师群体文化的同时，也要不懈地提升个人专业素养，并在此过程中形成丰富多样、独具个性的个体文化。这些独特的个体文化，在历经主流教师群体文化的细致筛选、深度交融后，成为推动教师整体文化不断发展、内容愈加丰富且内涵更为深刻的内在驱动力。

2. 教师专业发展

教师专业发展是每一位教育工作者都应当持续追求的方向。在这个快速发展的时代，教育也面临着前所未有的挑战和机遇。为了更好地适应教育变革，提高教育质量，教师专业发展显得尤为重要。

由于工作环境的变迁与专业素养的逐步提升，教师文化展现出各具特色的风貌。随着教师逐步迈向职业专业化的高度，其文化特征也必将改变，以

适应专业发展的新阶段。专业化阶段的教师文化建设，作为指导教师职业实践的价值取向与行为规范，也已成为备受关注的热点之一。

教师精神文化建设是一个系统工程，不是通过单方面因素的改革可以实现的，也不是短时期的努力就能见效的。除了教师培养体制改革、教师继续教育和教师管理制度建设等基础性工作以外，还需要采取更多的教研方式来共同建构，如观点报告、头脑风暴、读书工程、主题式教学，同课异构，网络教研、分层培训等。因此，学校在教师文化建设上，应积极开拓教学研究和教学培训方式，立足于课堂教学，既在学校层面上进行，也在合作团队中进行，加强对教师职业精神和职业道德的指导，因时、因地、因人制宜，选择不同的培训方式。

（二）教师文化核心价值体系建设的方法

1. 作学术性观点报告

（1）操作定义

作观点报告是教师争鸣的一种形式，是学校为教师的专业化发展提供的一个有利平台，它主要是指在教学管理等方面形成自己成熟想法的教师以报告的形式向学校全体教师阐述自己观点的产生、形成及实践的过程。它要求教师能敏锐地捕捉教育教学方面的疑难困惑（敢想），并针对这些困惑进行具体的措施研究（敢做），最后善于将自己的观点与全校教师进行交流（敢说）。该活动旨在通过"以问题为中心的"学习方式引起教师的"教育观"的改变，鼓励有想法的教师畅所欲言，形成浓郁的教育教学研究与交流的氛围。观点报告的意义在于解决教育实践中的真问题。

（2）操作模式

① 明确意义、布置任务

为创造一个良好的创新氛围，提高教师的专业化水平，学校通过教师会议让全体教师明确开展教师观点报告的意义，并以骨干教师为首、其他教师跟进的原则布置该活动的任务。

②专家引领、学习培训

任务明确后，学校要专门在全校教师范围内开展"如何作观点报告"的学习培训，帮助参与教师确定观点报告的主题和具体的开展方式。学校出面邀请了省、市、区各级名师及教研部门的教育专家为全体教师作相关讲座进行指导。

③确定主题、查阅文献

学习培训后，教师便着手确定主题，就自己平时遇到的教育教学上的问题与困惑寻找解决方案。为考证方案的可行性，大家需要进行文献资料的学习，了解当前对这个问题的研究情况，了解国内外专家、教育界人士对此问题的观点及相关做法。

④实践操作、务实求真

在前面几项准备工作的基础上，教师明确制定自己该学期的研究主题和操作环节，在具体的教育教学中进行有针对性的实践操作，并及时做好研究资料的收集和汇总工作。

⑤总结整理、写出报告

经过一定时间的实践操作后，教师先围绕自己的观点，整理资料和信息，进行反思并寻找改进措施。在此基础上，教师将实践操作所获得的材料围绕观点组织成文，进而提出反思，进行观点报告。

2. 头脑风暴

（1）操作定义

当一群志同道合的人围绕着一个他们感兴趣的领域聚集时，他们就会各自阐述见解，营造出"头脑风暴"的氛围。这种讨论环境缺乏严格的规则限制，使得每位参与者都能放飞思维。在头脑风暴的过程中，每当参与者脑海中闪现出灵感，他们都会立刻说出来。此时，任何批评都不允许出现，以保持思维的流畅性。直至头脑风暴结束，大家才会转而对这些观点与想法进行全面的审视与评估，以提炼出最具价值的内容。

教师培训的形式有很多，如座谈、听课、交流等。教师在这些或静态或动态的培训中，个人发表的观点或感受可以是即时生成的，也可以是提前准

备的，活动组织方或参与者都可以对同伴的观点进行评价。而头脑风暴式的教师培训则是教师培训的另一种形式，它需要教师当场对培训内容发表看法与感受，进行观点的碰撞与交流，形成新的观点。这个观点无对错、高低之分，教师之间或组织者也不对这个观点进行评价。这是对教师素质、修养的一种挑战与考验，是提高教师创新能力的一种有效手段。

（2）操作模式

头脑风暴法的操作模式如下所示。

① 明确讨论问题

第一个环节是让大家都明白本次讨论的问题，组织者事先把这个问题写在黑板或展示纸的上方或中间。

② 鼓励各抒己见

倡导开放包容的氛围，鼓励每位成员自由地抒发内心的想法与见解。当大家的观点如繁星般多样时，便能更加接近问题的本质。那些即兴的、充满创意与探索精神的发言，为讨论注入无限活力。

③ 直接提出观点

每位参与者表达观点时力求简洁明了，直接切中要害，这样不仅能够提升交流效率，还能为更多人留出宝贵的发言时间。若需对某个观点进行更深入的阐述或补充，建议在头脑风暴结束后，再进行讨论。

④ 忠实记录想法

每当教师提出新颖的想法时，记录员需以最快的速度记录，确保字迹清晰、布局醒目。记录员应秉持客观公正的原则，按照教师们表达的先后顺序进行记录。待到头脑风暴结束，再对这些丰富的思想成果进行系统的归类与整理，以便后续的分析。

⑤ 及时结束讨论

如果大家明显提不出新的想法了，沉默的时间变得越来越长，就可以结束。

⑥ 形成观点材料

头脑风暴后，所有即时迸发的创意与想法均被详尽记录。此时，小组成

员便可共同探索如何在纷繁复杂的思绪间寻找内在联系。原本由不同成员随机提出的观点，在相互碰撞下往往能激发出意想不到的新颖联系。组织者应鼓励大家勇于对这些想法进行细致的筛选、合理的分类、科学的排序，以期从中提炼出更具价值、更富启发性的见解。

3. 读书工程

"校本教研"要充分考虑学校的实际，挖掘学校的种种潜力，真正体现以教师的专业发展为本，更新教师知识结构，提升教师教学能力。积极推行教师读书工程，并以此为基石构建校本培训与教研活动的综合平台，是一种高效且实用的教师成长策略。对于教师而言，阅读不仅是拓宽知识边界、深化专业素养的首要途径，更是激发教学灵感、提升教育智慧的关键所在。教育改革是一场持续深化的旅程，它要求教师在这一过程中不断学习新知、勇于面对挑战、积极解决问题。因此，学校"校本培训"的又一个亮点在于将教师从"职业人"还原为"读书人"，以读书的形式建设教师专业化发展的道路，确保他们的知识体系与时俱进，让阅读成为他们日常生活不可或缺的组成部分，从而不断滋养心灵，丰富内涵。

（1）"好书推荐"活动的设计

"好书推荐"活动就是通过教师自主选择阅读材料，自主形成体会后，将体会以"书籍推荐理由"或"教育教学观点"的形式与他人交流，在交流中完成个人思维的发展和集体智慧沉淀的过程。这是一种融思考、积累、表达于一体的阅读方式，是提升教师专业技能和个人文化素养，培养教师创新能力的有效手段。

"好书推荐"活动，让每一位教师都有机会在书海中品味书香，在思考中审视自己，在交流中发现他人的优势，从而逐步提升自身的人文素养和专业技能。

（2）操作模式

该活动的操作模式如下所示。

① 召开沙龙，观点交流

在教师对自己选择的书进行阅读，提炼体会后，召开读书沙龙活动，让

所有参与阅读的教师都有机会将自己的阅后感受与同伴进行交流，并适时作推荐理由的阐述。

② 撰写推荐理由，书籍归库

在读书沙龙后，教师各自分头开始在自己书的扉页写上"推荐理由"，并将书上交学校图书馆归库。这样做，方便教师借阅自己感兴趣的书。

③ 喜欢阅读，享受阅读

好书要大家分享，这是我们的宗旨。喜欢阅读，享受阅读，这是我们努力的方向。学校努力倡导的这种融积累、表达、推进于一体的阅读形式，不仅可以让教师领会本书作者精辟的见解、欣赏作者的精彩文笔，还能欣赏到来自同行的阅读痕迹，从而达到让教师喜欢上阅读、享受阅读的乐趣、培养独特思维与创新精神的目的。

4. 同课异构

同课异构是指同一年级同一学科的不同教师在不同班级讲授同一节课。也就是说，选择同一个教学内容，备课时深入挖掘多样化的教学切入点，构建多元化教学体系。鼓励每位教师展示自己对教学内容的独特见解与诠释，通过这样的平台直观对比不同教学路径的亮点，进而凸显每位教师鲜明而富有个性的教学风采。

同课异构活动的理论基础是"人本主义心理学"。罗杰斯与马斯洛作为人本主义心理学的杰出代表，他们强调，行为并非单纯受外部环境所驱动。学习者拥有自主选择的能力与权利，其行为实则是其内在私密世界与深刻情感体验的外在映射，展现了其独特而丰富的内心世界。创造过程是产生新异联系产物的具有个人独特性的活动表现，因此在每个人身上都有着创造潜力。人本主义心理学十分强调人性和个性中创造和表现的一面。

同课异构的关键是"异构"要能充分体现教师的价值观、知识观、学生观、发展观等。每一个教师能在同课异构活动中展示自己的认知策略、思维习惯和工作方式，自己的生活经历和教育背景，对事物特有的看法以及自己的经验、兴趣、爱好、专长和个性特征、教学的风格等。人们最关心的创造

性能力在这一活动中得到发展和表现，而不是受到压制和磨灭。在这样的活动氛围中，教师的创新文化形成不再是一件难以企及的事情。

同课异构操作模式如下。

第一步：选择共同主题。一个教研组内的教师一起解读文本，选择自己感兴趣的课题或觉得普遍有研究价值的主题。而后大家一起坐下来讨论，在各抒己见的交谈中达成共识，定下共同研究的主题。

第二步：文献资料学习。教师根据这个主题学习相关的文献资料。这时的教师活动属于个体活动，每位教师根据主题收集相关的文献资料，认真研读，仔细分析，写出个人体会。教师之间也可以互相交流学习体会和交换文献资料等。

第三步：确定研究问题。教师围绕共同确定的研究主题，根据自己的学习收获确定自己想研究的问题，也就是确定自己研究的切入点。有的以学法研究为切入点，有的以教学媒体选择为研究问题，有的以训练点的设计为研究问题。这一环节可以由教师个体独立思考完成，也可以是以一个小组的形式合作完成。

第四步：完成教学设计。同课异构的要求是"异构"。教师根据自己要研究的问题选择合适的教学策略，完成不同以往的教学方案设计文字稿，并与同组教师进行说课、分析、修改，这是一个个人行为和团队合作共存的阶段。因为当教师个人完成教学设计以后，必须与同组其他教师进行交流，这样可以帮助该教师进一步完善其教学设计方案。同时，通过说课、分析可以比较不同方案的异同，也可以避免方案设计中出现的雷同。

第五步：进行教学实践。不同的教师在同一年级不同班级进行同一项内容的教学。其余教师分工记录，例如，有的记录学生的活动，有的负责记录教师的语言和动作，有的记录教师不同性质反馈语言出现的频率等，也可以采用全程摄像的形式进行记录。

第六步：针对问题反思。课后每位教师针对要研究的问题进行反思。反思者包括执教者和听课者。反思的内容包括教学设计意图的成效分析，也包

括教师自身对这次"同课异构"活动的感受。这时可以是教师自身的反思，也可以是一个教研小组的反思，还可以邀请专家一起反思。

第七步：完成资料积累。教师根据实践、反思将教学方案进一步修改完善（有必要的话可以进行二次实践）。同时，所有参与活动的教师一起将本次活动的全部资料整理汇编，为下一轮研究的教师提供案例。这里的资料包括文献资料、教案集、教学反思、课堂实录、课件、练习题、学生作品、教学光盘、专家点评等。

二、人本管理体系的建设

（一）人本管理体系建设的内涵

人本管理是一种根植于"自我实现"人性假设之上的管理理念，这一理念倡导"无为而治"的管理思想，强调管理过程中的自然流畅与高效和谐。人本主义理论关注并理解人的多元化需求，通过精准识别与有效满足这些需求，实现对人的高效管理与激励，以此驱动更加积极、主动的管理实践，从而推动组织持续发展与个人潜能的充分释放。

在学校管理中，最为重要的管理理念无疑是"以人为本"。鉴于教师管理在学校管理体系中的基石地位，学校管理应坚定不移地遵循"教师优先"的原则，将"以人为本"的核心理念具体化为"以教师为本"的管理思想。倡导"教师为本"的管理思想，其核心在于尊重每一位教师的主体地位，鼓励并激发其参与学校治理的热情与创造力，同时促进教师的全面、和谐发展，实现教师个人价值与学校目标的深度融合与共同提升。

（二）人本管理体系建设方法

学校的办学理念要由理想变为现实，需要的是"刚柔相济"的管理制度。我们要改革考核制度、实行底线管理；倡导特色工作，实现个性管理。这些多角度、多层次、多内涵的制度，形成了理性制约与人文关怀相得益彰的科

学的制度体系，可以消除教师对制度的抵触情绪，教师能以积极健康的心态投入工作中。

1. 改革考核制度实现底线管理

在科层制下的学校管理体系中，管理模式倾向于回顾性评估与限制性管理，其焦点过多地集中在对教师过往及当前表现的审视上，却未能前瞻性地为教师未来的职业发展路径提供有效指引。该模式严格规定了教师的日常教学行为与工作规范，虽确保了教学秩序与效率，却在一定程度上限制了教师对个性化教学方法的探索。此外，体系内虽设有教师考核与优胜劣汰机制，但在教师个人成长与能力提升的培养与培训方面却显得投入不足。在当前的科层管理体制框架下，教师群体往往被置于组织结构的底层，其教学行为与日常活动受到校长室、总务处等多层级行政部门的严密监管。为了避免因违背制度而受排斥或失去资格，许多教师不得不在一定程度上收敛自己的专业见解与创新精神，转而采取更为保守的教学策略。

基于教师"人性本善"的假设以及对教师职业精神的充分信任，我们提出了底线管理。底线是指教师的职业底线——爱生敬业，这是对教师最基本的要求。当教师认定了这份工作并签订劳动合同后，我们肯定会对他的工作表现有一个基本的判断，这种判断就是看其能否守住职业底线。以"职业底线"为标准，可以免去很多会产生极端矛盾的检查。极端矛盾，也就是指如果管理者不来检查，职工工作就不会好好做。比如，某日要检查备课情况了，要大家把备课本交上来，假设有人一个月都没有备课，最后一天晚上突击准备好并交来了，那么这么做又有什么意义呢？当前部分学校实行底线管理，多采用抽查的方式，即并不是每个人每个月都要检查。虽然也有一定的考核，但内容是随机的，时间也是随机的。今天检查到谁了，他守住了底线，就通过了考核，即使不检查到他，也算通过了考核，因为学校对他有基于信任的假设。检查的目的不是担心教师做不好，而是为了在工作中能及时发现问题、解决问题。

2. 倡导特色工作实现个性管理

我们应倡导多样化的课程、个性化的管理，从学校实际出发，打破"师师同教案、生生同书本"的局面，尊重和满足教师的个体差异，鼓励教师发展自己独特的课堂教学和班级管理方法，为每个教师的个性发展提供更广阔的空间。个性化的管理要求学校管理具有独创性，根据学校自身的实际情况进行开拓创新，发挥教师的个性特色和创造性。每位教师都以满腔热忱投身于教育事业，致力于在自己的岗位上发光发热。每个人的才华与潜能都是多元且独特的。因此，我们要鼓励每位教师探索自我，发现自己的优势与特长，勇于在教学实践中展现个性，形成独树一帜的教学风格。

三、教师功能团队体系建设

教师功能团队汇聚了多位知识渊博、技能精湛、综合素质高且个性鲜明的教师。在这个群体中，教师们不仅相互启发、彼此影响，更紧密合作、协同作战，致力于教育目标的实现与行为规范的践行。它不仅促进了教师间的交流与合作，更在教育领域内发挥了不可或缺的功能作用。

根据教师团队的特征和影响因素，可将教师群体分为协作型教学团队和研究型学习团队。

（一）协作型团队建设

1. 协作式教学团队建设原则

在协作式教学团队建设中，我们始终坚持以下理念为团队建设原则。

（1）共设愿景

共同的愿景是凝聚教师团队力量的核心。在教师团队中，每位成员不仅应热情投身于共同目标的规划与愿景的描绘，更应主动担当起各自的角色与责任。每位教师都享有平等的权利与机会，参与团队目标的设定与讨论。在制定教学目标时，既要着眼于教师个人专业成长的需求，也要兼顾学校整体发展的长远规划。同时，鼓励大家积极发表对团队目标的见解与建议，通过

广泛收集与精心整理这些宝贵的意见，确保教学目标既具有前瞻性又贴近实际。随后，组织团队成员展开深入而充分的讨论，对目标进行多轮次的推敲与完善。经过这一系列精心筹备与努力，最终凝聚出清晰明确的团队目标与共同愿景。

（2）团队评价

采用不同的指标和方式来考核评价教师的教学成果质量，在一定程度上确实能够促进教师个体的专业发展。但是，团队建设中还应该引进团队教学评价系统，否则会导致教师人际关系不和谐、发展不协调，教学团队最终形同虚设，教师合作也无从谈起。所以，学校领导者应采取多种措施，切实加强对教师教学团队的评价，以团队的教学成果和教学质量为评价目标，让教师成员切实感受到团队整体作用的重要性，增强团队的凝聚力和向心力。

（3）授予权力

要保障团队的自由性和独立性，激活团队的创新能力，学校领导者就应该授予团队一定的权力：团队自主选择团队领导、团队申报经费支持、团队自主确立共同愿景和目标、团队自主设定工作方案。学校领导者从传统的"管理者"身份转变为"合作者"，需深入了解教师团队成员的需求，展现出高度的同理心与关怀，应提供具有实质性的帮助，包括资源的优化配置、政策的灵活调整以及解决具体困难等。此外，领导者还应与教师团队共同承担起推动团队发展的责任与义务，双方相互尊重、相互支持。

（4）高效沟通

为了构建教师团队内部的高效沟通机制，首要任务是消除沟通壁垒，奠定坚实的信任基础。领导者需通过积极传播团队的核心价值与共同愿景，激发成员间的情感共鸣与认同。同时，实施科学合理的激励机制，表彰在沟通合作中表现突出的个人与小组，以此激发全体成员的参与热情与协作动力。此外，定期举办多样化的会议与活动也是促进团队沟通、增强信任感的有效途径。积极在团队成员间营造一种"共鸣"的交流氛围，鼓励每位成员勇敢表达自己的见解与感受。鼓励大家以平等的心态进行对话，相互学习，取长

补短，共同在尊重与理解中促进团队的和谐与发展。

2. 合作包班型团队建设

团队包班制即由一支新老教师组成的团队，承包整个年级的教育教学任务。整支教师队伍为一个大团队，内部又分小团队。既有大团队的通力合作、小团队的内部协作，同时又存在团队间的良性竞争，做到了以合作共享与竞争激励的统一模式创造性地开展整个年级的各项工作。

任何团队的形成，首先要组建团队合作实体。团队包班制的合作实体组建过程中，我们要先确立团队组建的基本原则，即明确团队的核心、团队的目标、团队的优势、团队的灵魂，然后再确定组建合作实体的基本流程：个人自主申报—学校相应调整—教师团队创建。

团队组建后，其重心在于团队成员之间首先要形成团队的共同愿景，也就是成员们在征求社会期望、家长建议和学生需求的基础上，就共同价值观和某些原则能达成共识，从而共同确定目标定位、教育教学理念和管理思想，使之成为凝聚人心、共赴事功的原动力。

（二）研究型团队建设

在当今的学习型社会中，教师需要不断更新知识结构和思维理念，而教师持续发展的理想之地在学校。学校既是教职员工作的地方，也是他们发展的地方；学校不仅是培养学生、促进学生发展的场所，也是培养教师、促进教师发展的场所。教师学习的准确定位关系到整体学校的后续发展，也关系到教师个人的健康成长。

1. 高校教师读书团队

高校教师队伍建设是学校发展的重要组成部分。高校教师个体的素质，决定着学校教师的整体素质水平。加强高校教师的培养是提高教师队伍整体素质的有效途径。为此，学校应在高校教师的培养方面着手，提供各种机会，让他们得到锻炼和提高，并创造条件，为高校教师搭建学习的舞台，促使高校教师实现快速成长的目标。

为充分发挥高校教师年纪轻、知识新、反应快、精力足的优势，学校应采取一系列培养措施，以实现高校教师群体尽快适应现代教育的要求，夯实教师队伍建设的"基础工程"。学校可以成立高校教师读书俱乐部，俱乐部成立遵循"自主、自愿"的原则。高校教师自主参加读书俱乐部，推选俱乐部管理成员，自主决定阅读的书目和活动地点。我们认为每位高校教师都是作为一个独特的生命个体参与读书活动的始终，应当使他们在这个过程中夯实学科基础，丰富人生阅历，完善知识结构，闪烁创造的火花，显现独特的风貌，最终完成专业化的成长，向成熟型教师过渡。

2. 师徒学习共同体

"师徒制"是新老教师技能传授、情感交流、职业意识培养的传统途径。老教师的示范、点拨和具体指导，大幅缩短了高校新教师熟悉教学常规、教学过程的周期，同时老教师的师德会潜移默化地影响和感召新教师，让他们懂得教师的职业人格，完善自身的人格修养。师徒团队又是师徒之间相互交流、互相提高的良好基础。在这个过程中，新教师的学习与老教师的再学习、再思考和再研究是同步发生的，绝不是一方传授和一方服从的关系，也不是一方主动和一方被动的关系，而是"互动促进"的关系。因此，推行师徒结对的活动，能帮助师徒共同探究教育教学的实际问题，进行再学习和再思考，从而解决现实问题。在此过程中，新教师在老教师的示范和启发下，快速掌握专业知识和技能，而老教师在学习和指导过程中，完成知识更新和完善专业结构。

第三节　教师文化建设路径

复杂多变的文化生态对教师文化的建设提出了新的挑战，为了构建出既符合时代精神又具深厚底蕴的和谐教师文化，需要具备开阔的历史视野，以广博的知识储备为基石；将现代理念融入教师文化的建设中；尊重并欣赏各种文化的独特之处，促进文化的多元共生；积极寻找不同文化间的共通语言，

以减少误解与隔阂。本节将探讨如何在这样的时代背景下，通过有效的路径，建设出既具有时代特色又富有生命力的当代和谐教师文化。

一、在传承中创新教师文化

（一）博古通今，继承优秀文化传统

任何文化系统的诞生与发展，均历经了世代的传承与创新。教师文化的培育与构建过程，必须立足于对"既定的、过去的"文化传统的深刻理解与继承之上。这些文化传统中蕴含着丰富的教育智慧与人文关怀，是构建新时代教师文化不可或缺的宝贵资源。通过深入挖掘与整理这些传统文化资源，可以更好地把握教师文化的精髓与脉络，为其注入新的活力与内涵，从而推动教师文化的持续发展与创新。

中华文化传统的深厚底蕴与广博内涵令人叹为观止，滋养着华夏儿女的心灵。随着教育事业的蓬勃发展，推动和谐教师文化的建设显得尤为重要，而在这一过程中，继承和弘扬中华民族的优秀传统文化是不可或缺的。中华民族传统文化，蕴藏着仁爱之心、和谐之道、中庸之德以及修身养性之智慧，这些理念对现代社会产生着深远的影响。在构建当代和谐教师文化时，应当将这些优良传统视为教师文化建设的基石，通过教育引导、实践体验等多种方式，让这些理念根植于每一位教师的心中，成为他们自觉遵循的行为准则。

然而，继承传统文化并非意味着盲目地全盘接收。继承是一个扬弃的过程，既要珍视历经时间考验的精华，也要勇于剔除不再符合社会发展需求的糟粕。在这个过程中，要将传统文化与新时代的实践紧密结合，通过创新性的思维与方式，为这些古老而深邃的文化遗产注入新的活力与内涵。具体而言，应当鼓励教师们树立开放包容的心态，勇于接受新思想、新观念，积极投身于教育教学的改革与创新。同时，还应加强师德师风建设，引导教师们树立正确的伦理观念与价值取向，以高尚的师德情操和严谨的治学态度，为学生们树立榜样，引领他们健康成长。

（二）建设具有时代精神的教师文化

时代精神是历史中某一特定阶段所独有的精神，它超越了个人情感的局限，凝聚成一种广泛而深刻的集体共识。同时，时代精神也是民族文化的重要组成部分，它激励着人们不断追求进步与卓越。因此，在构建当代和谐教师文化的过程中，应深刻理解和把握当前时代的精神内核，将其融入教师文化的各个层面之中。通过弘扬时代精神，可以激发教师们的爱国情怀与责任感，提升他们的专业素养与创新能力。通过倡导与时代精神相契合的教育观念、教学方法及师德风范，可以为培养更多符合时代要求、具备创新精神与实践能力的优秀人才奠定坚实基础。在构建与弘扬时代精神的过程中，需保持敏锐的洞察力与批判性思维，既要尊重并包容多元文化的差异与多样性，又要勇于提炼与传承那些能够引领社会向前发展的精神。

教师作为文化传承与创新的重要力量，肩负着崇高的文化使命。他们不仅致力于推动文化的现代化进程，让古老的文化遗产在现代社会中焕发新的生机与活力；更致力于促进民族文化心理结构的更新与升级，帮助学生们树立更加开放、包容、创新的文化观念与价值取向。在这个过程中，教师不仅是知识的传递者，更是文化的引领者与创造者，他们的每一次教学尝试、每一点教育创新，都在为民族文化的发展注入新的动力与活力。提炼并融入时代精神，是推动教师文化创新与完善的必由之路。只有深刻理解和把握时代精神的内涵与要求，才能促进教育发展，为教师文化的建设注入新的活力。

二、在碰撞中提升教师文化

（一）求同存异，合理借鉴外来文化

随着全球化的推进，不同文化之间的界限日益模糊，冲突与交融并存的局面为当代文化建设与发展铺设了一条既充满挑战又潜藏机遇的道路。即便是在学校这一相对封闭的环境中，多元文化的浪潮也势不可挡，影响着传统

的教育理念与方式。教师文化在多元文化的交流、碰撞与融合中，寻找并强化共同点，尊重并保留各自的差异，合理借鉴各种文化的优点。

教师文化，作为中国传统文化的一个重要分支，自然而然地继承了中国文化的诸多典型特征。这些特征不仅体现在教师文化的内涵和外在形式上，也展现在其历史演变和现实发展过程中。因此，我们在推动教师文化的发展过程中，应当充分认识到这些特征，合理地进行借鉴和学习，以实现教师文化的持续发展和优化。为了构建当代和谐的教师文化，我们必须正视和尊重多元文化的存在，理解并欣赏不同民族和国家文化的独特之处。这是一个既包括对外来文化的借鉴，也包括对其他文化的学习和融合的过程。在这个过程中，我们要以开放的心态，积极地接纳各种文化，通过交流和碰撞，取长补短，以实现文化的丰富和发展。

尤其值得关注的是，我们应该对西方文化中的先进部分，如科学理性精神、现代人文精神、人道主义、民主政治与法制思想、可持续发展的思想等进行深入研究和借鉴。教师作为传授知识、引导学生的专业群体，更应该具备这样的国际视野和胸怀，大胆地学习和吸收这些先进的文化元素。

在学习和借鉴的过程中，我们不可避免地会遇到各种冲突和挑战。但正是这些冲突和挑战，为我们提供了学习和成长的机会。我们应该在激荡中学习，在碰撞中扬弃升华，在交融中丰富发展，从而推动教师文化的进步，为构建和谐社会作出更大的贡献。

（二）反求诸己，提升教师主体价值

在推动当代和谐教师文化建设的征途中，教师群体扮演着至关重要的角色。他们不仅是优秀文化传统的继承者与弘扬者，还需具备开放的胸襟，合理吸纳外来文化的精华。在构建和谐教师文化的过程中，需要构建一个既尊重个性又鼓励创新的教育环境。既要关注教师的内心世界，理解他们的需求，努力为他们提供个性化的发展路径与支持体系；还要通过制度创新与文化建设，为教师搭建起展示自我、实现价值的广阔舞台，让他们的主观能动性与

创造力得到最大程度的发挥。

唯有教师认知到自身主体价值的重要性，并主动提升主体价值时，他们才会自我审视，进而以科学理性的态度规划未来的职业发展。教师们将进行自我充实，不仅要注重知识与技能的积累，更要实现"精神层面"的深刻成长与蜕变。

教师主体价值的提升可以聚焦于以下几方面：首先，强化教师的自觉性与自主性。自觉性是教师对自身在教育领域中的地位、所具备的专业能力及与他人、环境之间关系的清晰把握。自主性赋予了教师依据个人兴趣、专长及教育理想，自主选择学习路径、探索教学方法、构建独特教育风格的权利与能力。通过增强教师的自觉性与自主性，能够连接教师内在的成长动力与外部的教育实践，促进教师主体价值的持续提升。当教师以高度的自觉性审视自我、规划未来时，他们的教育热情不仅激发了教师在教育教学活动中的主动性与创造性，更促使他们不断探索新的教学理念与方法，为学生带来更加丰富、多元的学习体验。其次，教师应当回归"学习者"角色。教师的发展应基于教师内心的自我发展意识，成为一种自觉、主动且持续的受教育状态。在这样的理念下，教师的成长与提升才能真正意义上回归学习本质、实现自我超越。教师的角色，早已超越了单纯"教授"知识的工具性范畴，而融入了"学习"这一更为深刻、更为广泛的主体性内涵。通过持续的学习，教师不仅能够紧跟时代步伐，确保自身知识体系的更新与完善，更能在这一过程中不断反思、总结与提升，从而增强自身的专业素养与创新能力。这种基于自我发展意识的主动学习，不仅促进了教师个人主体价值的持续提升，更为其在教育领域中的持续贡献奠定了坚实的基础。最后，提高教师的心性修养。教师有责任也有义务关注并滋养自己的心性，通过提升心性修养来增强自身的主体价值。这不仅是为了教师个人的成长与完善，更是为了促进学生的全面发展，进而推动社会伦理道德水平的整体提升。在这个过程中，教师的心性修养成为一种无形的力量，它以一种温柔而坚定的方式，塑造着未来社会的精神风貌。

三、在反思中发展教师文化

构建以人为本的和谐教师文化，就是要促进每位教师的全面自由发展，体现对教师个体价值的深刻认同与尊重。为达成此目标，需营造一种平等、和谐、互相尊重的文化氛围，鼓励开放交流、倡导相互理解与尊重，使教师之间能够建立起深厚的信任与合作关系，在此基础上塑造一个既充满活力又井然有序、既多元包容又和谐共融的教师团队文化。这里所探讨的所有建设路径，均紧密围绕实现和谐教师文化这一核心目标而展开。民族文化与外来文化、传统文化与现代文化，不再是孤立的存在，而是相互交织、相互影响。教师文化的建设与发展需要与学校文化的建设相协调、相共鸣。这意味着，在致力于提升教师文化品质、激发教师团队活力的过程中，必须将视野放宽至整个学校文化的构建，确保两者在理念、目标及实践层面上的高度一致与相互促进。在校园文化建设中，既要注重传承与创新，又要强调包容与开放，努力营造一个既有利于教师个人成长，又有利于学校整体发展的良好环境。在校园规划与内部环境设计的过程中，应秉持人性化原则，将学校的悠久文化传统、现代文明及激励师生不断前行的精神与价值观，通过富有创意与深意的物质载体展现出来。在优化学校管理的进程中，应当推行人本管理理念，拓宽教师参与学校治理的多元路径与方式，积极构建开放包容的管理体系，鼓励教师跨越传统界限，以更加主动和创造性的姿态融入学校的决策与管理流程之中。在这样的环境中，教师文化与学校文化将相互成就，共同推动教育事业的蓬勃发展。

四、在评价中完善教师文化

和谐的教师文化根植于卓越的学校文化土壤之中，二者相辅相成，共同构筑了教育生态的坚实基础。在此背景下，学校文化在教师管理体系中扮演着举足轻重的角色，尤其是评价制度，作为学校文化的一个重要侧面，其影响深远。当前，我国教育领域广泛采用的规范性教师评价制度，是一种具有

明确标准和要求的评价体系。该制度的设计初衷在于强化考核的严谨性，遏制考核过程中的形式主义倾向，从而确保评价结果的公平与公正。然而，在实际操作中，一些大学在实施规范性教师评价制度时，却偏离了初衷，走向了功利化的误区。过度追求量化指标，忽视了教育工作的复杂性和教师个体差异，这不仅削弱了评价制度的公平性与公正性，还可能对教师的职业发展产生负面影响，抑制教师的创新精神和教育热情。规范性的评价方案要求教师必须在特定的考核周期内，达到一定数量的期刊论文发表标准，并成功申请到省级乃至国家级的科研项目。这种评价制度无形中催生了一种"急功近利"的学术氛围。长此以往，这种浮躁的学术研究心态在教师群体中逐渐蔓延，不仅可能影响科研成果的质量与深度，还可能影响教师队伍的整体学术风气与科研生态。因此，亟须对当前的教师评价体系进行深刻反思与调整，探索更加科学合理、符合科研工作规律的评价机制。在强调量化指标的同时，也应充分重视质性评价，关注教师的科研过程、创新能力与学术贡献，为教师提供更加宽松、自由的科研环境，鼓励其潜心研究、追求卓越。

20世纪80年代，西方社会兴起发展性教师评价制度，随后在国内教育理论界引起了广泛讨论。这一新兴制度显著区别于传统的教师评价体系，其核心理念在于摒弃单一的奖惩机制，转而将焦点对准教师的个人成长与专业发展。发展性教师评价制度打破了以往管理者单一主导的局面，构建起一个多维度、多向度的评价体系。这一体系中，不仅保留了管理者的专业视角，更创造性地融入了教师间的相互评价、学生反馈的宝贵意见以及教师自身的深刻反思，形成了一种相互尊重、共同促进的良性循环。发展性教师评价主张全员评价和全面评价原则、全体参与和共同进步原则、民主化原则、信息反馈原则、导向性原则和科学性原则。基于这些评价原则，不仅能够实现评价过程中的高度信息透明度，还能有效激发教师内在的发展动力与潜能。在实践中，应了解当前我国规范性教师评价体系中存在的瓶颈与不足，有针对性地汲取发展性教师评价制度的亮点。发展性教师评价制度为我国教师评价制度的改革与完善提供了参考。

第四节　教师文化建设进展

近几年，我们国家在教师行业取得了前所未有的巨大成就，教师团队的整体素质和形象也经历了深层次的、全面的转变。现如今，我们看到：各领域的优秀人才纷纷涌入教育行业，教师们充分发挥自己的才华，大量的优秀教师不断出现在我们的视线中。这一局面的形成，得益于我们在教师文化建设方面取得的显著进步。

一、师风师德建设不断加强

近年来，师德师风建设不断加强，取得了显著成效。教育部坚持将师德师风作为评价教师队伍素质的第一标准，通过加强教师思想引领、完善体制机制建设、出台政策法规等措施，推动师德师风建设步入常态化、规范化、法治化轨道。教师队伍中，绝大多数教师表现出敬重学问、关爱学生、严于律己、为人师表的良好品质，受到了学生的尊敬和爱戴。此外，各地教育部门和学校也采取了一系列措施，如评选"四有好老师"、组织教书育人楷模先进事迹巡回宣讲活动、强化媒体宣传等，以榜样力量感染身边人，推进师德师风建设。这些举措有效地凝聚了人心，鼓舞了斗志，对外树立了新形象，营造了清正教风的良好氛围。

具体到各个学校，我们可以看到，众多的学校正在通过积极组织师生观看警示教育片，来警醒大家，让大家深刻地认识到教育的重要性和严肃性；同时，学校也在积极开展自查自纠活动，以此来发现并纠正自身存在的问题和不足，以确保教育教学的质量。此外，学校还坚决杜绝有偿补课，这是为了保证教育的公平性，让每一个学生都能在公平的环境下接受教育；另外，学校也在全面落实"双减"政策，减轻学生的学业负担，减少学生的课外补习，让学生能有更多的时间去发展自己的兴趣爱好，去参加社会实践，全面提高自己的综合素质。

在提高师德修养方面，学校也在积极开展各种主题教育活动，如"不忘初心、牢记使命"主题教育，以此来强化教师的教育使命感和责任感，让教师能够始终坚守教育的初心和使命，全心全意为学生服务，为我国的教育事业作出更大的贡献。通过多种形式的活动，学校的清廉建设步伐正在不断加快，学校的师德修养也在不断提高，这无疑将为我国的教育事业的健康发展提供有力的保障。

二、特色高水平教师教育体系建立加强

近年来，我国在教师教育领域形成了一个以师范院校为主体，非师范院校共同参与的综合教师教育体系，进而促使教师教育在师范院校与非师范院校之间形成了协同发展的态势。在该体系中，传统的师范院校负责培养基础教育领域的专业教师，而非师范院校则利用其在各自学科领域的优势，负责教师的继续教育和专业发展，这样的合作模式不仅丰富了教师的知识背景和实践经验，也促进了不同学科间的交叉融合，为教师教育系统注入了新的活力。与此同时，信息化、数字化和标准化建设的推进进一步优化了教师队伍的管理和发展。首先在信息化建设上，通过引入先进的人工智能技术，为教师提供更加智能化、个性化的支持，从而提高教育教学的质量和效率；建立全国性的教师管理信息系统，整合教师的基本信息、教学成果、专业发展等多个方面的数据，为教育管理部门和学校提供全面、准确的教师信息支持。其次在数字化建设上，积极推进教师数字化学习的进程，并在国家智慧教育公共服务平台上建立了一个"教师研修"专区。这个专区为广大教师提供了一个便捷、高效的学习平台，教师们可以在这里获取各种在线课程、教学资源和专业培训，实现随时随地的学习和提升。最后在标准化建设上，我国在国家层面首次发布了职业教育"双师型"教师认定标准，该标准的发布及其配套措施的实施，不仅能够促进教师队伍的整体优化，提升职业教育的教学质量和育人水平，还能够更好地满足经济社会对高素质技能型人才的需求。

三、教师管理综合改革走向深化

现如今，我国在教师管理领域进行了深入而广泛的综合改革，创新性的实施了编制管理，使得教师资源能够更加合理地分配到各个学校和教育机构。另外，国家还全面推行了教师资格考试和定期注册制度，督促教师不断提升自己的专业水平和教学能力，因此，教师资格考试报名人数由 17.2 万人次跃升至 2022 年的 1 144.2 万人次。同时，我国还深化教师评价改革，进而推出了新的教师评价体系，该体系注重从多个层面对教师进行综合评价，不再仅仅以学生考试成绩为依据，而是综合考虑教师的教学能力、创新实践和教育贡献等因素，因此被认为是更加全面、公正的评价标准。此外，改革还减少了繁杂的行政事务和非教学活动。由此，教师能够将更多的精力投入教学和学生的培养，从而实现教师的减负。

四、尊师重教氛围越发浓厚

随着我国逐步建立了一套系统化的教师荣誉表彰和宣传体系，并通过多渠道推广教师优待措施，使得全社会营造出了一种尊重和支持教育事业的良好社会氛围。例如，国家和地方政府定期开展各类教师表彰活动，设立了如"全国优秀教师""模范班主任"等荣誉称号，并对获得这些荣誉的教师给予物质和精神上的奖励。这些表彰不仅表达了对教师辛勤工作的肯定，也激励了广大教师在教育教学中追求卓越。此外，政府还会通过媒体、网络等多种宣传渠道，对获奖教师进行广泛宣传，此举有效提升了教师职业的社会认知度和影响力。同时，为进一步加强教师优待，政府还推出了一系列优惠政策和优待措施，包括针对教师的交通优惠、医疗保障、子女教育等方面的特殊待遇。这些努力不仅彰显了国家对教育工作的重视，也为教师群体创造了更加有利的发展环境，提升了他们的社会地位和职业荣誉感。

面向未来，我国必须继续完善教师文化建设，持续打造一支高素质、专业化的"大国良师"队伍，以引领和推动教育现代化的深入发展。而这则需

要通过完善四个方面来实现：一是强化价值引领，国家需要通过系统的培训和发展计划，引导教师树立正确的教育价值观和职业道德，促进教师在教育过程中更好地履行教书育人的职责。二是教师培养，我国需要实施更为细化的培养计划，为此，国家需要通过优化师资培训体系、推动校企合作、引进国际先进教育理念等措施，全面提升教师的专业能力和综合素质。三是职称和评价改革，我国需要继续推进教师职称评审的改革，注重教师的实际教学能力和贡献，建立更加科学、公正的评价体系。四是提升教师待遇和完善相关法规，即我国需要进一步提高教师的工资水平和福利待遇，确保教师的基本生活条件得到保障。此外，国家还将完善相关法律法规，建立健全教师权益保护机制，维护教师的合法权益，为教师创造一个公平、稳定的职业环境。

第五章

教师文化建设的策略——"四有好老师"

一个国家、民族能够生生不息，靠的是教师的传道解惑，如果一个国家没有了教师，它还能靠什么取得进步？一个尊师重教的民族，必定是一个生机勃勃的民族。

在中华悠久的历史长河中，中国教师与国家和人民一道，经历了风风雨雨，取得了卓越的成就。在国家从旧社会的沉疴逐步走向繁荣的过程中，教师们以其无私奉献的精神和巨大的努力，为教育事业作出了巨大的贡献。无论是战乱年代还是和平时期，教师们始终坚守在教育第一线，培养了一代又一代有志之士，为国家的发展注入了源源不断的动力。

在新的时代背景下，教育事业面临着前所未有的发展机遇与挑战。全球化、信息化、科技化的迅猛发展对教育提出了新的要求和期待，同时，社会对人才的需求也在日益多样化，为此，教育需要不断进行创新和调整，以适应新时代的发展要求。在这样的背景下，教师的作用显得尤为重要，教师不仅要具备扎实的专业知识，还需要具备较强的适应能力和创新精神，以应对不断变化的教育环境和学生需求。

本章为教师文化建设的策略——"四有好老师"，主要介绍了四个方面的内容，分别是培育有理想信念的教师、培育有道德情操的教师、培育有扎实学识的教师、培育有仁爱之心的教师。

第一节　培育有理想信念的教师

理想凝聚力量，信念铸就坚强。理想远大、信念弥坚的人，才会无怨无悔工作，尽心尽力奋斗，这样才能成就伟大的事业。

理想是人们以一定的理论和现实为依据，对未来美好目标的向往和追求；信念则是人们长期追求某种理想并在实践中形成的坚定不移的精神状态，它是知、情、意、行等心理要素的有机结合。

在纷繁复杂的世界中，面对各种诱惑与挑战，坚定的理想信念如同北极星，指引人们不迷失方向，使人们保持内心的宁静与坚定。它帮助个体在困

难面前不轻易言败，在迷茫时找到出路，让每一次选择和努力都充满意义与价值。因此，一个人的理想信念越坚定，目标就越高远，追求就越执着，产生的动力就越强大。

坚定共产主义理想和中国特色社会主义信念，忠诚于党的教育事业，是人民教师的追求，是好老师的人格基石。对这种理想和信念，教师应该毫不动摇、毫不退缩、毫不气馁、毫不妥协。

崇高的理想和坚定的信念，是人民教师的立身之本。教师有这样的立身之本，站得就高了，看得就远了，眼界就宽了，心胸就开阔了，就能在三尺讲台维系着国家和民族的命运，把自己的理想信念融入现实的教育教学工作之中。

教师肩负着培养下一代的重任，只有当其明确自身的理想信念时，才能更有效地履行教书育人的职责。正确的理想信念为教师提供了明确的方向，使他们在教育过程中能够坚持正确的价值观，并将这一价值观传递给学生。一名优秀的教师还应帮助学生树立正确的人生目标，引导他们实现自己的梦想，同时激励他们为实现民族的共同梦想贡献自己的力量。

一、好老师要有理想信念

教师是人类文明薪火相传的使者，他们以知识为舟，以爱心为帆，引领着一代又一代青年学子遨游于智慧的海洋，在这一过程中，教师的理想信念如同船上的指南针，指引着航行的方向，确保每一次出发都向着光明与希望。一个拥有坚定理想信念的好教师，能够在复杂多变的教育环境中保持清醒的头脑，不为外界诱惑所动，始终坚守教育的初心与使命。

教师的理想信念不仅关乎个人的职业生涯，更关乎国家的发展和社会的未来。教师作为知识的传播者和价值观的塑造者，其言行举止、思想观念都会潜移默化地影响学生。在这个过程中，教师所持有的理想信念，尤其是对社会、国家及民族发展的信念，将在很大程度上影响学生对社会、对未来的认知。

随着社会的快速发展，人们的价值取向日益多元化，教育领域也面临着诸多挑战与考验。在这样的背景下，坚持理想信念显得尤为重要，与此同时，教师的理想信念还需要与时代的发展相适应，教师必须具备文化自觉和历史担当。文化自觉要求教师对中华优秀传统文化有深刻的理解和认同感，并在教学中自觉融入这些文化元素。通过对传统文化的传播，教师不仅能够提升学生的文化素养，还能增强他们的国家认同感和民族自豪感。

此外，一个拥有坚定理想信念的好老师，能够做到以自身为镜，用实际行动诠释社会主义核心价值观的深刻内涵，成为学生们心中最亮的星。社会主义核心价值观涵盖了富强、民主、文明、和谐、自由、平等、公正、法治、爱国、敬业、诚信、友善等方面。这些价值观不仅是国家发展的重要指导原则，也是教师在教育过程中必须传递给学生的核心理念。教师应通过课堂教学、课外活动、社会实践等多种方式，将这些价值观融入学生的学习和生活，帮助学生在实际行动中践行这些价值观，从而形成积极向上的人生观和世界观。

对于高校教师而言，理想信念的作用尤为重要。作为学术领域的专家和社会的引领者，高校教师需要以身作则，表现出崇高的职业操守和坚定的理想信念。在科研与教学中，高校教师应当保持对学术真理的追求，推动学术创新和知识进步，同时他们还应将这种追求传递给学生，激励他们在学术研究中也保持严谨的态度和不懈的探索精神。此外，高校教师的理想信念还需要与国家的发展目标相结合。新时代的中国正处于实现中华民族伟大复兴的关键时期，国家对高等教育的期望也发生了深刻变化。因此，高校教师要紧跟国家的发展步伐，关注国家的重大政策和战略需求，积极配合国家的教育改革和发展方向。同时，高校也需要通过对课程设置和教学内容的调整，使教师能够更好地服务于国家的发展目标，为国家培养出更多符合时代要求的优秀人才。此外，高校教师在坚定理想信念的同时，还需不断提升自身的专业素养和教育教学能力，努力成为学生成长路上的良师益友。只有通过不断创新教学方法、优化教学内容、提高教学质量等方式，教师才能够培养出更

多符合时代要求、满足国家需要、让人民满意的高素质人才，只有这样，其才能成为一名真正的好老师。

二、对教师的理想信念教育

（一）教师的理想信念

教师的理想信念不仅反映了教师群体的特点，还深刻体现了他们在教育工作中的需求与追求。教师的理想信念与其日常工作紧密相关，涵盖了政治信仰、职业理想和育人使命，它们共同构成了教师在教育教学工作中的世界观、人生观和价值观的基础。可以说教师的理想信念是他们坚守育人初心和使命的重要精神动力，是引导教师不断前进、不断创新、不断进步的内在力量。

作为教育工作者，教师要承担起培养学生价值观、引导社会风尚的责任。在这一过程中，教师的政治信仰起到了引领和指导作用。教师的政治信仰不仅关乎个人的政治立场，还与国家的教育政策、社会发展方向紧密相连。首先，教师通过坚持正确的政治信仰，能够更加清晰地认识到自己的教育职责和社会使命，进而在教学中贯彻国家的教育方针政策。此外，教师的政治信仰与教育任务的结合，确保了教育工作的方向性，使教师能够在教学过程中自觉地践行国家的教育理念和社会发展目标。其次，职业理想也是教师理想信念的重要组成部分。教师的职业理想不仅包括对教育事业的热爱，还包括对自身教育工作的期望和目标。职业理想激励教师在日常工作中不断追求卓越、不断提升自身的教育水平和教学能力。教师的职业理想体现了他们对教育事业的忠诚和对学生成长的关注，它促使教师在教学过程中不断探索和创新，以适应不断变化的教育需求和社会环境。值得注意的是，职业理想还激发了教师的工作热情和创造力，使他们能够在面对教育工作中的各种挑战时保持积极的态度和不懈的努力。最后，教师的职责使命都将凝结在教育育人的实践之中，这是对教师理想信念最为直接和深刻的诠释。在这个过程中，

教师需要以高度的责任感和使命感，关注每一个学生的成长和发展，尊重他们的个性和差异，努力创造和谐、民主、积极向上的班级氛围，同时，教师还要注重培养学生的创新精神和实践能力，引导他们学会学习、学会合作、学会生活，为他们未来的发展奠定坚实的基础。这种对教育育人职责的深刻理解和积极践行，不仅体现了教师的专业素养和教育情怀，更彰显了教师职业的伟大与崇高。

教师理想信念教育强调了三个重要方面的结合和统一：一是政治信仰与教育任务的结合。教师要将自身的政治信仰融入教育教学工作中，以确保教育工作的方向和目标与国家的教育方针政策保持一致。二是传统理想与时代责任的统一，即教育不仅要传承优秀的传统文化和教育理念，还要与时代的发展相适应。因此，教师需要将传统的教育理念和时代的教育需求结合起来，以更好地适应社会的发展和学生的成长。三是理想信念与自己的育人初心和教育使命的统一，即教师在追求个人价值的同时，也需要关注社会的需要和期望，以实现个人价值和社会价值的双重提升。

（二）教师的理想信念教育内涵

在新时代的背景下，高校教师无疑是教育事业中的关键力量，其理想信念对社会主义建设起着至关重要的作用。要理解高校教师理想信念教育的意义，我们需要把握其与传统教师思想政治教育的关系和区别，同时明确其目标和实施途径。

高校教师的理想信念教育与传统的教师思想政治教育在目标和方式上有所区别，但二者之间也存在着密切的联系。传统的教师思想政治教育主要集中在对教师的价值观、世界观的塑造上，强调的是通过系统的理论学习和思想政治课程来引导教师树立正确的思想观念。其核心任务是让教师认识到社会主义核心价值观的重要性，理解社会主流思想的内涵，增强集体主义精神。相比之下，高校教师的理想信念教育则不仅是对教师个人价值观和思想观念的培养，更涉及教师如何将这些理想信念内化于教学实践，如何通过自身的

行为和言传身教影响学生，这种教育更具针对性和实践性，需要根据教师的实际情况设计具体的培训和引导方案。

此外，高校教师理想信念教育的目标在于帮助教师树立科学的理想信念，使其能够服务于中国特色社会主义教育。因此，在实际教学过程中，高校教师理想信念教育需要通过有目的、有计划的教学活动来进行，这些教学活动应当包括理论学习、思想交流、实践活动等多方面内容，例如，高校可以通过组织专题讲座、研讨会等，邀请专家学者对教师进行思想政治理论的系统讲解；可以设立教师培训班、工作坊等，为教师提供职业发展和心理素质提升的机会；可以建立教师互助小组、团队等，促进教师之间的思想交流和经验分享。

（三）新时代高校教师理想信念教育的意义

理想信念教育对于高校教师个人发展以及学校整体进步具有深远的影响。在宏观层面上，高校教师理想信念教育是主流意识形态建设的核心环节，其直接服务于党和国家的大局，有助于在全社会尤其是教育领域内形成积极向上的价值导向。通过对教师开展理想信念教育，可以引导教师坚定社会主义核心价值观，增强"四个自信"，从而为国家培养出德才兼备的社会主义建设者和接班人。在微观层面上，理想信念教育对师资队伍建设和教师个人发展也起到了促进作用。首先，通过系统的理想信念教育，教师的思想觉悟和职业道德水平能够得到显著提升；其次，理想信念教育能够为教师提供清晰的职业导向，使他们在教学和科研工作中能够更好地实现个人价值与社会价值的结合。

1. 加强主流意识形态建设的重要保障

高等教育，作为社会知识体系传承与创新的高地，承载着为国家培养未来栋梁的重任，在这一过程中，意识形态教育不仅仅是课程安排中的一项内容，更是贯穿教育全过程、影响深远的灵魂工程，关乎着高等教育的本质属性和价值取向，决定了教育的方向和人才培养的质量。而通过对教师开展理

想信念教育，我们能够筑牢教师的思想防线，提升其政治敏锐性和鉴别力，进而为新时代背景下加强主流意识形态建设提供重要保障。

2. 推动"为党育人为国育才"教育使命的实现

社会主义性质要求高校培养那些坚决拥护党的领导、胸怀祖国的人才。这一要求不仅是社会发展的迫切需要，也是教育的根本任务。而理想信念教育的核心目的，就是引导教师将为祖国培养人才的理念融入教育教学实践，通过不断提升自身的思想觉悟和教育水平，真正落实立德树人的根本任务。

3. 助力"三全育人"教育格局的构建

高校一线教师，作为与学生日常接触最为频繁、影响最为直接的群体，他们的理想信念、道德情操、学术态度乃至生活方式，都在无形中成为学生的榜样和参照。一位拥有坚定理想信念、高尚道德情操的教师，能够以其人格魅力感染学生，激发学生的内在动力，引导他们树立正确的"三观"，勇于追求真理，敢于担当责任。相反，若教师自身理想信念模糊、道德失范，则可能对学生产生负面影响，甚至误导其人生方向。因此，加强高校教师理想信念教育，不仅是提升教师个人素养的关键，更是推动"三全育人"大格局构建的重要基石。

4. 帮助高校教师树立"教育者先受教育"的理念

在《费尔巴哈提纲》中，马克思指出："教育者本人一定是受教育的。"[1]从这里可以看出，教师作为教育者，肩负着传承文化和培养人才的重任，其素质水平直接关系到教育的成效和质量。因此，教师在教育他人的同时，需要不断自我教育和自我提升。

三、进行理想信念教育的策略

当前高校教师的理想信念教育面临着诸多挑战，其主要原因在于教育缺乏系统性，往往以零散、碎片化的形式存在。这种情况使得理想信念教育的

---

① 马克思，恩格斯. 马克思恩格斯选集（第1卷）[M]. 北京：人民出版社，2012.

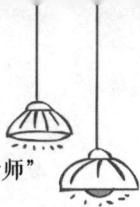

影响力难以持久。为了解决这一问题，加强教育效果，首先需要明确教育任务，明确其核心目标和具体任务，避免教育内容的随意性和片面性。其次必须坚持原则，确保教育内容的科学性和准确性，以增强教育的针对性和实效性。同时，应优化教育内容，使其更加贴近时代发展。

（一）明确理想信念教育的任务

新时代背景下，理想信念教育的目标是引导教师在实际工作中始终坚持正确的政治方向，落实立德树人任务，树立崇高的职业理想，而这不仅要求教师们在教育教学过程中，充分体现社会主义核心价值观，还要求教师们必须认真研究和把握新时代的教育方针政策，将其融入日常教学，形成科学合理的教育方法，从而为国家和社会培养出更多德才兼备的优秀人才。

1. 勇担新时代历史使命

新时代的世界大变局，带来了国际政治、经济、科技等方面的深刻变革，这些变革对人才培养提出了新的要求。在这一背景下，高校教师面临着巨大的压力和责任，他们不仅需要清晰地认识到这些变化对教育和人才培养的影响，还需积极采取应对措施，以确保教育质量和学生发展的持续性。

（1）立足时代要求，提升教育教学质量

在新时代的背景下，我国教育领域面临的主要矛盾是人民对教育高质量发展的需要和现实不平衡不充分的发展之间的矛盾。解决这一矛盾的关键在于办好人民满意的教育，并推进教育的高质量发展，而这就需要教师的全面发展和学校软硬件实力的提升。

教师是教育的主体之一，其素质和能力直接影响着教育质量的高低。然而，当前部分高校教师在理想信念、教学模式等方面存在一些问题。一方面，部分教师的理想信念不够坚定，对教育事业的热情和责任感有所欠缺，这在一定程度上影响了他们的教学质量；另一方面，一些教师的教学模式仍然停留在传统的讲授式教学上，对与时代同步的、创新的教学方法了解不足，这种陈旧的教学模式难以激发学生的学习兴趣和主动性，也不能有效满足新时

代对复合型、创新型人才的需求。因此，提升教师的理想信念、更新教学理念和方法，是解决当前教育矛盾的重要措施。

（2）坚定理想信念，抵御不良思潮

现如今，绝大多数的高校教师都是在改革开放的春风下成长起来的，他们是国家快速发展与高等教育普及化的直接受益者，也是推动我国教育事业不断向前的重要力量。然而，正是这样一群在和平、繁荣环境中成长起来的教师，其成长经历与老一辈知识分子相比，有着巨大的差异。首先，从历史背景来看，老一辈知识分子大多经历了国家从动荡走向稳定、从贫弱迈向富强的全过程，他们的青春岁月往往伴随着时代的风雨洗礼，这些经历不仅锤炼了他们的意志品质，也赋予了他们深厚的家国情怀和丰富的社会阅历。相比之下，新时代的高校教师大多成长于一个相对稳定、物质条件日益改善的社会环境中。他们虽同样怀揣着对知识的渴望和对教育的热爱，但相对缺乏了老一辈那种在逆境中磨砺出的坚韧与敏锐的社会洞察力。其次，从职业路径来看，许多新时代的高校教师遵循着"从学校到学校"的直线发展模式，即完成从本科、研究生到博士阶段的学习，紧接着便步入高校讲台，开始其教学生涯。这种单一的成长路径，虽然确保了他们在专业知识上的深厚积累，却也使得他们与社会其他行业的接触相对较少，社会实践经验相对匮乏。这种"象牙塔"内的生活，虽为学术研究提供了宁静的土壤，但也可能限制了他们对学生未来职业发展需求的深入理解，以及对学生可能面临的社会挑战的充分预估。

此外，由于经济的快速发展，社会结构和价值观念也发生了深刻变化。在这个过程中，社会中的不良思潮和错误观念也逐渐浮现。然而，面对这些不良思潮和错误观念，部分教师未能有效抵御其侵袭，他们或许被物欲横流的社会氛围所吸引，沉迷于享乐之中，忽视了教育工作的神圣使命；或许在纷繁复杂的思想浪潮中迷失方向，导致信仰迷茫，理想信念淡化。这种状况不仅严重损害了教师职业的尊严与形象，更对高等教育的性质和方向构成了潜在威胁。因此，加强高校教师理想信念教育，帮助其抵御不良思潮，不仅

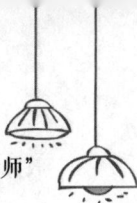

是提升教师队伍整体素质的迫切需要，更是保障高等教育健康发展、培养时代新人的必然要求。

2. 坚持正确的政治方向

社会主义的本质要求高校不仅仅要对人才的知识水平、实践能力进行培养，更要对人才的政治方向进行引导。因此，高校教师必须提高政治站位，坚守政治方向，保持正确的政治信仰，以确保教育工作的正确性和有效性。

（1）明确社会主义学校的政治属性

自古以来，教育与政治便如同车之双轮、鸟之双翼，紧密相连，互为支撑。国家的兴衰存亡，往往与教育的质量及其政治导向密不可分。例如，在我国悠久的历史长河中，无论是春秋战国的百家争鸣，还是近现代以来的教育改革，无不深深烙印着政治的影子，旨在培养符合当时社会需求和统治阶级意志的人才。进入新时代，我国教育事业的发展被赋予了新的历史使命和时代特征。面对世界百年未有之大变局和中华民族伟大复兴的战略全局，我国教育的根本任务被明确为立德树人，即培养德智体美劳全面发展的社会主义建设者和接班人。这一任务的提出，不仅体现了教育对个人全面发展的重视，更凸显了教育服务国家发展大局、服务人民根本利益的政治属性。因此，高校教师必须深刻认识到自身肩负的政治责任，将"为党育人、为国育才"的理念内化于心、外化于行。在课堂教学中，高校教师应充分利用这一"主渠道"，通过生动的教学案例、深刻的理论阐释、丰富的实践体验，激发学生的学习兴趣，引导他们深入思考国家的发展、民族的复兴以及个人的责任与担当。同时，教师还应以身作则，通过自身的言行举止，传递正能量，成为学生心中的榜样。这种以身作则的教育方式，不仅能够增强学生对知识的信服力，更能激发学生对理想信念的共鸣与追求。

（2）做好真理阐释，坚定政治立场

做好真理阐释、坚定政治立场是高校教师必须遵守的重要原则。为了坚定政治立场，教师可以采用多种方式进行理论学习。传统的课堂学习和阅读经典著作是必要的，除此之外，也可以通过参加学术研讨会、研究课题、交

流经验等方式，进一步加深对理论的理解。与同行的讨论和交流，能够激发新的思考，帮助教师不断更新自己的理论知识。此外，教师还可以借助现代信息技术，通过网络课程、在线讲座等方式获取最新的理论成果，这些都是提升理论水平，坚定政治立场的有效途径。

3. 树立崇高的职业理想

在历史的长河中，人类社会每一次跨越性的进步都离不开教育的力量。而在这宏伟的教育大厦中，教师无疑是那最坚实的基石，他们用自己的智慧与汗水，默默耕耘在三尺讲台上，为一代又一代的学子点亮知识的灯塔，引导他们探索未知，追求真理。在快速变化的社会背景下，高校教师更需具备深厚的学识、宽广的视野、高尚的情操及不断创新的精神，以适应时代的需求，培养出具有国际竞争力的高素质人才。然而，要实现这一目标，加强高校教师的理想信念教育、引导他们树立崇高的职业理想显得尤为重要，只有这样，高校教师才能够正确看待自己的职业，勇敢面对挑战，从而更好地为国家和社会的发展贡献力量。

（1）将教师职业看作自己毕生的事业追求

将教育视为终身事业并树立崇高职业理想是高校教师应有的基本素养。教师职业应当是教师毕生的事业追求，这种认识要求教师在职业生涯中始终保持对教育的热爱和执着，把教育事业看作是作为自己人生的追求和使命。只有真正将教育视为终身事业，教师才能够在教学中投入更多的热情与精力，充分发挥其在学生成长过程中的作用。

（2）正视困难和挑战，坚定职业信念

面对职业挑战，勇敢坚持信念，实现个人和社会的全面发展是高校教师必须具备的品质。在教育领域，教师常常面临各种挑战，包括教育资源的短缺、教学方法的老旧、学生需求的多样化等，这些挑战不仅考验教师的专业能力，也对其心理素质提出了更高的要求。为此，高校教师必须勇敢面对这些挑战，保持积极的心态和不断进取的精神，只有这样，才能够在复杂多变的教育环境中保持稳定的教学质量。

（二）坚持理想信念教育的原则

在当今这个日新月异的时代，高校作为知识传播、文化传承与创新的重要阵地，教师的理想信念直接关系到国家未来的发展方向与社会的整体精神风貌。因此，高校教师理想信念教育的目的不仅在于塑造个体的精神世界，更在于培育一支能够引领社会风尚、传播科学真理的高素质教师队伍。这一过程的成功与否，关键在于高校能否在坚持教育原则的基础上，不断探索与实践适应新时代需求的教育模式与路径。

1. 兼具政治意识和学术水准

高校教师的理想信念、政治立场及学术造诣，直接影响着学生的世界观、人生观和价值观的形成，乃至国家未来人才的质量和社会发展方向。因此，在高校教师理想信念教育的过程中，坚持政治意识与学术水准并重，成了极为重要的原则。

（1）强化高校教师的政治意识

强化政治意识是高校教师理想信念教育的基础。教师作为教育工作的重要一环，不仅要具备深厚的学术背景，更应具有强烈的政治意识和责任感。教师的政治意识涉及对国家政治方针的认识和理解，以及对社会热点问题的正确态度。在当前复杂多变的国际国内形势下，教师必须时刻关注政治动态，坚守正确的政治方向，确保在教学过程中正确引导学生。为此，高校教师需要加强对中国特色社会主义理论体系的学习，这不仅能够提高教师的政治觉悟，也能够帮助教师在教学中更加自觉地融入国家的发展战略和政策要求。另外，高校教师应当在教学中坚持正确的政治方向，这意味着在传授知识的同时，教师要注意引导学生正确理解和评价国家的政策和社会现象。同时，教师还需严守政治立场，抵制各种错误的政治观念和不良影响，做到自觉维护课堂教学的正确性和科学性。

（2）加强高校教师的学术水平培养

在当今这个日新月异的时代，科技进步与社会变革正在以前所未有的速

度推动着全球的发展。这一背景下，各行各业对人才的要求不再仅仅局限于专业技能的掌握，而是更加注重人才的创新能力、批判性思维、跨学科整合能力及良好的人文素养。这一转变，无疑对高等教育体系提出了更为严峻的挑战和更高的要求，因而使得高校教师的职责远远超出了传统意义上的知识传授，使得他们不再仅仅是科学理论知识的传播者，更是学生学术思维培养的引路人，是学生探索未知世界的同行者。

然而，要实现这一目标，仅依靠教师个人的专业素养是远远不够的。因此，对高校教师开展思想政治教育显得至关重要。为此，高校需要在"知—信—意—行"这一路径的指导下，加强高校教师的学术水平培养，帮助教师树立正确的世界观、人生观和价值观，确保他们在教育教学活动中能够坚持正确的政治方向，传递积极向上的价值观念。"知"指的是知晓马克思主义理论的学术性，即需要帮助高校教师认识到这一点；"信"则强调信仰与信念的重要性，即需要帮助高校教师坚定对中国特色社会主义道路、理论、制度、文化的自信；"意"指的是意志与意愿，即需要帮助高校教师具备坚定的意志和强烈的责任感，愿意为培养新时代人才付出努力；"行"是最终的落脚点，即要让教师将所学到的一切转化为实际行动。此外，教师也应注重自我提升，其可以通过参加学术交流、科研合作等方式，不断提升自身的学术水平和教学能力，以更好地适应新时代对高等教育的要求。

（3）坚持政治性与学术性的辩证统一

在进行理想信念教育的过程中，我们必须注重引导高校教师树立起一种学术思维，使他们能够从科学的角度出发，深入研究和探索教学育人规律以及学生的成长规律。这种教育方式要求教师在专业课程的教学过程中，能够深入挖掘课程内容中所蕴含的思政元素，将价值导向巧妙地融入其中。教师们需要时刻牢记"育人"的重要性，将政治意识与学术思维有机结合，使专业课程成为生动的育人的课堂，使学生在学习专业知识的同时，潜移默化地接受到思想政治教育的熏陶。

2. 结合理论学习和教育实践

（1）理想信念教育要在实践中发挥作用

理想信念教育必须在实践中才能发挥作用。实践是检验真理的唯一标准，也是理想信念教育的动力源泉。在开展高校教师理想信念教育时，高校应摒弃"纸上谈兵"的策略，而是应当鼓励并引导教师走出书本，走进社会，通过实地考察、志愿服务、社会实践等多种形式，亲身体验社会生活的真实面貌，感受时代脉搏的跳动。在实践中，教师不仅能够加深对理论知识的理解，更能直面社会问题，思考个人价值与社会责任的结合点，从而激发内心深处对理想信念的认同与追求。

（2）在教学实践中坚定理想信念

将理想信念教育融入教师的本职工作，不仅是提升教师队伍整体素质的必然要求，也是促使其坚定理想信念的重要保障。为此，首先需要引导高校教师在教学实践中强化认同，在解决实际问题中坚定理想信念。在教学实践中，面对复杂多变的教学环境和层出不穷的教育挑战，教师应通过具体的教学行为强化对教育理念、教育目标的深刻认同，这也是坚定其理想信念的重要途径。同时，解决教学过程中的现实问题，如学生个体差异大、教育资源分配不均等，不仅能够锻炼教师的专业能力，更能在实践中检验和强化其理想信念。当教师在帮助学生克服困难、促进学生成长的过程中收获成就感与满足感时，其内心的教育信念将得到进一步巩固与升华。这种在实践中不断深化的认同与坚定，能够促使教师形成更加科学、坚定的教育观和人生观，为培养德智体美劳全面发展的社会主义建设者和接班人奠定坚实的基础。其次需要在工作中实现知与行的统一。高校教师的理想信念教育，不能仅停留在理论学习的层面，更需要在教学实践中得以落实和检验。一方面，通过参与教学实践，教师可以直观地感受到理想信念对于提升教学质量、促进学生全面发展的重要性。这种切身的体会将促使教师更加自觉地加强理论学习，不断完善自我，形成良性循环。另一方面，实践中的反馈与调整也是理想信念教育不可或缺的一部分。在教学实践中，教师会遇到各种预料之外的情况

和问题，这些都需要教师运用所学理论进行分析和解决。这一过程不仅考验了教师的专业素养，也考验了其理想信念的坚定程度。只有在实践中不断检验和调整，教师的理想信念才能更加稳固，更加符合时代发展的要求。

3. 发挥教育的主导性和主体性

理想信念教育的有效性不仅在于其内容的丰富性和方法的科学性，更在于教育过程中主导性和主体性的有机结合。主导性和主体性的统一，是实现教育目标、推动有效学习的重要保障。在理想信念教育中，这种统一尤其重要，因为它关系到施教者与高校教师之间的互动及教育的实际效果，具体来说，施教者与高校教师应当进行合理互动、根据需求调整教育方法，以及通过现实案例分析提升教育的感召力和认同感，都是实现这一目标的重要途径。

（1）坚持主导性和主体性的合理互动

施教者在教育过程中扮演着主导的角色。他们不仅需要具备丰富的知识储备和高尚的道德素养，还需要敏锐地洞察高校教师的需求，并根据这些需求调整教育方法。施教者的主导性体现在他们对教育目标的设定、教育内容的选择及教学方法的设计上，其应当通过科学的教学计划和策略，确保教育的方向和目标能够切实实现。然而，仅依靠施教者的主导作用是不够的。高校教师作为教育的主体，其主动参与和反馈同样至关重要。高校教师的主体性体现在他们的学习态度、学习方法及对教育内容的接受度上。施教者需要根据高校教师的反馈不断调整和优化理想信念教育的方法，以适应不同高校教师的需求，从而提高教育效果。

值得注意的是，施教者与高校教师的互动，并不是单向的信息传递，而是双向的沟通和反馈。施教者应当鼓励高校教师积极表达自己的意见和建议，关注他们遇到的问题和困难，并根据这些信息及时调整教学策略。这样的互动能够帮助施教者更好地了解高校教师的真实需求，从而提供更有针对性的指导和帮助。同时，高校教师的主动参与也十分重要，能让他们在教育过程中更具主动性和创造性。只有在这种合理的互动中，理想信念教育的主导性和主体性才能得到有效的统一，理想信念教育的目标才能够顺利实现。

（2）在分析问题解决问题的过程中提升理想信念教育的感召力

在理想信念教育中，通过分析和解决问题来提升教育的感召力和认同感，是具有重要现实意义的。理想信念教育不仅是对高校教师进行理论知识的灌输，更重要的是通过实际问题的分析和解决，使高校教师能够真正理解和认同所传递的理想信念。施教者应当结合现实案例，展示理想信念在实践中的应用效果，以增强教育的说服力和感召力。

4. 体现针对性和特殊性

由于高校教师具有独特的群体特征和专业背景，因此，高校教师的理想信念教育应更加具有针对性和有效性。为了实现这一目标，施教者必须深入了解高校教师的特点，并结合这些特点设计和实施理想信念教育。

（1）增强理想信念教育的针对性

理想信念教育应当针对高校教师的特点，结合其专业实际，采取不同的教育内容和手段。高校教师群体的特殊性主要体现在以下几个方面：在专业领域内具有较高的学术造诣和研究能力，对专业知识有深入的理解和掌握；在教学过程中扮演着重要的引导者和教育者角色，负责将知识传递给学生；在工作中面临着较大的科研压力和教学负担，需要平衡教学、科研和个人生活等多重角色。针对高校教师的特点，理想信念教育可以结合他们的专业实际，制定相应的教育内容，例如，高校可以通过举办专题讲座、学术研讨会等形式，将理想信念与专业领域的实际问题结合起来，让教师在了解和解决学科前沿问题的同时，思考和实践理想信念的应用。这种结合不仅能够增强教育的现实性和实用性，还能够使教师在专业发展中感受到理想信念的支持和指导。同时，理想信念教育的手段也应多样化，除了传统的讲座和研讨会，高校还可以利用现代信息技术，如网络课程、在线讨论平台等，提供灵活多样的学习方式，以适应不同教师的需求和时间安排。

（2）解决实际问题和思想问题相结合

理想信念教育需要将解决实际问题和思想问题相结合，正视教师面临的实际困难，解决教师的生活问题。众所周知，高校教师在日常工作中不仅面

临着教学和科研的压力，还常常需要处理各种实际问题，如工作负担、职业发展压力、生活压力等，这些实际问题不仅影响到了教师的工作效率和心理状态，还可能对其理想信念的认同产生影响。因此，理想信念教育在设计和实施过程中，必须综合考虑教师的实际困难，提供切实有效的支持和帮助。为此，施教者应当关注教师的实际问题，如薪酬待遇、职业发展空间、生活福利等，通过与相关部门的合作，为教师争取更多的资源和支持，改善教师的工作和生活条件。只有当教师的实际困难得到解决，他们才能够更加专注于教学和科研，更加坚定地践行和传递理想信念。

（3）他育与自我教育相结合

另外，理想信念教育应结合他育与自我教育，进而激发教师的学习主动性。他育与自我教育的结合，是提升教师理想信念教育效果的关键。一方面，他育，即外部教育和引导，为教师提供外部的知识和观念引导；另一方面，自我教育，即教师自身的主动学习和内在反思，能够帮助教师自觉地认同和践行理想信念。两者的结合，能够形成一种积极的教育氛围，激发教师学习的主动性，提高理想信念教育效果。通过这种多元形式的教育和激励，教师能够在不断的学习和实践中，加深对理想信念的理解和认同，从而在教学和科研中更好地践行这些信念，并使其成为教师工作和生活的一部分。

5. 融合过程性与成效性

在高校教师理想信念教育中，注重过程与成效的统一是确保教育效果的重要原则。仅关注教育过程而忽视实际效果，可能导致教育目标难以实现，教师的理想信念也难以有效内化。为了实现理想信念教育的目标，需要在教育过程中明确成效导向，并通过多方面的努力确保教育活动不仅能够遵守过程的规范性，而且能够真正促进教师个人理想与社会理想相融合。

（1）在教育过程中体现教育成效

在开展理想信念教育的过程中，应适时体现出教育成效，确保教育活动能够帮助教师树立和内化理想信念，进而实现个人理想与社会理想的融合。具体来说，理想信念教育过程中的每一环节都应与教育成效紧密结合。首先，

在教育内容的选择上，应确保其能够直击教师在教学和科研中的实际问题和思想困惑。通过分析教师面临的挑战，如科研压力、教学负担等，设计与这些问题相关的教育内容，使教师能够在解决实际问题的过程中，逐步树立和巩固理想信念。其次，教育手段的选择也应以成效为导向。在教育过程中，除了传统的讲座和培训，现代信息技术的应用，如网络课程、在线讨论平台等，可以为教师提供更加灵活和个性化的学习方式。这些手段能够帮助教师更好地结合自己的实际情况进行学习，从而加强教育的效果。此外，通过互动式的教学方法，如小组讨论、案例分析等，可以增强教师的参与感和认同感，使他们更加坚定理想信念。最后，定期对教育活动的成效进行评估，了解教师对教育内容的接受度和实际效果，可以及时调整和优化教育策略。这种评估机制能够帮助施教者及时发现问题，改进教育方法，确保教育活动能够有效地促进教师的理想信念教育目标的实现。

（2）形成理想信念教育的合力

高校应当形成理想信念教育的合力，为此，高校需要考虑教师的主观因素，引导他们自我学习、反省和提升，营造同向发力的教育环境，形成稳定的价值认同。形成教育合力的首要任务是明确各方的分工。在高校教师理想信念教育中，除了施教者，还包括学校管理者、同行教师，以及教师自身等各方角色。施教者需要设计和实施有效的教育活动，并提供必要的支持和资源；学校管理者应当为教育活动提供必要的政策支持和资源保障；同行教师可以通过分享经验、相互支持等方式，为理想信念教育提供支持；而教师自身则需要积极参与教育活动，进行自我学习和反省。通过各方的协作与支持，高校内部能够形成一个强大的教育合力，推动理想信念教育的深入开展。

（三）优化理想信念教育的内容

新时代高校教师不仅要明确自身的角色定位，还需深刻理解并践行国家对人才培养的战略方针。理想信念教育，作为教育体系的重要组成部分，应当针对教师的特征与职业需求进行精准设计和优化。因此，在理想信念教育

中，必须结合教师的实际工作情况和教育任务，强调教育内容的针对性和特殊性，确保其能够有效提升教师的理想信念水平及教育教学的质量。

1. 在教育实践中强化中国特色社会主义共同理想

中国特色社会主义共同理想不仅是团结民族、实现国家复兴的精神支撑，也是理想信念教育中的核心内容。在这个伟大的历史进程中，高校教师应深刻理解中国特色社会主义共同理想的内涵，并将其融入自身的教学和科研工作中。在高校教师的教育教学过程中，将个人的职业理想与国家的发展目标紧密联系起来，将对国家和社会的责任感转化为坚定的理想信念，这一过程既实现了自我价值，又为国家的繁荣和社会的发展贡献了力量，从而形成了强大的凝聚力和向心力。

（1）通过深入学习历史，高校教师能够更加坚定中国特色社会主义共同理想。历史不仅是过去的记录，更是未来的指引。历史经验表明，社会主义是拯救中国和推动中国发展的必然选择。理解这一点，对于高校教师坚定理想信念、明确教育方向至关重要。历史的进程告诉我们，中国的革命、建设和改革的成功都离不开社会主义的道路。从中国古代的封建制度到近现代的半殖民地半封建社会，再到新中国成立后的社会主义建设，历史一再证明，社会主义是适合中国国情的道路，是中国走向强盛的必由之路。理想信念教育应当引导高校教师从中国的视角出发，对历史发展进行深刻的分析与理解，当然，这种分析不能仅停留在理论层面，更应深入实践。高校教师应通过历史的镜头来看待当下，认识到中国特色社会主义道路的历史必然性和现实意义。这种视角的转变，能够帮助高校教师更清晰地认识到，社会主义制度不仅是对中国历史的继承与发展，更是对中国未来的引领和指引。

（2）将理想信念教育与教书育人的实践相结合，将立德树人的职业责任化为不可撼动的理想信念。理想信念不仅是个人精神世界的支柱，更是推动社会进步的重要力量。高校教师作为知识的传播者和学生成长的引路人，将理想信念教育与日常教学实践紧密结合，能够有效地提升高校教师的职业责任感和使命感，使立德树人成为教师职业生涯中不可撼动的信念。理想信念

教育需要在实践中获得动力，为此，高校教师在教学过程中，可以通过与学生的互动、参与学术研究等方式，将理论知识与实际经验相结合，从而在实践中不断检验和升华自己的理想信念。此外，由于教学工作具有挑战性和复杂性，因此需要教师具备高度的耐心和专业能力，在这一过程中，教师将不断提高自己的教育教学能力，提升教育水平，从而锤炼自己的意志，坚定教育理想，增强自身的才干。

（3）将理想信念教育与解决高校教师现实问题相结合，在解决现实问题的基础上激励高校教师拥护、追求共同理想。理想信念教育的根本目标在于培养教师坚定的信念和高尚的职业操守，但如果不能与教师面临的实际问题相结合，这一教育目标可能难以实现。理想信念教育应立足于现实，结合中国特色社会主义共同理想，针对教师在工作中遇到的生活、职称、教学、学术和科研等方面的问题，提出切实可行的解决方案。解决教师面临的实际问题，与此同时，还需要关注教师的心理健康和工作环境。此外，为了增强理想信念教育的吸引力，必须让教师感受到高校解决实际问题的成效，为此，高校应通过实施有针对性的措施，及时回应教师关切的问题和诉求，使他们在享受实实在在的利益和支持的同时，逐步培养对中国特色社会主义共同理想的认同和追求。

2. 在育人初心的实现中追求共产主义远大理想

高校教师在履行育人使命的过程中，应当将教书育人与共产主义理想信念有机地结合起来，实现个人理想与教育责任的有机统一。这不仅是个人价值的实现，更是教育工作的核心所在。在开展理想信念教育时，高校需要充分尊重教师的现实诉求与个体差异。教师作为教育的实施者，其个人的价值观、生活经验和职业需求不可忽视。因此，学校在推行理想信念教育时，应当注重对教师实际情况的了解与关怀，倾听他们的声音，理解他们的需求，以便制定出更加贴近实际的教育措施。同时，高校也应引导教师从更高层次、更广阔的视角理解远大的理想，通过深化对教育目标和价值的认知，促使教师从价值追求的层面积极认同和支持理想信念教育。

（1）教育高校教师通过社会实践实现人生价值，并使其意识到这并不是一种"空想"或"幻想"。教育不仅是传授知识的过程，更是教师实现自我价值、服务社会的重要途径。教师的理想信念教育应当深入引导他们认识到，个人的职业理想和远大的理想目标之间、阶段性目标和长远目标之间，实际上存在着内在的一致性。这种一致性为教师提供了一个明确的方向，使他们能够在教育实践中坚定不移地追求自己的理想。在教学的过程中，教师们可能会遇到教学方法存在问题、学生出现学习困难以及社会环境发生变化等困难。此时，高校教师的初心和理想信念将成为他们克服困难、继续前行的重要动力。通过对理想信念的不断强化，教师们能够在教书育人的过程中保持热情和投入，真正做到以身作则，进而培养出更多优秀的人才。教师通过教育实践中的奉献与努力，不仅实现了自身的人生价值，也为社会的发展和进步作出了重要贡献。在这种过程中，教师能够享受到来自学生成长的满足感和幸福感，这种感受是对他们职业理想和社会贡献的最直接体现。

（2）教育高校教师不断突破自我，在实现"全面而自由的发展"中坚定信心。教师需要不断反思和提升自己，勇于打破舒适区，以便适应快速变化的教育环境和社会需求。通过主动学习最新的教育理论和实践技巧，教师可以不断提升自己的教学水平和专业素养，而在这一过程中，坚定远大理想能够为教师提供持续的动力。拥有远大理想的教师，会更容易在面对困难和挑战时保持积极的态度，并且能够在教育过程中注入更多的激情和创意。这种理想驱动的状态不仅能激励教师不断进行自我提升，还能推动他们在教学和科研方面取得更大的突破。教师的远大理想还能够激发他们的主体意识，使他们在教育实践中更加主动地寻找创新和改进的方法，从而在教育领域取得显著的成绩。

（3）教育高校教师正确处理个人理想与远大理想的关系，在教育教学实践中实现人生价值。个人的理想和远大理想之间往往存在一定的差异，其中，教师需要找到自己的位置，并将这种差异转化为推动自我成长和教育进步的动力。在实际工作中，高校教师常常面临理想与现实之间的冲突。例如，理

想中的教育可能与现实中的教育资源、政策环境、学生需求等存在差距，对此，高校教师必须理性面对这些差距，找到平衡点。在教育过程中，教师不仅要关注个人的发展，还要考虑如何将个人的理想与远大理想相结合。这种结合不仅能帮助教师在实现个人理想的同时，为社会的进步贡献出巨大的力量，还能为学生树立正确的榜样，使他们在成长过程中更好地理解个人理想与远大理想的关系，从而实现更高层次的自我价值和社会价值。

（4）教育高校教师在履行教书育人职责的过程中，必须将远大理想转化为现实动力，从而为教育事业贡献力量。教师应积极接受马克思主义世界观，它不仅为教师提供了科学的世界观和方法论，还能够帮助教师提升社会责任感。此外，中国特色社会主义教育事业不仅关乎个人的成长，也涉及国家的未来和社会的进步。因此，教师的坚定意志和理想信念应当为中国特色社会主义教育事业贡献力量，教师需要通过不断提升自我、优化教学方法，进而为培养社会主义事业的建设者和接班人尽职尽责。总之，将个人的理想与国家的教育目标结合起来，教师不仅能够实现自身的教育理想，还能为社会的全面发展作出积极贡献。

（四）创新理想信念教育的路径

在新时代背景下，教师的理想信念教育应紧密结合时代特征和教师的实际情况，持续推动改革与创新。为提升理想信念教育的针对性和效果，高校可以从以下四方面入手。

1. 激发"双主体"教育效能

创新理想信念教育可以从"双主体"着手，即施教者和高校教师共同作为主体，实现双向互动。这种"双主体"模式不仅关注教育过程中的教育者的作用，还充分尊重了高校教师的主体地位，进而使理想信念教育能够通过双向互动来提升教育效果。

施教者（高校及相关部门）是理想信念教育的实施者和引导者，其重要性不言而喻。施教者应当在创新理想信念教育路径方面发挥领导和组织作用，

其需要制定科学的教育目标和策略，提供充足的资源和支持。高校教师作为受教育者，其主观能动性和积极性是提升理想信念教育效果的关键。高校在进行理想信念教育时，应充分尊重高校教师的个人特点和需求，关注他们的意见和反馈。通过施教者和高校教师的双向互动，理想信念教育能够更加精准地对接高校教师的实际需求和适应社会发展的趋势。

2. 强化教师自我教育的能动自觉

高校教师普遍经历了长期的系统性学习，其不仅知识结构完善，而且在人格的塑造和价值体系的构建上也已相对成熟。因此，要想解决高校教师的理想信念的问题，首要在于唤醒并强化其自我教育的能动自觉。所以，理想信念教育应当着眼于激发教师的内生动力。内生动力源于教师对自身职业价值的深刻认同、对教育事业的无限热爱以及对社会责任的主动担当。当教师深刻理解到理想信念不仅是个人精神的灯塔，更是引领学生健康成长、塑造国家未来希望的重要力量时，他们便会自然而然地产生学习与实践的内在需求，实现从"要我学"到"我要学"的根本转变。这种转变，不仅使学习更加高效，也使理想信念教育的效果更加持久。

3. 构建"3+2"教育软环境

构建以国家、社会、家庭为三维支撑，以传统文化与红色文化教育为两翼的"3+2"教育软环境模式，是提升高校教师理想信念教育成效的有效途径。这一模式不仅有助于营造良好的教育生态，更能够激发青年教师的内在动力，引导他们成为有理想、有本领、有担当的时代新人，为实现中华民族伟大复兴的中国梦贡献青春力量。

4. 巩固主渠道拓展新途径

随着新时代的到来，我国社会经济发展迅速，文化多元、信息爆炸成为显著特征，这对高校教师的理想信念教育提出了新的更高要求。面对这一背景，我们必须深刻认识到，传统的高校理想信念教育模式已难以适应当前复杂多变的社会环境。因此，巩固主渠道拓展新途径成为提升理想信念教育质量的关键所在。在巩固课堂教学这一主渠道的基础上，高校应积极探索和拓

展新的教育途径和方法，比如，高校可以利用校园文化活动、社会实践、志愿服务等平台，将理想信念教育融入高校教师的日常生活和教学实践中，让高校教师在亲身体验中感悟和升华思想，同时，还可以借助新媒体、网络平台等现代技术手段，打造线上线下相结合的教育模式，拓宽理想信念教育路径。

第二节　培育有道德情操的教师

中华民族有着数千年的道德文化底蕴，无论是以孔子为代表的儒家思想，还是以老子为代表的道家思想，无不追求高尚的道德境界。可见，注重道德修养，是中国的优良传统。

"道德"这一概念在中国古代哲学中有着深远的渊源，其最早的系统性阐述可见于先秦时期道家学派的创始人老子的著作《道德经》。他指出："道生之，德畜之，物形之，势成之。是以万物莫不尊道而贵德。道之尊，德之贵，夫莫之命而常自然。"[①]此处，"道"被定义为宇宙自然规律与人类社会共同遵循的普遍真理；而"德"则涵盖了人类社会的道德品质、行为规范以及治理国家的原则。《论语·学而》中有子曰："其为人也孝弟，而好犯上者，鲜矣；不好犯上，而好作乱者，未之有也。君子务本，本立而道生"[②]。可见，"道"是人关于世界的看法，属于世界观的范畴。在当时道与德是两个概念，并无道德一词。《荀子·劝学》一书中指出："故学至乎礼而止矣，夫是之谓道德之极。"[③]此处提到的"道德"，是"道"与"德"二字的首次联合使用。"道德"（Morality）一词出自拉丁语"Mores"，其含义为风俗与习惯。

情操，"情"就是喜怒哀乐，"操"是操守。道德情操通常指道德情感和职业操守的结合，是构成道德品质的重要因素，不同社会和时代有不同的内

---

① 老子. 道德经［M］. 麦田，刘斌，译. 北京：华夏出版社，2009.

② 孔子. 论语［M］. 景菲，译. 西安：三秦出版社，2018.

③ 荀子. 劝学篇［M］. 长春：吉林出版集团有限责任公司，2011.

容和要求。"富贵不能淫，贫贱不能移，威武不能屈"是中国传统的一种高尚的道德情操。现在我们提倡的道德情操是批判地继承了历史上的优良传统，是社会主义的道德情感，表现为坚定的社会主义立场、深厚的社会主义情感和为实现共产主义理想不惜牺牲、坚强不屈的奋斗精神。道德情操是一种重要的精神力量，它对人的道德行为起着支持作用。

教师职业的特殊性质要求其从业者必须具备高尚的道德品质。一名合格的教师首先在道德层面上应当是无可挑剔的，而优秀的教师则应以身作则，成为以德育人的典范。教师不仅是知识的传递者，也是行为的示范者，其学术造诣与道德水准应相得益彰，教育成效很大程度上取决于教师的人格影响力。因此，教师应追求卓越，向优秀的榜样学习，不断提升自身的道德修养和人格魅力，并将正确的道德观念有效地传递给学生。

一、好老师要有道德情操

道德情操构成了优秀教师履行教育任务的关键素质。教师职业的本质属性要求其从业者具备崇高的道德品质，教师的职责在于培养学生的内在精神、生活观念和行为习惯，以实现教育的向善目标。教师在教育教学过程中，通过自身的言行举止，将道德情操传递给学生，起到潜移默化的引导作用。因此，一名合格的教师首先在道德层面上达标，而优秀的教师则更应成为以德育人的典范。《论语》中提到："其身正，不令而行。"[①]学生不仅会倾听教师的教诲，更会观察教师的实际行为，因为教师在学生心目中是为人的楷模。如果教师在道德判断和行为选择上存在问题，如何能承担起培育德行的重任？教师唯有立德为先、身体力行，学生方能以其为榜样，自觉地践行社会主义核心价值观。

具备高尚道德情操的优秀教师，应将敬业与关爱学生作为教育教学活动的核心原则。敬业，意味着全心全意投入职业；具有敬业与爱生精神的教师，

---

① 孔子. 论语 [M]. 景菲，译. 西安：三秦出版社，2018.

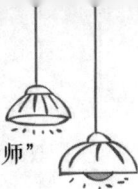

将致力于教育事业，关心学生成长；他们将严格要求自己，成为学生的表率；他们将细致严谨地进行教学，不知疲倦地教导学生；他们将持续学习，不断追求个人成长；他们将通过自身的努力，促进学生的发展。在我国中西部和边远农村地区的教师，正是依靠这种敬业爱生的精神，才能在艰苦的环境中坚守理想，不失追求，为农村学生铺设实现梦想的道路。一个有道德情操的好教师，应当效仿这些同行，摒弃急功近利的态度，远离功利主义的影响，专注于教育教学工作，将学生的需求放在首位，将自己的职业生涯扎根于教育事业。

一位具备高尚道德情操的教育工作者，应当在持续的自我提升过程中实现其道德理想，教师职业道德的培育不仅依赖于外部教育，更倚重于自我修养，每一位教师都应当追求成为一个品德高尚、思想纯粹、摒弃世俗趣味的人。"腹有诗书气自华"，教师的自我修养要在阅读中得以熏陶和提升。精神食粮对于心灵的滋养至关重要，教师应通过广泛阅读，尤其是深入研读中国古典诗词和经典文献，来培养自身的道德品质，从而深刻理解和坚守道德原则。知行合一，教师的自我完善还需在实际行动中得以体现。在教育教学的实践中，教师应严格要求自己，通过个人行为展现其价值观；在日常言行中，教师应不断自我反省，坚守伦理道德的底线，追求卓越，以此来展现道德之美。教师正是通过在道德追求中的知行统一，来展现其高尚与纯粹的人格，传承社会主义核心价值观和中华传统美德，引导学生正确把握人生方向。广大教育工作者应以培育和践行社会主义核心价值观为己任，坚持德育为先，坚持以人为本，为实现中华民族的伟大复兴培养德才兼备的人才。我们期望所有具备道德品质和情操的教师，都能遵循"要成才，先成人"的教育原则，致力于培养一代又一代合格的社会主义建设者和接班人。接下来，作者将从职业道德和专业情操两个维度，对教师的道德情操进行深入分析。

二、教师的职业道德培育策略

（一）教师职业道德内涵

教师职业道德，也称作"师德"，是指教师在进行教育教学活动过程中，

所应遵循的行为规范及必须具备的道德素养，它是针对教师这一特定职业所提出的道德要求。师德从根本上明确了教师在教育教学过程中应以何种思想观念、情感态度、工作作风来对待他人、处理事务，以便切实地履行自身职责，为社会作出贡献。作为调整教师与同行、学生、家长及其他社会成员之间关系的行为规范，师德是一般社会伦理在教师职业领域的具体化展现。

教师是一个集天下美德于一身的职业。教师职业道德主要由八个基本要素组成：职业理想、职业责任、职业态度、职业纪律、职业技能、职业良心、职业作风及职业荣誉。这些要素各自从不同维度揭示了教师职业道德的独特性质与内在规律，并且相互协同，共同构建了一个严密的教师职业道德体系。

教师这一职业的特性，要求其必须具备崇高的道德品质。合格的教师首先应当在道德层面达到标准，优秀的教师更应是以德育人、以德树人的典范。教师是学生品德修养的参照。卓越的教师应身体力行，指导并协助学生明确人生目标，特别是对青少年学生而言，要引导他们"系好人生的第一颗纽扣"。

教师的职业道德内涵丰富，但其本质就是以爱为核心，即教师对教育事业的热爱，教师对学生的关爱。在社会主义事业建设的新时期，教师身为广大劳动群众的一员，承担着塑造人类灵魂的重任，肩负着培育社会主义事业接班人的崇高使命。社会主义教师职业道德在继承古代师德精华的基础上，以新时期社会主义道德的核心原则和行为规范为指引，与时俱进，形成最先进的、符合时代要求的教师职业道德规范。

（二）师德所具备的特性

教师职业道德与一般的职业道德既有联系又有区别。这是因为两者在行为表现上既存在一些共性，又各自具备的特征。教师职业道德在某种程度上超越了一般职业道德，它所具备的全局观、前瞻性、引领作用以及示范效应等特质，是其他类型职业道德所无法比拟的。

1. 从教师的社会责任来看，师德具有全局性

从上到下的各级政府部门均高度关注教育事业，全社会也对教师素质寄

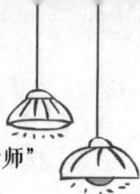

予厚望。这使得教师职业道德的重要性远超一般职业领域，成为各行各业的典范，彰显出其全局性的特点。

高素质教师队伍的师德建设需遵循以下准则：坚定拥护党的领导和社会主义制度，忠诚投身于人民教育事业；确立科学的教育理念、质量观念和人才观念，加强实施素质教育的主动性；持续提高思想政治觉悟和专业技能水平，秉持教书育人、为人师表的职业操守，敬业爱生；具备广博的专业知识和持续学习的自觉性，熟练掌握现代教育技术手段；遵循教育教学规律，积极参与科研活动，勇于在工作中创新实践；与学生建立平等互动的关系，尊重学生个性，实施因材施教策略，切实维护学生的合法权益。

2. 从社会地位来看，师德具有超前性

首先，师德具备前瞻性特质。为实现我国在世界民族之林的独立自主，教育需先行培养高科技人才，这要求教师必须率先提升自身综合素质。

其次，师德具有基础性意义。筑牢共和国繁荣昌盛的基石，就是通过教育为社会培育高素质人才，而教师则是这支建设大军的"导师"，其品德、立场和观念将直接决定人才品质的高低。

最后，师德展现超前性特点。鉴于党和国家将教育置于优先发展战略位置，教师的师德修养需超越常规，坚持"打铁还需自身硬"的原则。师德建设的超前原则可概括为："教育者须先受教育""要求他人做到之事，自己须先践行"。

3. 从教师职业及个人素质看，师德具有导向性

首先，师德构成素质教育的核心。教师的职业道德发挥着引领作用，其以身作则、内外一致的作风是教育方向正确的政治保障。

其次，坚持德育、智育、体育等多方面的发展，并将教育与社会实践相融合，这既是社会主义教育方针的体现，也是培养社会主义新型人才的质量基准。为确保在执行过程中不偏离初衷，教师必须保持高尚且纯粹的师德。

最后，为了培养具备"四有"素质的新人，教师需率先垂范，树立宏伟的理想信念，抵制陈腐思想的侵蚀，为学生注入积极向上的精神动力，彰显

其真心实意服务于人民的高尚情操。同时，教师应倡导艰苦奋斗精神，传承中华民族优秀的道德和革命传统，营造良好的道德风尚；加强法治观念，反对无政府主义及极端个人主义；树立正确的三观，妥善处理国家、集体与个人利益之间的关系。

此外，教师还需不断提升自身的思想政治素养和专业技能水平。

4. 从教师的人格评价来看，师德具有示范性

首先，教师所展现的"红烛精神"，正是师德超越普通道德规范，起到示范引领作用的典型表现。

其次，"为人师表"意味着教师以自身的卓越品德为学生及社会树立标杆，通过潜移默化的方式，对学生进行思想、行为及品德上的熏陶与塑造。

（三）培育师德的策略

教师的道德品质对人才培养的质量具有决定性影响。教师唯有自身秉持崇高的道德情操，方能在以身作则的教育实践中对学生发挥正面的引导作用，培育出德艺双馨的优秀人才。通过这些人才，教师所倡导的崇高道德得以在社会中传播，进而促进社会形成积极向上、向善的道德风尚。

1. 把握社会舆论新方向

在当代社会中，个体深受多元化舆论环境的浸润，而复杂多变的舆论氛围亦会对人们的观念产生深刻影响。当前，教师职业面临的负面评价增多，与不良社会舆论的影响密切相关。在培育教师职业道德的过程中，舆论的引导作用不容忽视。因此，确保舆论导向的正确性至关重要。然而，部分媒体为追求点击率和关注度，对教育事件进行恶意炒作和过度宣传，导致了错误舆论导向的形成，进而严重损害了教师群体的形象。鉴于此，对媒体运作进行规范化管理显得尤为必要。首先，各类媒体应秉持理性原则，客观报道教育事件，着重挖掘并宣传教师队伍中的杰出代表及其卓越事迹，展现教师的职业风采，通过正面典型来强化社会对教师群体的正面认知。这不仅能激发其他教师的教学热情，促进其师德修养的提升，还能改善社会对教师的看法，

塑造尊师重教的社会风尚。其次，在报道师德失范事件时，需要做到客观公正、全面报道，展现教育的整体正面形象，避免夸大其词、过度负面渲染。应引导新教师从这些事件中洞察本质，将其作为反面教材，警示自身在教育教学过程中恪守职业道德。同时，学校也应吸取教训，据此制定相应的师德培养策略。

2. 完善师德培训机制

（1）更新师德培训指导规范

制定师德培训指导规范的目的是为新手教师提供明确的行为准则。各地在新教师入职培训中，应根据时代发展适时调整指导规范。首先，在制定师德培训规范时，需充分考虑社会期望。教育机构应定期开展针对社会公众和学生的问卷调查，掌握社会对教师的期待，特别是公众特别看重的师德品质及最为不满的师德行为，这些应在培训规范中得到反映，以便新教师在职业生涯初期就能确立正确方向，并以高标准的师德要求自我约束。其次，在规范制定过程中，应充分听取教师的意见和建议。由于社会公众和老师对道德规范的理解不同，导致两者对教师职业行为的评价存在一定差异。所以，在制定或更新师德培训规范时，也应充分吸纳教师群体的意见，保障教师权益，使教师能够心甘情愿的接受师德培训。

（2）创新培训方式

仅有明确的师德培训规范尚显不足，关键在于采用恰当的培训手段，确保新手教师能够接受并内化培训内容，实现培训的根本目的。传统的单向灌输式教学已难以满足现代教师培训的需求。针对新时代背景下的教师群体，亟须探索新的培训途径。首先，严格遵循最新的教师培训规范，摒弃陈旧的教师培训规则，将社会公众对教师职业道德的认知和期待准确传达给新入职教师，使新手教师清晰了解社会需求及学生期望，从而引导其自觉维护职业形象。其次，借鉴翻转课堂的理念，通过互动式教学提升新手教师的参与度。培训教师可基于调查数据，引导新手教师展开讨论，共同探究公众对某些师德行为不满的根本原因，究竟是教师实践不足还是民众期望过高？进而集思

广益，启发新手教师思考提升师德满意度的有效途径。最后，师德培训应实现理论与实践的有机结合。纯粹的理论阐述往往难以让新手教师感同身受。学校可先行组织理论培训，随后引导新手教师进行实际教学操作，鼓励其将理论知识应用于实践。培训结束三个月后，对新教师进行再次培训，此次培训的重点在于分享实践心得，剖析实践中遭遇的难题，并针对各教师的实际情况提供个性化指导，旨在深化新手教师对师德理念的理解。

3. 改善师德考评方式

（1）制定评价标准

在对新手教师进行师德评估时，不应仅局限于口头表述，而应构建一个全面且多元的评估体系。首先，需要明确师德的内涵。新手教师的师德评估不仅涉及思想品德，更包含一个多层次的道德架构。从宏观层面看，它涵盖理想信念、道德情操、学术造诣及仁爱之心四大领域，每个领域下又细分三个子维度，总计十二个维度。新手教师的师德评价体系必须全面覆盖这十二个维度，不可遗漏。其次，实施量化评估指标。量化评估是一种较为客观的评估手段，学校可收集新手教师师德评价的相关数据，运用数学模型将评估结果以数据形式展现，使之更为清晰明了。学校依据行业内通用的量化标准，为本校新手教师设定考核基准线，对达标者给予相应奖励，对未达标者实施相应惩戒措施，以此提升新手教师的工作热情。

（2）明确评价主体

目前，我国教师师德评价主要依赖于领导和同事的评价，而其他参与者较少。为实现更理想的评价效果，单一评价主体的做法显然不足，因此有必要拓展评价主体范围。首先，适度降低领导和同事评价的权重。尽管领导和同事的看法在新手教师师德评价体系中具有重要作用，但不应占据垄断地位。通过降低其权重，可避免某些暗箱操作行为，确保评价公平公正。其次，强化新手教师的自我评价。让新手教师对自己的师德表现进行反思，有助于其全面审视自我，一方面能够使其发现自身师德行为的不足之处，深入分析原因并及时纠正；另一方面，对于表现突出的方面，可继续保持并交流经验。

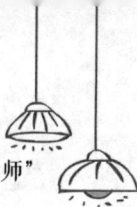

再次，纳入学生及其家长的意见作为评价参考。学生作为教师行为的直接受众，对于教师行为是否合规最具评判资格；家长作为学生最亲近的陪伴者，能够直观感受到学生在特定时期的表现，因此也应享有评价权利。最后，对各评价主体的权重进行合理分配。在选定评价主体后，应共同研讨或咨询相关领域专家的意见，明确各评价主体承担的评价任务并科学设定各评价主体的权重，从而最大限度地保障评价过程的公平性与公正性。

4. 规范师德监督与激励机制

（1）创新监督机制

健全的监督体系是确保各项制度顺畅运作的关键，然而，研究表明，现行的大部分监督机制存在陈旧且不完备的问题，因此亟须创新监督机制。首先，需设立专门负责监察教师职业道德的机构。在管理学领域，存在专业的事应由专业的人来负责的管理原则，校园管理也不例外。由学校主导，与资深教师、高校优秀教师及新任教师代表联合成立师德监督小组，依据教师职业道德评价标准制定详细的监督细则，小组成员各负其责，定期对新教师的师德表现进行随机抽查。其次，需明确监督目标。对新手教师师德进行监督的目的在于实时掌握其工作状况，发现并解决新手教师在教育教学中遇到的问题，同时督导他们恪守教师职业道德标准，推动其专业素养的全面提升。监督小组在执行监督职能时，不应仅专注于对新手教师师德失范行为的惩戒，而应采取有效措施预防同类行为再次发生。最后，创新监督手段。传统的听课、查课方式虽常见，但其他教师在场与否会影响新手教师的表现，故此类监督方式并非完全科学。学校可利用网络平台，采取匿名投票、匿名征询意见等方式，广泛收集公众意见，对新手教师的师德表现进行全面评估。

（2）创新激励机制

激励机制是指教育机构采取特定策略，激发教师的工作热情，使其各项潜能能够充分发挥，从而促进新手教师师德的培育与发展。具体而言，激励机制可分为精神激励、积分激励及晋升激励三个层面。精神激励主要指学校领导对新手教师的工作成果给予认可。对于刚踏上工作岗位的新手教师而言，

他们渴望通过工作来展现自我价值并获得领导的肯定。及时的鼓励有助于缓解新手教师的职场紧张情绪，进而增强其职业荣誉感和自信心。积分激励是指学校依据新手教师师德标准设立积分项目，并根据其表现予以积分奖励。教师可通过累积积分兑换相应奖励，如抵消迟到惩罚、享受带薪休假福利等。每学期积分排名第一的教师，学校还可授予其相应的荣誉称号。对于新手教师而言，晋升激励是他们最为期待的，但也是最难实现的。在我国当前的教师晋升体系中，晋升往往受到教龄等条件的限制。然而，针对表现尤为出色的新手教师，应适当放宽教龄限制，破格提拔，为他们提供更广阔的发展空间。

5. 落实立德树人根本任务

立德树人作为增强教师使命感的关键驱动力，对于强化教师的理想信念具有不可替代的作用。教师应积极地担负起立德树人的核心职责，不论所教学科与课程性质，均不可忽视对学生道德品质培养与价值观引领的重要性。

（1）坚持立德与树人的统一

立德与树人，二者并非孤立存在，而是相辅相成、互为表里。教育工作者需明确所立之德，涵盖国家大德、社会公德及个人品德，而所树之人是社会主义事业的建设者与可靠接班人，二者共同构成教育的核心目标。为实现这一使命，教师须以身作则。若教师仅口谈仁义，实际行为却道德败坏，则难以感化学生，更无从谈教育引导。然而，当前部分学校及教师过于偏重教学与科研能力的提升，忽视师德建设，导致教育陷入"才高德寡"的窘境。由此看来，教育机构应以立德与树人为根本任务，着力培养教师无私奉献的高尚情操和作为教育者的责任意识。凭借深厚的学识素养为学生解疑释惑；凭借优秀的品格和学术风范引领学生，助力其成长为杰出人才。教师应以实际行动诠释立德树人的真谛，对学生产生潜移默化的影响，培养他们成为德才兼备的优质人才。

（2）加强师德师风建设

部分高等院校的教师在授课过程中表现出敷衍了事的态度，缺乏敬业精神和责任感，持有得过且过的心态，这种散漫的教学风格不仅不利于学生的

成长，也违背了立德树人的教育宗旨。为解决这一问题，学校必须优先推进师德师风的建设工作，实现育人职责与育德任务的有机融合，并及时协助教师树立正确的价值导向，明确师德规范，纠正其不当行为，营造一个清正廉洁的教育环境，确保立德树人的理念贯穿于教育教学的各个环节。为实现该目标，首要任务是强化高校教师的师德师风建设，定期开展专题教育活动，确立"底线"思维，确保在教学过程中不触碰"红线"。同时，加强教师的责任感和师德意识，坚持以德立学、以德育人的原则，将立德树人的初衷和职责内化为教师个人发展的基本需求和价值追求，并在教学实践中予以具体落实。此外，学校需在顶层设计层面强化立德树人的制度支撑，对高校教师的师德师风进行定期考核与跟踪评价。鉴于此类评价更侧重于评价主体的主观判断，所以，对于在教学生活中师德表现不佳的教师，在其晋升、职称评审等方面予以一票否决，从而切实注重并强化师德师风建设。

三、培养教师的专业情操

一个人有了崇高的伟大的理想，还一定要有高尚的情操。没有高尚的情操，再崇高、伟大的理想也是不能达到的。教育的真谛并非单纯的知识传递，而在于激发潜能、唤醒意识、鼓舞斗志。教师的人格魅力本身就是一种强大的教育资源。其实，教师人格很大程度上是指教师的高尚情操。教师的情操，可以简单地理解为是教师对教育的情感，对教育的操守。教师的情操体现为教师对教育教学活动所持有的理性价值判断与情感认同，这一要素构成了教师价值观的核心，并成为教师个性特征的关键组成部分。

（一）教师的专业情操

在教师的情操体系中，专业情操占据核心地位，至关重要。它涵盖专业理智感、专业道德感和专业美感三个方面。

教师的专业理智感是指教师在教育教学及科研等认知活动中，对教育规律进行了解、探究与评价时所产生的特定情感体验。其主要表现为对教育教

学的浓厚兴趣、强烈的求知欲望、教学成功与科研成果带来的成就感与满足感，以及对教育功能与价值的深刻理解所产生的自豪感与荣誉感等。教师的专业理智感是推动其专业成长的关键驱动力。当教师深刻认识到教育工作的价值与意义，体验到专业成长的喜悦，以及探寻教育规律所带来的乐趣时，他们便会舍弃名利，全身心投入教育事业。众多实践案例表明，教师若能在专业理智感的持续激励下开展工作，便能在教育教学领域取得显著成绩，实现自我价值。

教师的专业伦理情感，是指教师依据教育行业的道德规范与职业操守，对其自身或他人的言辞、行为、思维及动机进行感知、对比和评判时所形成的情感反应。这种情感主要体现在对教育教学责任与师德示范的义务感、对教育事业的无私投入，以及对每位学生的仁爱、包容、公正与正义等。教师的专业伦理情感不仅是其职业道德在情感层面的反映，也是教师行为与思想的内在制约因素，它不仅规范教师在专业领域的行为表现，同时对教师个人品格与道德修养产生深远影响。

教师的专业审美情感，是指教师依据自身的审美需求与符合社会及教育发展趋势的审美标准，对其专业实践与教育活动的基本组成要素进行评估时所产生的情感体验。在教育实践中，关键在于利用魅力激发正面的审美情感，这种情感最能促进教育对象与主体的融合。教师的专业审美情感主要源自教育过程、学科内容及学生个体。教师唯有深入领悟教育过程之美、学科知识之美及学生特质之美，方能尽情享受教育工作的愉悦，悠然自得地沉醉于教育之中。

教师的专业情感态度是一种融合了理性认知的教育教学情感体验，它是教师世界观形成的基石，是卓越教师个性特质的关键组成部分，标志着教师专业情意发展的成熟。

（二）培育教师专业情操的策略

国内外研究者针对教师职业胜任力的研究指出：情操乃是教师职业胜任

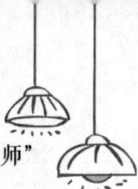

力的三大核心要素之一，也为卓越教师的根本属性，其内涵的广度与深度远超教师职业道德规范的范畴。然而，在我国长期以来的教育实践中，往往过分关注教师的知识与技能，更多地强调师德教育，而忽略了教师情操的塑造，未能充分挖掘教师情操的深层含义。由此可见，培育优良的教师情操，是培养优秀教师和更新教师教育的内容结构的重要一环。

1. 学会关爱学生

教师专业伦理的基础是教师对学生深厚的爱。教师的专业道德举止与理念，根植于其对学生深切的关怀之上。这种关怀是教师职业道德的根基所在，缺乏此关怀的教师难以具备真正的专业素养。教师对学生的关怀不应局限于知识传授，而应实现从知识到生命层面的升华。教师需深入学生内心，发掘其潜能与优势，协助他们克服难题，激发内心的希望之火，引领他们勇敢、自信且愉悦地学习与生活。在此过程中，教师不仅见证学生的成长，也实现了自身专业情操的提升与净化。

2. 潜心于教学之中

教学活动是教师职业生涯的核心组成部分，关系着教师职业发展的命脉，并为教师专业理智感的形成提供了基础。若教师不致力于深入教学活动，便如同"无根之木""无源之水"，难以实现个人成长与发展。在教学活动中，教师需依据学科特性及学生认知模式，设计适宜的教学架构，运用高效的教学策略与方法，激发、维系并推动学生学习，使学生在积极、互动、民主的教学氛围中习得知识与技能，进而拓展认知边界、深化思维内涵、促进自身的全面发展。在此过程中，学生对知识从一无所知到熟练应用、从一知半解到心领神会、从被动接受到主动探究，每一微小的进步均为教师带来巨大的精神慰藉与持续付出的动力。教师在见证学生的成长过程中获得成就感，享受到常人难以体悟的喜悦，并在此过程中领悟到自身的价值所在，感受到教育工作的崇高使命，进而萌生对教师职业的强烈荣誉感与自豪感。除此之外，教师在教学实践中也会遭遇诸多始料未及的挑战，且在其自身能力方面往往存在不足（如知识储备与教学经验不足以有效应对教学中涌现的问题），这些

挑战与不足可能引发教师的焦虑与自责。为了平复内心的波动，教师会主动阅读书籍或寻求其他优秀教师的指导。这正体现了"教然后知困""知困然后能自强也"的深刻内涵。教学中的困境，能够激发教师的学习动力，进而使教师产生强烈的求知欲。在学习动力及求知欲的驱使下，教师能够主动进行自我提升和专业发展。因此，教师要注重教学实践，以身作则，怀揣一颗求知若渴的心，探寻教学实践的奥秘、领略教学实践的魅力、享受教学实践带来的成就与喜悦。

3. 学会严于律己

对于教师而言，自律不仅是其个人素养与职业道德的内在彰显，更是其职业道德感形成的外部支撑。自律无时无刻不体现在其行为举止之中。自律对教师的重要性主要表现在两个方面：第一，教育作为培养人才的实践活动，教师职业具有显著的示范效应，要求教师在行为上成为学生的楷模。学校之中无小事，事事皆具教育意义；教师身上无小事，事事须以身作则。教师的言谈举止、思想境界、形象气质等，会在学生的心灵深处留下难以磨灭的印记。诚如《论语·子路》中所言："其身正，不令而行；其身不正，虽令不从。"[①]教师在教育教学过程中能否严格要求自己，塑造良好的师表形象，直接关系到教学质量与学生的全面发展。第二，自律构成教师自身专业发展的关键要素。教师专业发展注重教师的主体性和自觉性，要求教师主动汲取专业知识与技能，对自身的教育教学活动及专业架构进行深入反思，制定并执行个人专业发展规划。在此过程中，教师应主动肩负起专业发展的主体责任，遵循教师专业发展的一般规律与要求，顺应普遍认可的专业发展模式与标准，而这一切的实现，都离不开教师的自律精神与持续努力。

高度自律的教师能够感知并抑制或消除自身不利于专业发展和学生成长的因素，进而提升自身的专业道德素养。

4. 永远无私奉献

教师职业道德的本质特征在于其无私的奉献精神，这一核心价值不受历

---

① 孔子. 论语 [M]. 景菲, 译. 西安：三秦出版社, 2018.

史演变与教育革新的影响，其深远的意义与不可替代的价值由其职业特性所决定。若将师爱视为教师专业道德之树的根基，自律作为细枝末节的雕琢，那么奉献无疑是滋养这一道德之树的阳光与雨露，它直接关系着道德之树能否茁壮成长，同时也是培养教师专业伦理意识的重要部分。教师提到奉献时，不应仅仅停留在口头上，而应将奉献精神切实融入日常实践，在本职工作中尽职尽责、不遗余力。奉献的形式多样，不总是轰轰烈烈的，它更多地体现在细微之处，如对学生投以赞许的微笑、鼓励的目光、信任的话语，或在教学过程中注入更多的热情、细心与责任感，同时减少个人的计较、抱怨与借口。正是在这些看似微不足道的奉献中，教师的专业道德情操得以净化与提升。

第三节　培育有扎实学识的教师

学识即学问和知识，指学术上的知识和修养。学识丰富的人被形容为学识渊博，古有"学富五车，才高八斗"之说。学识水平是教师已有知识及技能和再学习能力的总和，一定程度上标志着其思想、理念的深刻程度和知识技能水准。

教育家苏霍姆林斯基曾描述过一则事例：一位年轻的校长决定去听一位几何老师的课。这位校长被老师那精妙绝伦的讲解深深吸引，完全沉浸在教学情境之中。当这位几何老师向学生们提问"你们谁能回答这个问题？"时，校长竟然忘记了自己的身份，情不自禁地举起了手，回答："我！"事后，苏霍姆林斯基对此表示赞扬，称此为真正的艺术，也就是说这才是最具学识和魅力的老师。

从学识方面来看，教师应该是走在时代前列的人。自古以来，身为一名好教师，其首要一条就是具有深厚而广博的学识。在现在看来，优秀教师的知识体系应涵盖三个层面：一是广泛而深入的文化科学知识，二是稳固且系统的专业学科知识，三是前沿且科学的教育理论。这便要求教师不仅对其教

授的课程内容有深刻的理解，还需具备宽广的知识视野。所谓"精"就是要"知得深"，对专业知识不仅知其然而且知其所以然；所谓"博"就是要"知得广"，能触类旁通，具有相关学科的知识底蕴。

一、好老师要有扎实学识

自古以来，"学高为师"的箴言即强调教师在学术造诣上的卓越，而"学为人师、行为世范"也明确指出深厚的学识是好老师的必要条件之一。面对当下社会，信息技术和经济的迅猛发展、社会的多元化趋势及新知识的层出不穷，要成为一名好老师，就必须拥有坚实的学识基础，并致力于增强自身的学识吸引力，以满足学生持续不断的求知需求，推动学生的学习进步及教师自身的专业发展。

好老师应具备三方面的知识体系：一是精湛高深的学科专业知识，二是灵活的教育教学知识，三是宽广博大的文化素养。其中，精通学科专业知识是教师传授知识的基础条件。唯有对所授课程内容有系统、深刻且准确的把握，教师方能向学生传递正确的学术知识。教育教学知识的灵活性是教学过程中至关重要的支撑。教师不仅是知识的传递者，更是学生学习的引导者，具备教育教学知识有助于教师理解学生的认知特性，进而选取适宜的教学策略，助力学生高效的学习。此外，为了点燃学生心中知识的火花，教师需汲取广泛的知识，在信息时代背景下，好老师必须拥有丰富的文化知识和开阔的视野，以便发掘并解决新的学术挑战。

好老师应当在实际的教学环境中，不断积累实践性知识。教师的专业魅力不仅体现在其拥有广泛而深入的理论知识，更在于其在特定教学场景中所累积的丰富经验，以及对这些经验的深度反思。教育者需善于运用其知识和经验，以创新且有效的方式解决各类教学难题，在实践中实施教育，并在实践中进行研究。唯有如此，教师方能成为一名具有智慧的好老师，课堂亦将转变为充满智慧的学习空间。教师在教学实践中展现出的学习、社交、生活及育人方面的智慧，充分体现了其个人魅力，这不仅促进了教师自身的专业

发展，也提升了学生的学习成效。

好老师应当秉持终身学习的理念，积极吸纳并巧妙应用新知。在信息技术迅猛发展和经济全球化加速推进的当下，社会对于具备应变力、适应力、自主性、协作精神及创新意识的优秀人才的需求日益增长。社会对教育质量的期望显著提升，教师团队的素质标准也要相应提高。好老师不应仅仅满足于已有的知识储备，而应持续更新自我，如同源源不断的活水，紧跟时代步伐，不断摄取新知，优化自身的知识体系，积极面对新兴挑战，力求卓越。通过这种方式，教师能够站在知识进步的前沿，促进个人职业生涯的持续发展，并引领学生迈向未来的成功之路。

二、教师的知识功底

（一）精深的专业知识

精深的专业知识应包括学科理论知识、教材的运用能力、对学生的控制能力等。教师应当是其所授学科领域的先锋，精通该学科的知识架构，并跟进最新的学术进展。同时，教师还需持续进行自我提升，拓宽知识边界，提升学术造诣。若教师仅局限于现有教学内容的知识，缺乏创新意识和能力，便只能充当信息的传递者，培养出的学生可能出现思维僵化、缺乏创造力和灵活性思维的问题，难以适应现代及未来社会的需求。因此，优秀教师所掌握的学科专业知识应持续更新，始终保持活力和创新。这是当代社会对教师角色内涵的基本要求。

基础知识作为各个学科教材的主要内容，是学生在学习过程中最先接触到的知识。教师不仅要对这些基础知识理解透彻，还要能将这些基础知识清晰地向学生讲解，并指导他们认识、理解和应用这些知识。这就要求教师不仅要了解这些知识的表象，更要深入探究其本质，确保对基础知识进行全面的掌握和深刻的理解。这样，教师才能根据学生的认知水平，由浅入深地进行讲解，同时适当地引导学生观察和思考，从而有效刺激学生的智力发展。

此外，鉴于教学活动的时效性，教师对基础知识的掌握需达到精确、深入且熟练的程度，以便迅速且灵活地运用相关知识，以保证教学流畅地进行。

教师的专业知识水平应体现在"实""深""活""新"四个方面。

"实"就是教师应全面系统地钻研掌握所教学科的知识，对所教学科知识体系、逻辑结构、重点、难点了如指掌，绝不放过一个疑点、难点，一丝不苟，融会贯通；对所教专业知识深入钻研并透彻理解，确保对专业知识的精确把握，同时具备坚实的基本技能和扎实的专业基础。教师只有具备厚实的知识功底，才能在教学中游刃有余。

"深"就是教师对学科知识不仅要广泛涉猎，而且应深入研究，不仅要知其然，而且要知其所以然，自身认知水平要高于学生，能做到举一反三。只有当教师对所教学科的知识体系有透彻的理解和具备知识整合能力时，才能在教学过程中突出重点、梳理出清晰的架构，以浅显易懂的方式传授给学生。我们常讲，给学生一碗水，教师要有一桶水，甚至，教师的知识要如同一条永不枯竭的河流，源源不断，清新鲜活。

"活"体现在教师对专业知识的深刻理解与内化，这将使他们在教学过程中游刃有余，广泛运用，简明易懂地将教科书中的抽象理论以生动的语言传递给学生，从而提升教学成效。

"新"要求教师紧跟社会进步的步伐，掌握最新技术动态，吸收前沿科学知识，持续更新教学内容。教师须关注国内外最新的发展趋向与研究成果，适时调整教学策略，努力将最新的理论与知识融入课堂，使教学内容更具创新性，激发学生的探索欲望和创新精神，为社会培育具有前瞻性的优秀人才。

（二）坚实的教育理论

作为一名优秀的教师，除了掌握所授学科的专业知识外，还需具备扎实的教育学识。教师需深入理解心理学、教育学知识及学科教学法，这是因为教师可运用此类专业知识洞察学生的反应，并能迅速且准确地解读学生的言行举止，若缺乏这些专业知识，学生的某些反应或许难以被察觉；除此之外，

这些专业知识是经他人实践验证的有效方法，当面临教学需求时，教师便可依据这些知识为学生提供恰当的引导。具体而言，教育专业知识涵盖一般教育学知识、学科教学知识以及教学情境知识三大方面。

1. 一般教育学知识

任何想从事教育工作的人，皆须先行完成教育学专业课程。此观点的核心在于：若公立学校的教师欲成为专业人士，必须精通深奥的教育学知识，以此与仅受过基础教育或较高程度普通教育的非专业人士区分开。在21世纪的教育背景下，教师应广泛涉猎并精通教育科学理论，这既是教师职业"双专业"特性的内在要求，也为教育教学提供了理论支撑，并将教师的教学实践从经验层面提升至科学层面。教育学的知识体系广泛，涉及教育原理、基础心理学、教育管理、教育法规、国际比较教育、教育革新与实验，以及现代教育技术、教育科研等多个领域。教师唯有全面且系统地掌握这些教育专业知识，方能构建前沿的教育理念，选取合适的教学内容与策略，科学地将自身的知识与技能传授给学生，从而推动学生的全面成长。

2. 学科教学知识

"学科教学知识"体现为教师对教育学、心理学、学科知识、学生特质及学习环境的综合性认知。教学本质上是一连串的逻辑推演过程，始于理解，历经转换、实施教学、评估及反思，最终生成新的领悟。因此，教师至少需熟悉并掌握以下几个关键问题：特定学科的核心问题是什么？某一教学单元的主要概念有哪些？如何以恰当的态度和方法将这些核心知识点传授给学生？学生的兴趣点在哪里？如何有效激发学生的学习动力？教师应采用何种方式来检测与评价学生的学习成效？教师的学科知识应着重于其独特性，而非仅仅是内容的广泛性。教师并非历史学家，而是历史知识的传播者；不是科学家，而是科学原理的教学者。

3. 教学情境知识

教学情境是指教师于教学活动中营造的情感与心理氛围。"境"是指教学环境，既包含学生所处的物质环境，诸如校舍等各种硬件设备，也囊括学校

的各类软件配备，例如教室的布局与装饰、校园的清洁与绿化，以及教师的授课技巧与职业责任感等。

另外，教学情境亦指蕴含特定情感色彩的教学活动。在实现教学的启发作用的基础上，引导学生融入学习情境尤为关键。优质的教学情境能够极大地提高学生的学习自主性，激发学生思维活力，挖掘学生智力潜能，成为提升学科教学效果的关键手段。

理论知识为职业发展奠定基础，而专业实践则是这一知识体系转化为实际效用的最终目标。教师的专业成长展现出鲜明的情境性特征，优秀的教师能够在复杂多变的教学环境中作出精准的判断和决策，并在深入思考后实施适合特定情境的有效教学策略。

在教育实践中，教师需灵活运用教学策略以应对各种复杂情形。教学策略并非固定不变的，其在不同情境下因应而生。教师必须根据学生的个性化特征及具体教学环境，审慎地采取行动。在此过程中，教师所运用的知识源自其个人丰富的教学经验，这种实践性知识深受个人经历的影响，因此其表达往往富含细节，并以个体化的语言呈现。教师不仅需有效整合既有的理论知识以指导学生学习，还需持续地针对教学过程中遇到的问题进行探究，挖掘问题的深层原因，揭示问题的本质，并探索有效的解决策略。此外，教师应与时俱进，更新教学内容与方法，以提高教育服务的质量，并积极参与教学研究活动。教师在教学实践中要不断追求创新与卓越，积极应对挑战并解决问题，只有这样才能推动教育事业的进步。同时，教师还应培养学生的好奇心和探究能力，使他们学会搜集信息、分析问题，并掌握解决问题的技能。

现代教学论强调，课堂教学过程是认知发展与情感发展交互作用和相互制衡的结果，知识的传递和内化往往依赖于情感机制的有效运作。当学生对学习持有强烈的情感投入时，他们的学习自主性将得到显著提升。因此，在教学情境的设计中，教师应优先考虑采用学生感兴趣的多样化教学手段，如叙事教学、游戏化教学、直观教学、角色扮演、实验操作及多媒体辅助教学等。

（三）开阔的人文视野

教师的人文视野是在教师拥有一定文化知识并加以内化的基础上形成的，反映了教师的人格、气质、情感、世界观、人生观、价值观等方面的个性品质。教师的人文视野开阔了，其文雅的举止、大方的神态、优美的谈吐也会自然而然地体现出来，在教学中就能给予学生积极的心理暗示，使学生精神振奋、情绪高昂，做到愉快的学习。哪怕是几句简要的教学用语，都有可能如晴空一样明净，给人一种心旷神怡的感觉，给学生带来独特的神韵。

教师最忌孤陋寡闻，眼界狭窄，知识结构单一。无数事例证明：一名优秀的人民教师必然是一位博学多才学识渊博、知识面比较宽的人。因为青少年学生有一个特点：爱提问题，什么都问，往往还提出一些怪问题，爱打破砂锅问到底。特别是青少年思想开放见多识广，敢于质疑，异想天开，他们不会因为老师是教数学的，就只问老师数学问题。学科之间的知识不是孤立的，而是互相联系的。如果教师博览群书，知识面广泛，就能与青少年学生有共同语言，在学生中间就有威信，他们就喜欢找教师交谈，教师就可以用自己的学识、才能、品格去影响、教育学生，所以现代意义上的教师不仅要在所教学科上"深挖洞"，而且要在相关科学文化知识上"广积粮"，不仅强调知识向纵深发展，而且要注重知识的广度与横向联系，注意对事物的整体结构、作用和功能的把握；不仅要激发自身对学生心理发展，对所教学科内容和教学方法钻研探究的职业兴趣，还要树立起学科之外的广泛的求知兴趣，形成综合性的知识结构。

三、培育扎实学识的策略

知识是人类文明进步的阶梯，有扎实的学识是教师安身立命的基础。在知识经济时代，知识的功用远远超过历史上任何一个时代。这给教师提出了新的挑战，即如何拥有扎实的学识、如何传授新的知识、如何提升掌握知识的能力等。拥有系统全面的学科知识，这是教师职业的基本要义。要鼓励和

支持教师特别是年轻教师通过学术研讨、教研共同体活动等方式，不断深化拓展对本学科知识体系的全面把握，特别是详尽占有第一手资料，深刻把握学科前沿问题的来龙去脉和未来走向。教师拥有扎实学识的意蕴是要以学生为中心，这就要求教师既要"专"也要"博"，要善于融会贯通，能够开发出一系列适应时代和学生需求的通识课。在知识更新速度加快的时代，对教师不断更新知识的要求更高。对此，学校应当有针对性地给教师放学术假，使他们及时得到充电，及时了解本学科学术的最新发展。拥有系统全面学科知识的另一层含义是要有求真务实的态度，要让教师实事求是地认识到自身知识结构的不足，不断补充新的知识，并且能以这种求实精神影响学生，使每个学生对知识有敬畏感。

（一）树立终身学习的理念

在人的一生中，大学阶段只能获得其所需知识的 10% 左右，而其余的 90% 都要在工作中不断学习才能取得。因此，传统的一次性学校教育已无法适应现实的挑战，使现代人面临着生存的危机，那种结束学校教育、找到工作就一劳永逸的体制已成为历史。每一个人要想使自己适应未来工作的需要，就必须树立终身学习的观念，学会终身学习。

在教师的职业生涯中，学习和工作是不能截然分开的，工作过程就是学习，"工作学习化，学习工作化"应该成为一种新的学习观念。对教师而言，学习并非纯粹的职业需求，而是一种教育生活方式，没有教师有效学习及其专业成长，教学改革不可能取得成功。

1. 从书本上学习

书是知识的海洋，书是智慧的源泉，书是人类进步的阶梯，书是人们走向光明的道路。好书不仅震撼人们的心灵，也是疗伤与美容的良药。所以书是最好的老师，是人类最好的朋友。毫不过分地说，读书是人生存的必需，正像人需要吃饭、休息一样，这是必需的事情。孔子在《论语》中说："古之

学者为己，今之学者为人。"①可见，教师读书是自己的事，读书可以帮助教师解决工作中的实际困难，应对新的挑战，获得更多的发展机会，就不会像有人说的那样"三四天能学点啥"，而是在学的过程中更换理念，提高认识。

当然，对于教师而言，读书还有一个时间问题。生活的快节奏和工作的高强度似乎使教师不肯、不能静心读书学习。"没有时间"是很多教师不读书的理由，"两眼一睁，忙到熄灯"是教师共同的工作感受。然而这不能成为教师不读书的理由，如果真这样，那老师就是没渴望、没意识、没习惯的群体了。鲁迅先生曾说他是把别人喝咖啡的时间用来读书写作的，正如哈佛经典的箴言：一个人的命运，决定于晚上8点到10点。我们只好靠忙里偷闲，见缝插针来多读书。那些教学实践和教育理论书籍是教师宝贵的精神财富，那里面是教育战线最前沿的信息资料，如果长期不学，那么将成为一个"教育盲"。尤其是要阅读经典，经典是一个民族历史上长期的价值体现，是心灵的滋养，是精神的升华，是文化的深厚积淀。一个民族的精神和价值主要存在于经典中。如《论语》可以说是我国的《圣经》，过去是半部《论语》治天下，今天我们阅读《论语》仍可从中明白许多修身做人的道理；多读一点诸子百家、唐诗宋词，就多一分高雅品位；多读一点苏霍姆林斯基、陶行知，就多把握一分教育的真谛。教师应该把读书作为一个重要的学习方式。

总之，教师应该明白"空袋不直立"的道理，无知必然无能，贫乏必然平庸。在当今浮躁的社会环境下，教师如果能从内在的需求出发，坚持每天读一点书，不仅可以长智慧、增文采、保持心灵的湿润和充实，同时也可以给自己教学风格的形成提供"肥沃的土地"。读书是教书之源，也是教师工作最为专业化的开源之道、充电之途。

2. 向名师学习

教师的学习，一个重要的方面就是从他人的经验中学习，尤其是向有经验的名师学习。据调查发现，绝大多数教师在刻意追求如名师般精彩生动的

---

① 孔子. 论语［M］. 景菲，译. 西安：三秦出版社，2018.

课堂教学，甚至去模仿名师的教学模式。可是，这只能学到其形式，没有内里的底蕴支撑托举，教师很难学到其精髓。长期模仿下去，教师就会失去自己的个性，没了自己的风格。所以学习名师课堂教学固然重要，但更重要的是要了解名师成长的"过程"，学习名师的教育智慧和人格魅力。有人说，名师之名，不在于"名"，而在于"明"。"明"是智慧，更是一种美德。

一般而言，名师都有一个共同的人格特征，那就是对事业的执着，对生活意义的探寻，对职业价值的追求。比如："爱心与童心共振"的李镇西；"为学生的生命奠基"的窦桂梅；"用生命的智慧演绎理想的教育"的薛发根；"成人派往儿童精神世界的友好使者"的于永正等，这些名师都有自己的人生追求，有高尚的人格魅力，有丰富的教学经验。只要我们仔细去解读，就会发现他们的精神之所在，并从中得到启示。

3. 向同行学习

古人云："三人行，必有我师。"所以为人师者当虚心学习，尤其是向身边的同事学习，这是教师完善自我、提升自我的一条捷径。向同行学习，实际上就是以团队合作的形式学习。以前教师职业的一个很大特点是单兵作战，这种个人主义往往造成教师闭关自守，不利于教师的专业发展。而新课程的综合化特征需要教师为更多的人在更大的空间，用更加平等的方式进行合作。如今，团队的合作与共同的价值追求已成为教师个人发展的重要条件。

作为一名教师要善于把自己融入团队之中，通过信息交流、听课、研课、问题讨论等形式向同伴学习，学习同伴先进的教学理念和成功的教学实践，取人之长以补己之短，在团队的发展中提升自己，在团队和他人的成功中成就自己，决不能把自己的发展游离于团队之外。尤其是在具体教学改革中遇到的许多困惑和难题，靠个人经验和单打独斗无法解决时，就更需要获得他人的经验和智慧的支持。"留心处处皆文章"，用心的人会学到很多别人的长处，"空心"的人不把别人当回事，总是沾沾自喜，拿自己的优点比别人的缺点，这样的人，他的教学路会越走越窄，甚至连自己也无法通行。因此，教学实践需要教学合作，需要向同行学习。

4. 向学生学习

在大力提倡"终身学习"的今天，向名师学、向同行学比较容易，大家也能接受，但要向自己的学生学习就不太容易做到了，这其实是一个观念问题。实际上学生的许多想法，往往是老师想不到的。韩愈在《师说》中说得好："弟子不必不如师，师不必贤于弟子。"[1]还有"闻道有先后，术业有专攻"[2]等。教师向学生学习不仅是现今教育对教师的要求，也是教师专业发展的需要。教师在教学过程中，不仅是知识的传授者，而且也是与学生平等的学习伙伴。教师要向学生学习，首先要学会尊重学生、理解学生、研究学生，善于寻找学生的不同点，发现学生的闪光点，进而在教学过程中和学生共同探讨学习内容，真正做到不耻下问，教学相长。其次，要学会欣赏学生，倾听学生的心声。相互欣赏的师生关系一定会带来教育教学的高效益，千万别小看学生，他们有思想、有智慧、有创造、有激情、有能力，尤其那部分智商高的学生，他们的行为往往超出我们的想象，我们应该捕捉到他们的智慧，改进我们的思维，抓住恰当的相处契机，使二者自然相融，我们就会突然明白，我们是从学生中来，为学生服务，又把自己回归到学生中去，那种感觉才是真正的老师感觉。但也不能忽视所谓的"后进生"，他们脆弱、敏感、自卑，但他们渴望被重视的心理最强烈，理解他一点儿，他会记住老师许多。在互助中学生感到幸福，老师也会感到快乐。

（二）不断提升各项能力

1. 不断提升学习的能力

通过加强对教师进行唯物辩证法、科学方法论的培训，使得教师在知识的学习和运用能力上有新的提升。具体来说，就是要提升将理论运用于实际的能力，要善于使系统的理论知识在解决实际问题上发挥作用；要有举一反

---

① 韩愈. 韩愈集全鉴［M］. 北京：中国纺织出版社，2020.
② 同①.

三的能力，善于见微知著，从某个知识点出发，不断进行概括提升，由此得出普遍性结论；要有由表及里的能力，能够不被事物的表面所迷惑，透过表象看本质，认识事物内在规律性的东西；要有去伪存真的能力，将一些错误或过时的知识及时改正和过滤，将一些本质性的知识点运用到新知识体系的消化过程中。

2. 善于以问题为中心

对于教师的知识结构和体系而言，应将问题意识放在重中之重的位置。一是要有大问题意识，这包括要充分了解中国现代化的进程及面临的新问题，了解当今世界经济社会发展的新问题。要对教师进行世情、国情教育，让教师关注了解当代世界与中国发展的新问题，丰富他们的知识内涵。二是要关注与学科密切相关的现实问题。如何及时发现当代经济社会的具体需求，并将其纳入各自的知识体系加以提炼进而找到解决问题的路径，这是教师的基本功，也是教师教育培养学生认识世界、改造世界的重要手段。大力推进产学研结合，结合自己的专业进行创新创业，是教师增长知识、增长才干的必由之路。

3. 善于质疑和批判

知识的进步和社会的发展从来就是在质疑和批判中行进。教师要培养学生独立思考的能力和勇于质疑和批判的精神，首先自身需具备勇于质疑的精神。要塑造教师的质疑批判精神，需处理好以下关系：一是质疑与继续的关系。任何质疑不是一个简单否定前贤的行为，而是一个守正创新的行为。要使广大师生明白，质疑批判不是争当"网红"，以图吸引眼球。二是质疑与规范、纪律的关系。任何一门科学，特别是哲学社会科学，都有学术规范、纪律问题，超出学术规范、纪律，就可能发生性质的变化。三是质疑与容错的关系。对于质疑和批判的方案不可能从一开始就是十全十美的，从科学探究的角度来说，我们应当鼓励质疑，包容在质疑中出现的不足，并通过各种方式，使其完善。在质疑、完善、再质疑、再完善过程中，完成知识的超越。

第四节　培育有仁爱之心的教师

仁爱指宽仁慈爱，即对所有人皆不生坏心的一致感情。

古代对仁爱作过许多深刻的论说，构成了中国文化的重要内容。仁爱作为一种做人的美德，成为古今中外各界人士所崇尚的行为。

教师的爱不是一般的爱，它高于母爱，母爱容易出现溺爱，而师爱是不放纵的理智之爱；它大于友爱，友爱有时也求回报，而师爱却是不求回报的主动奉献；它胜于情爱，情爱既求专一又自我，而师爱却是无私与博大的爱。

爱是教育的灵魂，没有爱就没有教育。好老师要用爱培育爱、激发爱、传播爱，通过真情、真心、真诚拉近与学生的距离，滋润学生的心田。好老师应该把自己的温暖和情感倾注到每一个学生身上，用欣赏增强学生的信心，用信任树立学生的自尊，让每一个学生都健康成长，让每一个学生都能享受成功的喜悦。

一、好老师要有仁爱之心

爱是教育永恒的主题，没有爱就没有教育。教育是塑造人的心灵和灵魂的伟大事业，热爱学生是教师的职业本色。教师面对的是一个个具有丰富情感的鲜活生命，这就需要教师用爱去教育和感染学生。教育是一门"仁而爱人"的事业，做好老师，要有仁爱之心，没有爱心的人不可能成为好老师。教师的仁爱之心，不简单等同于父母爱子女，这是一种对国家、民族的爱在教师身上的体现，是一种无私的爱、不求回报的爱。教师的仁爱之心是以师生相互信赖为基础的，这种信赖是尊重、理解和关怀。

教师的仁爱之心体现为真诚地尊重学生。作为一名教育者首先要相信学生，相信每个学生都能够成为有用之才。我国传统教育文化中，"学而不厌""诲人不倦""有教无类""因材施教""教也多术"等优秀教育者的品质，正是在尊重学生的基础上发展出来的教育理念与方法。教师的尊重是把学生看

作独立完整的社会人，在教育过程中尊重学生的人格，尊重学生的发展规律。进一步而言，教师的尊重还在于学会欣赏学生，这种欣赏不是简单的赏识，更不是单向的旁观，而是让学生在获得尊重、信任的同时学会自我教育、自我完善、自我发展。

教师的仁爱之心体现为充分理解学生。老师要充分理解学生的需要，既包括学习的需要、成长的需要，也包括休息的需要、交友的需要等社会化的过程，特别要理解学生具有人格尊严的需要。教师的充分理解是师生间对话和沟通的前提，理解的过程就是师生双方相互探讨交流、交互作用的过程。因此，教师要善于倾听学生的心声，善于分享自己的感受，从而达到心灵与心灵的沟通、灵魂与灵魂的交融、人格与人格的对话。

教师的仁爱之心体现为宽容地关怀学生。教师的宽容是一种无私的仁爱，是爱中有严、严中有爱。宽容的关怀不是妥协，是教师用理解的态度来对待学生成长中遇到的问题，用自己的言行感化学生，用科学的方法帮助学生；宽容的关怀不是迁就，是教师施展教育的艺术，在适当的情形下用恰如其分的方式帮助学生解决问题，获得成长；宽容的关怀不是放纵，是教师自始至终把爱心融化在学生的成长过程中，以关爱的心态分析学生的不足与过错，进而激发学生的上进心与志趣，以高度的责任心达到育人的目的。

以仁爱之心对待每一名学生，促成学生的成长进步；以仁爱之心开启每一名学生的心灵之门，成为学生的良师益友；以仁爱之心施展教育的魅力，以卓有成效的工作赢得社会的尊重。因为爱是教育的灵魂，没有爱就没有教育。

二、培育仁爱之心的策略

（一）真诚地尊重学生

教育的秘诀在于尊重。教育实践证明：尊重学生的自尊心是一种富有鼓舞作用的教育方式，是成功实现教育目标的钥匙，尊重学生是教师的一种修

养、一种品格。

在学生眼中，教师对学生的尊重涉及面比较广泛，尊重学生就是要把学生作为具有独立人格、富有生动个性、富有主动性和发展性的人来看待。教师要时时处处从立足于尊重善待学生的角度，不该说的话不说，不该做的事不做，这也应该是评判一个教师教育水平和教育智慧的重要指标。

1. 尊重学生的人格尊严

尊重学生人格应树立以生为本的教育思想。每一个人都有其自身的价值和尊严，学生也如此。师生之间是一种平等的、互相尊重的关系。尊重学生，就能发现他们身上积极美好的东西，就能让他们体会到教师的爱，学生也就容易接受教育。

在法律地位上，每个人都是平等的，师生也是如此。学生既是教育活动的对象，也是教育活动的主体，他们具有独立的人格。尊重学生的独立人格就是尊重学生的价值和品质，尊重学生既是一切教育的前提条件，又是教育工作的基本方法和途径。

尊重学生人格，首先要求教师做到客观公正地看待学生。教师要善于发现每个学生的闪光点，并且视同至宝，精心呵护与引导。即使是所谓"差生"，也应该相信他们不是天生就"无能"，而是一群"未能被开发的人"。在教育教学实践中，"差生"、留级生经过正确引导转变成特长生、优秀生的事例并不少见。轻易地伤害学生的自尊心，意味着扼杀人才；漫不经心的冷眼和讥笑，无异于夺走溺水者手中的救生圈。只有充分地了解自己的教育对象，诸如他们的性格、习惯、兴趣、爱好、潜能和心理状态、家庭状况以及缺失的成因，作出客观公正的评估，教师才能避免偏颇，给学生以尊重和关爱。

尊重学生人格，要求教师以平等的态度对待学生。在教学中、班级事务的决策和管理上，师生应共同讨论，教师要鼓励学生积极动脑，独立思考，提出自己独到的见解，以发挥学生的主动性。即使学生的见解有偏颇，也应耐心地启发诱导，晓之以理，动之以情，切忌批评、斥责。

尊重学生人格，要求教师以平等的态度对待学生。在教学中、班级事务

的决策和管理上，师生共同讨论，鼓励学生积极动脑，独立思考，提出自己独到的见解，以发挥学生的主动性。即使学生的见解有偏颇，也应耐心地启发诱导，晓之以理，动之以情，切忌批评、斥责。

尊重学生，师生就会成为知心之友、忘年之交，可以使学生在信任中奋起，在温暖中敞开心扉。对话、交流是沟通、理解的捷径。教师跟学生对话，要以肯定学生的优点为先、为主，让学生在激励中显示自我，认识自我；对于学生的缺点、错误，要让学生多作自我剖析；出现歧见，要允许学生争辩；出现对抗要作冷处理，善于等待。

2. 尊重学生的成长规律

孩子的优点就像张白纸，缺点就像是纸中间的一个黑点。如果教师一直盯着黑点看，那个黑点就会在教师眼中越来越大；相反，如果教师一直看的是那张白纸，那教师看到的就全都是孩子的优点。盯着孩子的缺点，就是在强化缺点；放大孩子的优点，就是在强化孩子的优点。一旦激起孩子内心对自我的肯定，孩子想不进步都难。

学生有自己的世界，有自己的视角，有自己的语言编码，有自己的情感和需求，有自己的成长规律。遵循了学生的成长规律，学生就会乐在其中，就会主动地接受教育；违背了这个规律，学习则会变成一种被动的任务，难有理想的教育效果。

尊重学生的成长规律，教师必须保护学生的自尊心。美国心理学家马斯洛曾把"尊重的需要"作为人的最基本的需要之一，他指出：自尊需要一旦受挫，就将使人产生自卑、脆弱、无能的感受，使人失去信心，无所作为。只有自尊需要得到满足，才能产生最旺盛的创造力，实现自我，获得成功。

人非圣贤，孰能无过？学生作为受教育的对象，也不例外。尤其现在的学生多是独生子女，难免被娇生惯养而缺乏必需的教育。学生犯错时有发生，教师在教育时应尊重学生的自尊心，如果教师忽视这一点，不讲究方法策略，导致学生产生逆反心理，教育的结果会适得其反。尤其是在当今高等教育改革中，尊重和保护学生的自尊心显得尤为重要。作为教师，要深入学生实际，

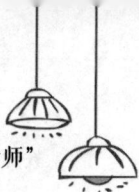

调查研究，加强学习，了解学生心理和年龄特征，在尊重的前提下，采取恰当的方法，有的放矢地对学生进行教育，可以得到事半功倍的效果。

尊重学生的成长规律，教师要由衷地信任学生。信任学生是一种特殊的尊重，对学生有着特殊的教育功能，无端猜测是对学生不尊重的表现。事实上，教师把学生当什么样的人看待，就等于暗示他应该成为什么样的人。学生往往从教师的信任和期待中体验到做人的尊严，激励自己不断进取。因此，信任是催人向上的力量，是教育学生的一种特殊手段。同样，信任学生也是培养学生自尊心的一个原则。

渴望得到别人特别是老师的信任，是学生的普遍心理需求。学生喜欢老师真诚地对待自己，讨厌老师动不动就怀疑和否定自己。只有对学生高度信任，教师才能真诚、平等地对待每一个学生，才能使学生不断获得积极向上的力量，从而自觉地向着更高的人生目标发展。信任学生是教师尊重学生的重要体现，也是教师必备的职业道德。怎样才能信任学生呢？其一，要相信学生的能力。部分教师对学生的照顾可谓"无微不至"，大事小事都亲自操办，这样做其实就是不相信学生能力的一种表现。久而久之，不但教师身心疲惫，而且养成了学生的惰性。教师的爱，必须通过一定的方式，转化成学生对学习的爱，对生活的爱，应该使学生的能力得到不断的锻炼，获得积极的人生态度。教育家魏书生在一次报告中指出，老师要相信学生的能力，学生们自己能干的事老师就不必多操心，让他们自己去干就行了。他举例说，他们班学生的学费，他从来没收过，都是小组长带着组员去总务交。从没出过差错。班里好多事都让学生处理，这很锻炼学生的自我管理能力，更体现教师对学生能力的信任和尊重。其二，相信学生的人品。无论学生犯多大的错，教师都应该从关爱的角度出发，不要轻易否定学生的人品。不要用所谓的"好学生""坏学生"加以区分，给学生贴上不同的"标签"，从而给学生的人格发展蒙上阴影。

教师对学生满怀信任和期望，就会在严格要求学生的同时，热情帮助学生改正错误。实践告诉我们，无论有怎样不良习惯的学生，都在内心深处希

望他人信任、理解并尊重自己。相信学生的人品，也是教师尊重学生成长规律的一种重要体现。

3. 尊重学生的个性差异

心理学原理认为，儿童的发展是循序渐进的，不同年龄阶段的学生在认知能力、思维水平、意志、兴趣等各方面都存在很大的差异，即使他们处于同一年龄阶段也会存在明显的个性差异。因此，教师要遵循儿童心理发展的阶段性规律及个性差异。根据个性差异，实施不同的教育教学途径和方法。

教师站在讲台上时，面对的是一群个性迥异的学生，他们有各自不同的性格、气质、意志、兴趣等。面对这样一群各不相同的个体，作为一名教师，应该做的是把他们组织起来进行学习活动，并尽力满足他们每个人发展的需要。而这中间包含的一个不可忽视的问题，就是关注学生的个性差异。

所谓个性，对学生来说，是指在教育教学活动中表现出的比较稳定的有倾向性的心理特征。而个性特征是指学生之间在稳定的心理特点上的差异。

学生的差异是客观存在的，我们应该承认和尊重学生的差异，不能硬性地按照整齐划一的标准来评价和要求每个学生。这种差异要求教师创造适合不同学生健康成长的教育方法，而不是选择适合教育的学生，在教学中我们应该分层施教分类指导，帮助学生在各自的基础上得到发展，针对不同层次学生的发展水平，提出不同层次的要求，使每个学生都能获得成功的喜悦，只有这样才能避免歧视学生的现象，也才能让"优、中、差"学生都取得更大的进步。

（二）充分地理解学生

理解学生是教育的起点，也是教育的基础。理解学生不仅是决定教育成败的一个要素，也是教育实践对教师的理性要求，是教师的仁爱之心的培养过程。

1. 全面了解学生

全面了解学生，就是了解学生的思想实际、心理实际和生活实际。了解

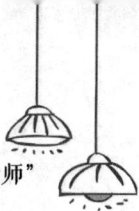

学生是一个复杂细致的过程，教师要从以下几个方面努力。

（1）敏锐的观察力

面对学生的一言一行、一举一动，教师应当随时保持高度的敏感性，要主动询问、细致观察、认真分析，对学生的情况摸熟摸透。建立完整的学生档案，但切忌一切以成绩为准绳，以偏概全。资料记载要尽可能具体、实事求是，避免只看现象，不知本质。

（2）保持经常接触

教师尽可能地与学生经常接触，与他们打成一片，这样师生间的关系会更融洽，就能随时了解他们的情况，知道他们在议论些什么，思索些什么，追求些什么，需要些什么。掌握他们的兴趣爱好、个性特点，从而有的放矢地对他们进行教育，引导他们扬长避短，不断上进。

沟通是通向学生心灵的桥梁。要利用问卷调查或网络沟通等方法，设计一些"心灵的对话"调查问卷，就"学习问题""思想困惑""兴趣爱好""师生之间"等专题展开调查，让学生敞开心扉，老师才能够深入了解学生。

（3）多种途径了解

教师要善于通过多种途径了解学生，形成对学生情况的正确认识。比如：通过与学生座谈或个别谈心，及时掌握学生在思想动态、学习状态、生活状况等方面面临的困难和问题，弄清学生的业余爱好和对周围事物的态度，还可以通过一定的考察测试，了解学生的心理活动，将多种途径得到的信息加以综合、分析，方可得出对学生较为客观全面的评价，才可以比较准确地了解学生。

（4）长期追踪观察

教师对学生全面而深入的了解并非一蹴而就之事，这是因为学生个体本身是动态发展的，他们的思想、行为和兴趣都可能随着时间和环境的变化而发生改变。此外，教育情境作为学生成长的外部环境，同样在不断进步和演变，这也影响着教师对学生的认知。对于那些个性鲜明、行为表现复杂的学生，教师更需投入更长的时间和更多的精力，通过持续的追踪和观察，才能

逐渐把握他们的特点，从而更好地因材施教。这种长期而细致的观察，不仅要求教师具备敏锐的洞察力，还需要有耐心和毅力，以确保在学生成长的关键时刻提供适宜的指导和帮助。

2. 关注学生情感

日本教育家大桥正夫在《教育心理学》中把教师的理解分为"评价性理解"和"移情性理解"。前者是指教师在考查学生时，预先用自己的框框给以相对评价（如优点或缺点）借以了解学生的一种方法。从某种意义上说，它是以揭发和贬斥学生的行为表现出来。后者是指教师在考察学生时，并不是用主观预想的框框看待对方，而是以同情的态度体验学生本身的所感、所想从而达到理解学生的目的。教师在这种移情性的理解中设身处地地了解学生的内心世界、学生的感情和想法。这样，学生便会信任教师，教师才能全面地把握学生的优缺点，从而发展起教师与学生间"忧乐与共"的行为来。

第六章

教师文化发展趋势——合作文化

本章为教师文化发展趋势——合作文化,分别介绍了教师文化中的合作文化、专业学习共同体的教师合作、教师合作文化的发展趋向三个方面的内容。

第一节 教师文化中的合作文化

一、教师合作文化的形式

哈格里夫斯将教师文化分为个人主义文化,派别主义文化、人为合作文化、自然合作文化。以此,提出了教师合作文化。将教师的人为合作文化与自然合作文化进行比较,有助于进一步深入了解这两类教师文化的特征。以下是对人为合作文化与自然合作文化的共性和差异性的分析:

(1)人为合作文化与自然合作文化的共性。人为合作文化和自然合作文化同属于一类,即合作型文化。合作型教师文化在共享性层面体现了教师的互学互鉴,他们乐于分享各自的教学经验、挑战教训,促进教育教学质量的提升。而在开放性层面,合作型教师文化鼓励教师之间打破隔阂,不仅在内部构建紧密合作的网络,还积极寻求与外部环境的良性互动。这种开放不仅体现在思想观念的碰撞融合上,还包括教学资源、教育理念及教学方法等信息的流通与相互启发。

(2)人为合作文化与自然合作文化的差异。虽然人为合作文化和自然合作文化同属于一类,即合作型文化,但是两者是完全不同的合作文化。可以将人为合作文化和自然合作文化进行以下的比较(见表 6-1-1)。

表 6-1-1 人为合作文化和自然合作文化的比较

自然合作文化的特点	人为合作文化的特点
时间和空间的自由	时间和空间的局限
革新的	强加的
自然的	强迫的
自发的	规定的

续表

自然合作文化的特点	人为合作文化的特点
不可预知的	可预见的
国家与个人的相互协调	国家凌驾于个体
以发展为中心	以实事为中心
逐渐推进	强行推进

依据哈格里夫斯的研究，教师合作文化起始于个别文化，随后教师开始在小范围内建立联系成为小团体文化，进而形成人为的合作文化，最终成为自然的合作文化。

根据此前对于教师文化的界定，作者把教师合作文化界定为教师在教育教学活动中形成与发展起来的基于专业主体角度的自由、开放、互助的同事关系。其中，教育教学环境是教师合作文化产生的实践平台，体现与社会、课程、学校文化的交互，教师成为专业主体是教师合作文化产生的前提。根据哈格里夫斯的论述，自然的合作文化是自发、自愿而非行政控制的；是面向发展而非面向实施的；是超越时空而非特定限制的；是不可预测而非特定结果的。因此，这种合作是发生在主体间的关系，它关注教师内在价值的彰显。教师的主体需要是合作产生的源头，正如社会合作是建立在分工的基础上一样，教师合作文化建立在主体独立的基础之上。同时也以此来区别自然的合作文化和人为的合作文化，后者只有合作的形式而无合作的内核。在传统的教育模式下，教师只是充当执行者、操作者的角色，是无法产生真正的合作的。自由、开放、互助是教师合作文化的表现。自由体现主体意志，开放体现内容、形式与时空的流动性，互助体现价值与效用。

当前，教师文化在实践中展现出多元并存、形态多样的特征。教师变革是一个多维度的过程，它蕴含"正在变革""想要变革"及"已经变革"三个层次，这一理论同样适用于教师合作文化的现状。"正在合作""想要合作"与"已经合作"每种状态都反映了教师群体在合作实践中的不同进程。且合作的形式也并非单一，而是包含了人为的、间性的及自然的三种。实践讨论

的焦点往往在于揭示教师合作文化形成过程中的各种现象及内在逻辑关系，而不是为教师文化作一个静止的界定。

二、教师合作文化的特征

（一）主体性

主体性是指人类个体在与其周围客观世界相互作用的过程中所表现出的独特的自我意识和能动作用，这种能动作用表现为人们自觉地运用自己的理性思考和判断能力，独立地做出决策和采取行动。这一概念凸显了人在社会实践活动中的中心地位，强调人在认识世界和改造世界中的主导作用。主体性的核心要素是个体的自主性，即人在行为选择上的自我决定和自我负责。这种自主性不仅体现在对外在环境的适应和改造上，也体现在对内在心理状态的自我调控上。因此，主体性是人类自我意识、独立思考和行动能力的综合体现，是区分人与其他生物的重要特征之一。

在教育过程中，教师不仅仅是个体主体，更是专业主体。教师有专业决定和专业行动的权利。这不仅表现在具体教育策略上，更应表现在课程选择和课程决定上。只有这样，教师才会感受到自身的价值，也才会建立起专业自信，从而以更开阔的心态进行教育教学决策。不然教师只会在低专业尊严感中屈从于各种"命令"和"不得不这样做"的无奈，陷入一种非主体（教师）压制非主体（学生）的恶性循环。在进行教师合作文化界定时，作者强调教师专业主体性为合作文化之基础，认为其不可或缺。合作文化根植于教师团体的专业共识，反映其共同发展的价值取向。在此文化中，教师既是独立主体，秉持合作理念与行动，又共同构成专业共同体。

（二）合目的性

合目的性是指人由于认识和把握事物发展的规律性，从而在实践中能够达到自己的目的，把理想客体变成现实。教育目的是一切教育的出发点和归

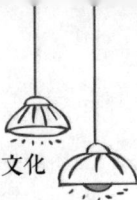

宿点，指向的是人的发展。为达到教育目的，需要通过教学目标、课程目标、培养目标的具体层级来体现。而在教育过程中，往往容易因为只关注每一课时的教学目标而忽略整体的课程目标；只关注某一学科课程的目标而忽略整体的培养目标；只关注某一阶段的培养目标而忽略了人的终身发展的最终目标。教师们经常困惑为什么学生每堂课都听懂了，到综合运用时却不会；为什么每件事情学生都知道对错却不能真正去实行；为什么学生知道每个知识点却不能解决问题……这样的为什么还有很多。究其原因就在于我们过于专注每一个具体的事物而忘记了最终的目的。而合目的性表现出的就是对上位价值的思考，不只关注短期效应，这就需要教师在教育过程中，不只要"低头看路"，更要"抬头看天"。教育活动旨在满足人的需求与促进其个性发展，因而它自身即为目的，并成为价值的承载主体与最终受益主体。

教师合作文化源自对传统个人文化和分化的教师文化的革新，根据新课改的要求，学校不再是课程执行者，而是校本化课程改造的实施者。学校应以明确的办学宗旨与育人目标引领课程整合，促使教师在合作环境中，围绕全面育人目标规划教学活动，强化教学科研的综合性与合作性，彰显强烈的合目的性特征。教师合作文化是学校与教师共同营造的、具有明确目的性的文化，它融合了教师间的合作理念与制度框架。此文化旨在促使教师超越个人局限，将教学科研活动紧密融入学校的整体育人框架与目标之中，确保教师行为与观念的高度契合与目的性。因此，即便学校课程在理念与形式上发生变革，教师们也能迅速洞悉其内涵，灵活应对。

（三）整合性

整合性指的一种横向联合的思维与工作方式，即面对两种或两种以上不同事物时，不是以非此即彼的方式进行简单选择，而是通过建设性的思考，寻找解决问题的新思路。与此相对的是对立性的思维与工作方式。在教育过程中，教师们经常会陷入对立性思维，从而人为地形成冲突性局面。我们的学生之所以户外运动时间很少，是因为教师和家长把游戏与活动当作与"学

习"的冲突而认为这是耽误时间。与此类似的还有课外书的阅读、社会实践活动等。教师们往往通过"争抢"孩子的学习时间来达成所谓的教学效果。这种做法的后果不仅是效率的降低，更重要的在于也会间接地影响学生的思维方式，从而造成学生缺乏创新思维和解决问题的能力。

教师合作文化的发展，本质上是教师间冲突与和解、对立与融合的过程。这一群体面向的是不同的学科、年级，每一维度均有着与之相适应的独特的思维模式、教学方法、教学挑战及个人观念与行为模式。正是这种多样性，为教师合作文化的形成提供了基础，促使教师在相互尊重与理解中寻求共识，共同推动文化的成长与发展。缺乏整合性思维，将导致价值碎片化与资源内耗，教育资源将被浪费在无谓的纷争之中。因此，构建教师合作文化，关键在于摒弃对立视角，转而采取协同策略，通过深度交流、理解与整合，培育合作的共识与习惯，掌握合作所需的技能。这一过程旨在促进不同教师之间的合作，协调各方，共同提高教育质量。

新课程改革所体现的种种理念也彰显了现代教育对整合性思维的重视。最直接的体现就是课程整合。从各个学科内部的综合性学习到综合性课程再到超越学科的综合实践活动，都需要打破原有的框架，以建设性的方式来解决问题。而当前实施的效果却不尽如人意，有些人认为是教师知识面太窄，需要在教师教育中予以加强，其实并没有把握住问题的本质。师生不是知识太少，而是缺乏整合性思维。因此，教师合作文化的重建任重而道远。

（四）积极的互依性

20世纪初，科特·苛夫卡（Kurt Koffka）率先提出了社会互依性理论，该理论强调团体作为一个动态的整体，其内部成员间的相互依赖关系是动态演变的。随后，其同事科特·勒温（Kurt Lewin）在20世纪二三十年代进一步深化了这一理论，明确指出团体的核心在于成员间基于共同目标而形成的紧密互依性。在此视角下，团体被视为一个高度互动的生态系统，其中任何个体或子群体的变动都会触发连锁反应，波及并影响其他成员或子群体。团

体内部的张力能激发成员朝既定目标迈进，正如戴维·约翰逊所深刻阐述的那样，当个体共享同一目标时，其成就与他人的行为紧密交织、相互影响。这一互动过程催生了两种典型的社会互依形态：一是合作的互依性，它促进成员间的协作与共赢；二是竞争的互依性，则可能引发成员间的角力与对抗。若社会互依性缺失，个体行为将趋于孤立，难以形成促进共同目标的合力。在积极合作的互依性下，合作者间表现出和谐共处的氛围，他们乐于分享信息，共担责任，相互扶持以攻克难关。个人成功被视为建立在他人成功之上的基石，共同追求多赢的局面，驱动着他们采取高效且有益的行动。相比之下，竞争的互依性则充斥着消极对抗的气息，个体间竞相角逐，缺乏相互激励与资源共享，个人的胜利往往以他人的挫败为代价，有时人们不惜采取不正当手段求胜。在缺乏互依性的环境中，个体更倾向于单打独斗，专注于个人成就，对他人的追求、目标及成果持冷漠态度。

　　教师合作文化的生成有赖于教师间积极的互依性，只有把他人当成自己必不可少的支持时才会进行自发的、有意识的合作，而这种互依性是内含于教师的发展和日常工作中的。文化产生于需要，人们由于生存的需要而创造了建筑，由于美的需要而创造了艺术，而建筑和艺术的形式又因需要的变化而变化。同样，教师合作也产生于教育的需要与需要的变化。从学生发展的角度来看，教师们的工作是相互依存的。学生不是物化的产品，无法按工序进行分割与组装，教师们虽然要按学科或工作分工，但必须相互配合才能达到教育效果。教师们经常感叹"5+2"的效果小于 7 甚至等于 0，但事实上，"5"的效果有多少也决定于教师间能否形成同向的合力。传统的教育方式过于强调教师间的分工，甚至人为地分出主科与副科，实际上既阻碍了学生的整体发展，也割断了教师间相互依存。教师习惯于把他人当作"可有可无"或别的班的"竞争对手"，而忽略了其工作上天然的互补性。而新课程改革无论是从课程综合化的改造还是对于学生发展的强调都在凸显教师合作的重要性。从专业发展的角度，教师间也存在着互依性，教师的成长与发展依靠的是团队的力量。在这一点上，学校和教师存在着普遍的共识。多数学校都有

"师徒结对"的制度，体现老教师的"传、帮、带"作用。新课改后，校本培训和校本教研日益显现出了其在教师专业发展上的作用。

在教师合作文化中教师间的互依性表现为观念和事实两个层面。一方面，教师们摒弃了"个人英雄主义"的观念与不良竞争心态，转而树立起了合作共进的意识，乐于积极融入集体，携手同行。另一方面，随着新课程改革的深入，教师角色发生了显著变化，他们既是课程的忠实执行者，也是课程的创新创造者。每位教师都在加强合作研究与合作指导，并在实际行动中展现出强烈的合作精神与合作行为。这种互依性彰显出一种积极向上的团队精神，教师们之间构建了一个"同舟共济、荣辱与共"的研究集体。在这个团队中，每位教师的努力都是团队成功的关键。

（五）流动性

在深入剖析教师文化后，哈格里夫斯（A. Hargreaves）创造性地引入了"流动的马赛克"文化作为教师文化的第五种表现形式。这一概念灵感源自现代工业文明下的马赛克艺术，其《辞海》释义为：通过精心挑选与排列多彩玻璃片、石子等微小元素，拼接镶嵌出既统一和谐又细节丰富的图案或画面。马赛克之美，在于其宏观上的整体性与微观上个体特色的并存，远观则为浑然天成的艺术佳作，近赏则可见每个独立而独特的单元，它们彼此独立却不失和谐。在文化语境中，马赛克常被借喻为表面聚合而实质分裂、缺乏深层联结的文化状态。哈格里夫斯独辟蹊径，提出合作的教师文化能够以小规模教师组织的形式灵活展现，这些组织虽看似松散，实则共同编织出教师合作的宏大图景。这种"流动的马赛克"文化与巴尔干式的教师文化形成鲜明对比：后者侧重于教师对特定组织的强烈依附，而前者则凸显了组织的灵活性与重组能力，展现了教师合作文化的动态性与多样性。哈格里夫斯在这里借用流动的马赛克来形容一种开放性的教师文化，教师间彼此独立又有着内在共性的状态。然而这种界定存在着一定的问题。马赛克本身就是一个现代社会的产物，虽然可任意重组，但其个体彼此孤立性和边界的清晰效应却仍旧

十分明显。哈格里夫斯在这里为了强调教师内部组织的可调配性，不惜又创造了一种新的文化状态。

　　教师合作与组织之间并非对立，相反，教师合作往往需要依托一定的组织结构来实现其目标。流动性作为教师合作文化的一个显著特征，有着开放、发展与变化的深刻内涵。首先，教师合作文化基于教师间的自愿合作，能够根据不同的合作目的与任务灵活调整合作形式，展现出高度的开放性。其次，教师合作的初衷在于促进个人的专业发展，不仅满足了教师个人的成长需求，也必然推动教师队伍的整体进步。最后，教师文化正逐步向团体合作与共生迈进，它不拘泥于固定的形态，而是随着教师个体与团体的持续发展而不断演变，体现了动态变化的特征。

三、教师合作文化的重构

　　教师合作文化表现为价值观念体系和行为规范体系，价值观念体系表现为教师团体成员共同遵循和认同的信念、价值、假设、态度、期望、故事、逸事等；行为规范体系表现为制度、程序、仪式、准则、纪律、气氛、教与学的行为方式等。教师文化的重建需要在新课程实施以及学校文化的发展中不断加以培育。

　　全球学者在深入审视教师文化现状的基础上，纷纷聚焦于教师合作文化的重构。洛蒂（D.C. Lortie）指出，教师间难以形成统一文化的原因之一，在于他们往往在相对隔绝的物理环境中独立工作，缺乏共享、观察及讨论教学经验的规范机制。而甘斯顿（Robert J. Garmston）则进一步强调，学校亟须推动的关键变革之一，便是从相互隔离的文化转向合作文化的重建。教师成功的表现往往蕴含四大鲜明特征：一是能够创造性地重新阐述与深化个人理解及价值观，展现独到的见解与认知升级；二是运用反思性语言，不断审视自我行为与思考过程，促进个人成长与进步；三是展现合作行为，与他人携手共进，通过团队协作实现共赢；四是实施去私人化的教学策略，超越个人视角的局限，以更广阔的视野和更包容的心态引领学生共同成长。当前教育研

究的主流趋势正聚焦于"教师专业共同体"的培育与发展。纽曼（Newman）及其研究团队指出，教师专业共同体以促进学生全面发展为共同目标，教师们通过积极参与合作性活动，共同承担起提升学生学习成效的责任。学校层面的教师专业共同体的形成不仅直接提升了课堂教学质量，同时也增强了对学生学习的社会支持。教师们在参与学校决策的过程中，开始探索并承担起新的角色定位，工作结构的优化调整促进了更为广泛且紧密的专业共同体形成，使得教师们能够在一个更加开放和包容的环境中自由交流思想。

从以上学者的研究可以看出，重建教师合作文化需要我们首先从教师文化的现实解释入手，对现有文化的特点进行系统的解释分析。在分析的过程中要注意不能一厢情愿地对现有教师文化作过低的评价，要把握当前教师文化的价值性所在。人们出于需要而形成了一定的生活方式、仪式、习惯和传统，因此而诞生了文化。当文化已经成为"看不见的手"后，符合文化本身就变成了一种需要。考察文化的价值不能超越生活境遇进行空泛的讨论。教师文化作为一种组织文化是教师们在长期的摸索和工作中产生的，为此他们形成了一系列"行之有效"的思考问题的路线和解决问题的方法。从微观问题的处理（细节到教学上如何提问、语文课如何"读后评"和"答后评"、如何组织过渡语言、班级管理上如何面对学生"告状"、如何培养班干部、班级活动的主题选择）到中观问题的思考，如教学设计环节、课堂教学评价方式、班级建设的方式等，前一类细节问题是普通教师们特别关注的。教师们的相互请教中，细节问题要占到九成以上，而后一类中观问题则只有少数"精英"教师才会关注。环境的变化和新的要求被转化成了一个个的"小问题"加以突破，这就是教师们的生存策略。其结果是教师在行为表现上确实会发生变化，虽然这些变化并不是自觉的，也没有上升到理念层次。无论理论如何变迁，教师们总要站在黑板前一字一句地去实现，一个一个地去解决。这就是教师思维方式形成的根源所在。对此，不能妄加批判。

其次，从社会互动角度入手，寻求新课改后教师文化的变迁和教师文化的发展趋向，挖掘新文化的生长点。怎样去改善课程和怎样建立一个和课程

相配的文化是两个不同的问题，对于当前的教育来说，新课程改革是一种文化上的冲击，它对现有观念、秩序和规则进行全方位的重建。它虽然是一种自下而上的拉动，但的确是针对教育"沉疴"的一剂"良药"。传统教育在知识规范、行为训练、价值引导和人才输送及社会结构调整上确实取得了成效，这也是为什么人们对于传统教育仍旧恋恋不舍。新课改到现在，教育大众化是不是要放弃精英选拔，素质教育要不要成绩，基础知识训练要不要存在等仍然是教育中的人们热议的话题。我们也见证了数学教育从"放松计算训练"到"承认计算的价值"再到"计算还要存在"的回归过程。我们还没有全面放松（或者说根本就没有放松）基础知识和基本技能的训练，就有人开始担心学生的读写能力问题。传统教育的这种对已有"成功"的依赖影响了它的进步，也影响了教师文化。然而，无论教育如何固守，社会已经在发生变化，人们对于教育的需求也在变。学校教育必须发生改变。本次课改打破了以往只有"口号"式的理念而缺乏可行性的弊端，以可见的课程变化为契机来带动整体理念的变化。变迁出自相异，当以往的文化方式难以解决新的问题时，变迁就会出现。我们的目的还在于发现困境，寻找促进变迁的契机。

最后，从合作文化的要素入手，进行教师合作文化的重建。教师文化重建是一个需要耐心的过程，它绝不仅仅是行为上的变化，更多的是行为背后的思考。无论是自然的还是人为的，教师文化中从不缺乏"合作"的成分。教师们经常相互"取经"，把一些"有用"的办法拿来共享。在这种交流中确实解决了很多问题，但同时也诞生了更深刻的问题，技艺上的满足让教师们很少做形而上的思考。因此，虽然不乏合作共享的行为表现，但因观念上的限制，教师文化形式并无实质的变化。教师合作文化的重建要从其内在的结构要素入手进行综合性的建构。以深层的主体性、专业性、整合性的价值与信念的提升为内核，中层的流动、开放、扁平的组织制度建设为保障，外显的自由、互助、合作的行为改善为习惯。避免只在口号中的"鬼文化"和只在形式的"假文化"，让文化这只"看不见的手"真正起到润化人心的作用。

第二节　专业学习共同体的教师合作

教师合作能够提升教学效果，以及推动学校教育深刻变革。专业学习共同体的构建，在于激发每位成员的积极参与热情，深化教师间的合作层次，形成紧密协作的共同体意识。这一共同体通过为教师赋能增权，激发其内在潜能与创造力。为此应当搭建多样化的合作平台，广泛引入各类教育资源，不断完善相关规章制度。

一、教师合作

（一）教师合作的定义

教师们通过以问题为导向的合作探究实践，不断探索与创新，旨在促进学生学习、加速个人专业成长及引领学校教育的变革。教师合作在我国教育领域有着深厚的历史积淀与丰富的实践形式，如"师徒制"的薪火相传、"听评课"的相互切磋、"公开课"的开放交流及"集体备课"的智慧碰撞等，这些均为教师合作提供了生动案例。

（二）教师合作的具体形态

随着教师专业发展日益成为教育领域的焦点，专业学习共同体作为一种高效能的教师成长模式，其重要性愈发凸显。在这一共同体内，教师合作不仅是其核心动力，更是创新教育的关键。因此，深入探究专业学习共同体中教师合作的多元形态具有极大的价值。基于对现有文献资料的全面分析，可以对教师合作在专业学习共同体中的具体形态进行细致划分。

1. 实体教师合作和虚拟教师合作

依据专业学习共同体中教师合作的不同表现形式，可以将其划分为两大类：实体教师合作与虚拟教师合作。实体教师合作以学校为核心，涵盖了教

研组的协作、师徒制的传承，以及名师工作室内的交流等多种模式。教师们能够直接面对面地沟通，无论是集体研讨还是个别指导，都能确保信息的即时传递与深度理解，但实体教师合作难免受到空间与时间的双重束缚。虚拟教师合作，这一依托于网络技术的全新合作模式，正逐渐成为专业学习共同体中的重要组成部分。虚拟教师合作有效弥补了实体合作的局限性，让教师们能够跨越时空的界限，实现随时随地的交流。在信息技术的推动下，QQ研讨、网络教师论坛、教育博客等多样化的虚拟合作平台应运而生，为教师们提供了广阔的交流空间。然而，虚拟教师合作固有的局限性亦不容忽视，长时间沉浸于机器互动中，教师可能会逐渐丧失起初的热情与兴趣。此外，虚拟合作环境的高自由度为教师提供了灵活参与的空间，但同时也对教师的自律能力提出了更高要求。若缺乏良好的自我管理能力，教师可能难以保证及时、有效地参与合作，这无疑会削弱合作的深度与效果，影响整个专业学习共同体的整体效能。

2. 教学主导型教师合作和课题引领型教师合作

若从专业学习共同体中教师合作的内容维度进行剖析，可以将其细分为教学主导型教师合作与课题引领型教师合作两大类别。教学主导型教师合作聚焦于教育教学实践中的真实问题，合作活动通常紧密围绕教学需求展开，旨在集体共同探讨并解决教学过程中遇到的具体难题，从而助力教师更高效地完成课堂教学任务。同时，这一过程也是教师专业知识不断完善、专业技能持续提升的重要途径，对于促进教师的专业成长具有不可替代的作用。但教学主导型教师合作也可能导致教师因过度沉浸于日常教学而产生职业倦怠感。相比之下，课题引领型教师合作则聚焦于教师自身的专业成长与发展，通过选定特定的教育科研课题作为合作研究的焦点，不仅为教师提供了广阔的学习与探索空间，还极大地激发了教师参与合作的积极性与创造力。课题引领型教师合作，如名师工作室内的深度合作、教育科研课题组内的紧密协作等，都强调以科研为导向，鼓励教师在实践中发现、研究、解决问题。这不仅促进了教师专业知识与技能的深化与拓展，更推动了教师教育理念与教

学方法的革新与升华。然而，课题引领型教师合作并非普适性解决方案，教师需具备扎实的理论基础，丰富的实践经验，同时还应怀揣对教育科研的满腔热情。

3. 校内教师合作和校际教师合作

根据专业学习共同体中教师合作的成员构成特点，我们可以将其划分为校内教师合作与校际教师合作两大类别。校内教师合作是指发生在同一所学校内部，由教师群体围绕学校自身面临的问题与挑战而展开的合作活动。教师可以依据学科归属划分为同学科专业学习共同体或跨学科专业学习共同体，进行有针对性的交流与合作。由于教师们身处同一所学校，日常接触频繁，彼此间建立了良好的人际关系基础，这为合作活动的顺利开展提供了有力保障。然而，校内教师合作却面临着合作场域相对狭窄、教师间同质性较高的问题。相比之下，校际教师合作不仅打破了单一学校的界限，还通过整合不同学校乃至其他组织机构的资源，为教师们搭建了一个更为广阔的学习与交流平台。这种合作基于平等互惠的原则，不仅拓宽了教师合作的场域，还为他们带来了全新的教学资源与视角。在这样的合作氛围中，教师们能够更加积极地参与到讨论与探索中，相互启发，为教育教学的创新与发展贡献力量。校际教师合作展现出多样化的形式，主要可归结为两大类。一类是教师主动融入新建的专业学习共同体，通过参与一系列合作活动来丰富自身发展；另一类校际教师合作则是教师加入已成熟运作的专业学习共同体，借助其完善的体系与资源加速个人及团队成长。然而时间和空间极大地制约了校际教师合作的深度与广度，大学教师在现实中难以完全实现理想的平等交流与合作。

在实际构建专业学习共同体的过程中，一个学校内的共同体往往不会局限于单一形态，而是展现出多样化的特点。这些合作形式不仅并存于同一时空之中，还可能相互交织、相互影响，共同促进教育教学的进步与发展，形成了一种多维度、多层次的合作生态系统。

二、专业学习共同体

（一）专业共同体的定义

关于专业学习共同体的定义，国内学者有四种观点：第一，专业学习共同体是一种组织。"一个具有共同愿景的教师、管理者组成的，为促进自身和整个团队发展，而进行持续性学习的合作团队。"[1]第二，专业学习共同体是一种活动形式。任宝贵认为，"专业学习共同体是教师群体间以校为本，以专业发展为基的学习活动形式"[2]。第三，专业学习共同体是一种生态系统。"通过'合法的边缘性参与'在共同愿景的感召下，基于成员互动、社会支持和知识共享为教师教育实践构建一个平等多元的富有生命力的文化生态系统。"[3]第四，专业学习共同体是一种发展模式。郑汉文、程可拉认为，"专业学习共同体是通过创设支持性环境，将学校教育者聚在一起，进行持续性的实践共享和专业学习，从实现促进学生学习、改变课堂和学校变革的发展模式。"综上所述，本书认同国内学者的第一种观点，即专业学习共同体是一个持有共同愿景的教师、管理者共同组成的，为促进教师和整个团队的发展，而进行合作学习的团队。

专业学习共同体将教师的个人成长与学校的全面变革紧密相连。作为这一共同体中的活跃成员，教师转而成为推动学科建设及学校整体发展的关键力量。专业学习共同体有效打破了教师间合作的壁垒，扭转了过去部分教师可能存在的保守与孤立态度，真正激发了教师之间开放分享、积极合作的精神，促进了知识、经验和资源的有效流通与共享。

---

① 杨翠. PLC视域下美国教师专业发展研究［D］. 河南：河南大学，2010.

② 任宝贵. 专业学习共同体——中小学教师专业发展的新途径［J］. 当代教师教育，2014（12）.

③ 茹荣芳，曹雪梅. 专业学习共同体走向文化生态的教师教育实践［J］. 河北师范大学学报，2014（7）：26.

（二）专业学习共同体的发展阶段

专业学习共同体是充满活力、持续演进的，通常会经历自身的成长与蜕变过程。这一过程直接受到共同体成员间互动深度与参与度的影响，既可能因积极的合作而蓬勃发展，也可能因缺乏互动而陷入停滞甚至倒退。因此，深入理解专业学习共同体的发展阶段及其背后的驱动与制约因素，对于优化教师合作模式、促进共同体健康发展而言，是不可或缺的。

富兰将专业学习共同体的成长轨迹划分为起步期、磨合期与成熟期三大阶段。起步期的专业学习共同体需要明确的发展蓝图，辅以详尽的规划与文件支持，以及强有力的推动力量。磨合期的关键在于协调好各种内外部因素，以确保共同体在动态调整中稳步前行。成熟期专业学习共同体更应注重指导成员将所学融入日常实践，持续为成员提供必要的帮助与指导，并推广成功经验。杜福尔（Dufour）与艾克（Eaker）等学者共同提出了专业学习共同体发展的四阶段模型，即磨合期、开始期、发展期与维持期。他们强调，这一发展路径充满了变数，体现了发展的复杂性与动态性。在此基础上，希普（Hipp）与霍夫曼（Huffman）则借鉴了富兰（Fullan）的三阶段理论，进一步提出了专业学习共同体发展的三个阶段划分：发起阶段、执行阶段与制度化阶段。这一划分凸显了从理念到实践的逐步深化。通过对上述研究的深入分析，我们可以总结出专业学习共同体发展阶段的三大显著特征：一是模糊性。影响专业学习共同体发展的众多因素使得其发展阶段难以被精确界定。二是发展性。专业学习共同体的发展是一个循序渐进、逐步深化的过程。三是不确定性。学校现有发展基础和软硬件条件的差异性和使得实际的专业学习共同体发展阶段与理论模型之间存在一定的不确定性。专业学习共同体中教师合作的深度与广度，很大程度上受制于共同体自身。基于此，并借鉴专业共同体发展阶段理论，可以将专业学习共同体中的教师合作划分为以下三个阶段。

1. 起步期

学校领导秉持着学校独特的办学理念，积极构想并阐述学校的发展愿景，

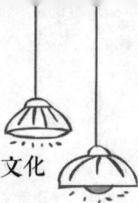

他们有意识地下放部分权力给教师，不仅体现了对教师专业能力的信任，也为教师的个人成长和专业提升铺设了更广阔的舞台。然而，当前阶段下，教师对共同愿景的理解尚显浅薄，合作实践可能仍局限于较为刚性的任务分工层面。同时，合作成员之间在知识背景、分工方式及投入程度等方面的差异性也是不可忽视的现实问题。因此，在推动教师合作的过程中，应充分考虑并尊重每位成员的独特性，通过有效的沟通与协调机制，促进资源的共享与互补，确保合作活动的顺利开展与深入进行。主持人与少数热心教师是关键角色，能促使教师积极分享经验，从而构建共享价值观的合作团队。外界激励与支持平台为合作注入动力，学校可组织外出学习、专家讲座等活动，拓宽教师视野，激发内在需求，促使教师自发合作。同时，学校需积极搭建合作平台，确保技术、设备、空间、时间等资源到位。

2. 磨合期

学校通过深化权力共享机制，有效提升了教师的主体意识和在合作团队中的责任感。随着教师对学校发展愿景的认知逐渐加深，他们对合作的期待也日益增强，对外部资源的渴求也更为迫切。在此背景下，教师们更加乐于分享个人的教学心得，能够正面处理合作中的分歧，展现出积极主动的合作态度。他们之间频繁交流，共同探讨教育实践中遇到的难题或专业成长中的困惑，力求在团队协作中寻求更优解决方案，推动教育质量的持续提升。在此阶段，教师群体已成为合作的核心力量，自主管理理念深入人心，合作规范自然形成。合作聚焦于专业能力的提升与教育教学创新。为持续推动教师合作，学校要积极寻求与邻近学校的合作，构建互助网络，共享资源，促进教师合作深化。通过交流实践心得及展示合作成果，相互学习借鉴，以他校之长补己之短，共同推动教师合作向更高层次发展。

3. 成熟期

学校实现了领导权的共享，新型领导机制稳固确立，深得合作成员的信赖，并在日常合作实践中发挥实效。参与合作的教师能够在团队中自觉承担职责，展现出高度的责任感。教师的价值认同逐渐由个体转向集体，合作团

队内部自然形成了情感纽带，通过互信与深入交流，团队凝聚力显著增强，成员间产生强烈的归属感。在此基础上，部分专业学习共同体更是发展出独特的合作文化与风格，成为学校合作实践中的亮点。此阶段，合作教师已跃升为主要引领者，他们将个人专业成长与学校发展愿景结合，致力于推动团队的整体进步。面对价值冲突，教师们积极创新，成为推动变革的强大动力。学校通过价值引导，促进成员间互信互惠，携手为合作团队贡献力量。在合作实践中，教师们敢于突破传统，不断探索教育教学的新理论、新方法，共同开创教育发展的新篇章。

尽管专业学习共同体的构建过程中，教师合作会因具体情境而异，但通过对其发展阶段的细致剖析，我们能够概括出各阶段教师合作的主要特征、预期目标及驱动因素。这一过程不仅有助于深入理解教师合作的动态演变，还能启发研究者思考如何更有效地促进教师间的协作。同时，这些分析也为学校层面的变革提供了宝贵参考，指导学校如何根据教师合作的实际情况，采取相应措施，深化合作，推动教育质量的持续提升。

三、专业学习共同体中教师合作的原则与功能

（一）专业学习共同体中教师合作的基本原则

教师的专业成长既需教师个体的不懈奋斗，也离不开外部合作力量的坚实支撑。高效运作的教师合作机制，正是驱动教师专业发展持续向前的关键。随着教育变革的推进，专业学习共同体成为教师合作的新形式，其合作实践展现出非凡价值与独特魅力。深入剖析专业学习共同体中教师合作所遵循的基本原则，为优化教师合作策略、提升合作效能提供了指导。

1. 以自然合作为前提，缓解冲突

人为构建的教师合作模式往往忽视教师的个人意愿，使得合作中出现虚假与表面现象。相比之下，自然合作则以教师的自愿参与为主，融合了相互开放、积极互动与充分信任等积极要素。自然合作的"自然"性体现在多个

方面：首先，教师们主动寻求合作机会，接受来自校外专家、学校领导及同事的援助，通过真诚的讨论与分享，共同探索解决教育难题的路径，而非在制度压力下流于形式。其次，在合作过程中，教师们摒弃保守与自私，主动将自身的教学实践、宝贵经验倾囊相授，为同伴提供学习借鉴的宝贵资源，共同推动教育资源的优化配置与高效利用。再者，每位教师都拥有独一无二的成长背景与丰富的个人经验，这些多样性在合作中碰撞交融，激发出新的思想火花。不仅打破了教师原有的思维框架，更促进教师进行深刻的自我反思，为教师专业的持续成长注入了不竭动力。在专业学习共同体内，自然合作充分激发了教师合作的自主性，以开放包容的心态，持续深化教师间的合作与交流。

由于学科、专业背景、学历层次、性别与年龄等多方面的差异，教师们对同一问题的理解深度及处理方式自然会呈现出多样性，这种差异贯穿教师合作的始终。教师群体作为一个多元化的集合体，竞争与冲突作为其自然生态的一部分，难以完全避免。这些良性的竞争与冲突，能够激发教师的内在潜能，推动他们不断超越自我。在专业学习共同体中，教师合作的核心在于正视并尊重这些个体间的差异。我们倡导在尊重个体差异的基础上，积极寻求缓解教师间冲突与矛盾的有效途径，通过促进沟通与理解，引导教师发挥各自优势，形成互补互促的良好局面。这样一来，不仅有助于教师个人的成长与发展，更能促进整个合作共同体达到更加和谐、高效的发展状态，实现个体与集体的双赢。专业学习共同体的概念起源于西方国家，但随着时间的推移，它逐渐跨越文化界限，在全球普及。尽管在不同文化背景下，专业学习共同体共享着某些核心理念与特征，但在具体实践中，它们如同万花筒般展现出千姿百态的风貌。西方社会因个人主义盛行，教师多采用包班制，享有教学自主权，较少参与集体，同僚关系疏离，导致合作中矛盾冲突频发。在此环境下，专业学习共同体重在缓解这些冲突。而我国受职称评定、绩效工资影响，教师间竞争激烈，加之集体主义观念深厚，尤其是同科同年级教师间合作分享意愿受限，这显著阻碍了合作进程。因此，我国专业学习共同

体中的教师合作，更多扮演了缓和竞争的角色。

2. 以实践问题为基础，推动专业发展

美国心理学家马斯洛（Maslow）提出的需求层次理论，将人类的基本需求划分为五个递进的层次：生理需求、安全需求、社交需求、尊重需求以及自我实现需求。这一理论强调，只有当较低层次的需求得到满足后，个体才会进而追求更高层次的需求。教师同样遵循这一规律，因此，要想保障教师合作能够持续且有效地进行，必须首先确保教师的最基本需求得到满足。美国成人教育家诺尔斯（Knowles）主张，成人学习的核心驱动力在于即时应用所学解决眼前的问题，从而履行特定的社会责任，并满足社会的期待。教师在合作中尤为关注合作成果能否直接助力其教学活动，确保教育使命的有效达成。在高校构建的专业学习共同体中，其成员主体为深耕教学一线的教师们，他们是教育改革最前线的实践探索者。面对生动真实的课堂环境与复杂多变的教学情境，教师们最迫切的需求莫过于解决教学实践中遇到的实际难题。专业学习共同体中的教师合作紧密围绕教师在教学实践中遭遇的具体问题，以此驱动合作的深入展开。

专业学习共同体中的教师合作，其理论基础为建构主义学习理论与社会互依理论。皮亚杰强调，个体认知结构的完善是个体与周遭环境持续互动、相互作用的产物。在这一过程中，个体通过"同化"与"顺应"不断将外界知识纳入并重构自身的认知体系，从而实现对外界知识的有效建构与内化。维果斯基的理论指出，社会文化环境与社会交往活动是塑造个体心理发展的基石。这一观点映射到教师专业发展领域，便揭示了其内部机制的核心：教师通过不懈的自我努力与学习，实现专业知识的深化与拓宽，专业技能的磨砺与精进，以及专业素养的全面提升，并以此作为实现个人专业发展的根本路径。美国大学教授戴维·约翰（David.W.Johnson）在其研究中，明确区分了两种社会互依理论：积极互依理论与消极互依理论。前者聚焦于合作，强调教师作为社会群体的一员，其个人发展深受周围环境与他人的影响。教师若要取得个人成功，必须依托团队的力量，通过构建积极的相互依赖关系，将

个人目标与团队目标紧密相连，共同前进。专业学习共同体内的教师合作，正是外部机制与教师专业发展内在需求相结合的典范，它不仅满足了教师个人在专业成长道路上的内心需求，也顺应了外部环境中对教师专业发展提出的更高要求。

3. 以资源互惠为保障，提升专业认同

"任何行业的成长都依赖于它的参与者分享经验和进行诚实的对话……同事的共同体中有着丰富的教师成长所需要的资源。"[1]资源共享能够显著加速教师专业知识的积累与拓展，为教师的自我反思与教学创新提供丰富的素材与灵感。然而，尽管我们不断强调教师合作对于教师专业发展的不可或缺性，却忽视了实现资源共享过程中所面临的种种挑战与困难，这些障碍无形中削弱了教师分享资源的积极性与意愿，进而阻碍了教师合作向更深层次发展。在我国，尽管大中小学间的合作案例屡见不鲜，但真正实现高效合作的却为数不多。其中，资源互惠机制的缺失成为制约合作的关键因素之一。大学学者往往带着获取研究素材的目的踏入中小学，而一线教育工作者则可能因情面考量而仅提供浅尝辄止的帮助，这样的合作模式往往难以触及实质，最终使得合作仅仅停留于表面，难以达到预期的深度与效果。而在专业学习共同体的框架下，教师合作被赋予了新的内涵与意义，强调教师作为合作主体的身份与价值，正视并尊重每位合作成员合理的利益诉求。教师不仅是资源的提供者，更是资源分享的受益者。只有当合作建立在互惠互利的基础之上，教师才会乐于分享自己的知识与经验，而教师合作也才能获得持续的动力。

每个人都渴望在自己工作的领域获得专业的认可，对于教师而言，这种认同也同样重要。"教师的专业认同是教师个人对'专业教师'这一身份的认知与情感，它是教师在课堂实践与学校社群的语境下，经由与'教师'所处社会关系中的他人（如学生、家长等）互动，与其所赋予的'专业教师'的

---

① 帕尔默. 教学勇气——漫步教师心灵 [M]. 吴国珍，译. 上海：华东师范大学出版社，2005.

期待进行磋商建构,体现了作为'人'的教师和作为'教师'的人的统一,包容每一个教师作为独特的生命个体对自身的批判反思与价值定位。"[①]这种对专业认同的不懈追求不仅塑造着教师的合作信念与方式,还微妙调整着教师的合作态度。专业认同赋予了教师在合作过程中更多的主动性与能动性,使得教师能够积极发挥自身优势,为合作的深入与拓展贡献出独特的力量。在这样的新环境中,不少教师会不由自主地开始自我审视,他们意识到自己的存在对于整个群体而言至关重要。在这个过程中,教师们会逐渐重新评估自己的价值,通过与共同体中其他成员的交流与学习,他们能够敏锐地察觉到自身与专业教师之间的差距。为了缩小这一差距,教师们会通过参与各种专业活动、分享教学经验、共同研究教学难题等方式,不断汲取新的知识和理念,提升自己的专业素养和教学能力。

(二)专业学习共同体中教师合作的价值功能

在专业学习共同体中,教师们通过紧密合作能够汲取多样化的教学经验,不仅丰富了教师们的教学手段,还激发了他们对教育事业的深入思考与探索。在共同体的支持与激励下,教师们能够不断挑战自我,提升专业技能与素养,促进了教师之间更为紧密的人际联系。

1. 实现教学创新的功能

教师群体因其成员间思维方式、认知结构及教学经验的多样性而独具魅力。这种多样性在教授同一门课程时尤为显著,它导致了教学环节设计的多元化、教学方法选择的灵活性及教学内容处理的创新性。这些差异促使教师们在相互学习中拓宽视野、启迪思维,进而在差异中寻求共识,在共识中推动创新,共同提高教学质量。教师之间的紧密合作,不仅实现了教学资源的有效共享,还有力地推动了教学方法的革新与教学效果的提升。在教师合作中,个人的独特见解与宝贵经验得以在集体中汇聚成推动教育进步的强大合

---

① 刘爽. 教师专业身份认同探析 [J]. 江苏教育研究,2010(1):36-38.

力。因此，教师合作不仅是对个人资源的有效整合与利用，更是形成教育合力的重要途径。它促进了教师之间的相互学习、相互启发，形成了积极向上的教学氛围，为培养优秀人才奠定了基础。

2. 获得身份认同的功能

专业学习共同体中的教师合作拓展了教师的活动空间，为教师身份的获得提供了平台，激励着教师主动探寻专业发展所需。"在社会学看来，身份就是通过表征自身而获得的一种对于利益分配的'成员资格'，这种身份的获得直接决定着教师个体能不能获得相应的身份利益。"①正面的反馈如同催化剂，不仅增强了教师的职业自豪感与成就感，也进一步激发了他们参与合作的热情与动力。随着合作实践的深入，无论是教学技能的提升，还是教育理念的革新，都让他们深切感受到合作的力量与价值。专业身份的认同激励着教师积极投身于专业学习共同体之中，热切地参与教师合作活动，这一过程遵循着循序渐进、分阶段推进的原则。每当教师在某一阶段获得同伴的认可与肯定，感受到自身专业身份的提升，便会向达成更高更远的目标迈进。在每一次合作与认同的循环中，教师都在不断地审视自我、挑战自我、超越自我，从而实现了专业发展的质的飞跃。

3. 提供情感支撑的功能

职业倦怠与焦虑会严重阻碍教师的专业发展之路，相比之下，积极健康的同事关系能够有效缓解职业倦怠。这是因为，在一个充满相互关心与支持的合作氛围中，教师们能够感受到集体的温暖与力量，他们敢于并愿意表达内心的真实情感。保持心理的平衡与健康。更重要的是，这种开放与包容的氛围，让教师们能够更加真实地展现自我，从而迸发出更多的教学灵感。良好的人际关系不仅有效缓解了教师的压力与心中的焦虑，更确保了教师能够以饱满的精神状态投身于教育事业，专业学习共同体为教师合作搭建了坚实的平台。合作目标不仅仅是数字或指标，更是教师们共同的愿景与追求。在

---

① 曲正伟. 教师的"身份"与"身份认同"[J]. 教育发展研究，2007（7）：34-38.

专业学习共同体中，良好的合作氛围为受挫的教师提供着无微不至的情感支持。每一位教师都能感受到来自同伴的关怀与鼓励，同时，教师自身对专业学习共同体的归属感，更是成为他们勇往直前的动力源泉。

四、专业学习共同体中教师合作的优化策略

我国对于专业学习共同体与教师合作领域的探索，正处于初步完善阶段。在这一关键时期，若缺乏内在的自驱力与外在的有力保障，教师合作将难以充分发挥其应有的效能。因此，推动专业学习共同体中教师合作由外在组织驱动向内在自发组织转变，成为该领域发展的必由之路。这一转变不仅要求教师们能够自我激发、自我组织，形成紧密的合作，还离不开管理者在其中的关键引领与支持作用。可以从以下四个方面入手，优化专业学习共同体中教师合作策略。

（一）构筑坚实的合作平台

1. 开展相关的课程培训

只有当教师自身愿意主动合作，将个人的发展目标与外在的有利条件相融合，形成一种自发的合力时，合作才会事半功倍。相反，若教师合作被过多的外在因素所束缚，如僵化的制度规定、行政的强制安排或人为的片面引导等，教师可能会感到疲于应付，合作仅仅成为一种被动的机械执行，而非内心真实愿望的体现。在我国，部分学校已经成功构建起具有鲜明特色的专业学习共同体，教师合作实践展现出促进教师专业成长与教学质量提升的积极态势。然而，许多学校的教师对"专业学习共同体"的深层次内涵、运作机制及具体实践方法却存在明显的知识盲区。因此，加强对教师关于专业学习共同体知识的普及与培训显得尤为重要。通过系统的学习与实践指导，帮助教师深入了解专业学习共同体的构建原则、合作机制、活动形式及评估标准等内容，将有助于他们发挥个人潜能，实现共同成长。学校管理者可以邀请在专业学习共同体领域有深厚造诣的专家或教授，为教师们进行课程培训，

旨在深入阐述专业学习共同体的核心理念、运作模式及其实践价值。

2. 提供必要的资金保障

无论是实体空间中的教师合作，还是依托虚拟环境的教师合作，构建坚实的合作平台都是至关重要的。这一平台的建设依赖于充裕的资金，特别是那些强调信息技术应用的合作项目，均离不开资金的助力。同样，在专业学习共同体中，亟须配备完善的设备，以确保合作活动的顺利进行与成效的最大化。学校可以向所在地的教育部门正式提交申请，请求对其发展规划进行细致评估。若学校表现出积极变革的意愿并具备实施变革的良好条件，教育部门将初步考虑为其提供资金支持，并依据学校的发展进度与变革成效来灵活调整后续资金投入。此外，学校还可选择向地方政府部门提交详尽的改革报告，清晰阐述学校的发展蓝图及具体实施策略。对于管理者而言，一旦资金到位，首要任务便是高效地运用这些资源。鉴于项目执行过程中资金需求的广泛性，管理者不可仅着眼于眼前利益而忽视了对教师长远发展的投资。因此，确保专款专用、制订科学合理的规划并保持谨慎态度，是管理者必须遵循的原则。

3. 设置共同的发展愿景

教师之间的合作形式灵活多变，既可以是团队协作，也能是伙伴互助。不论合作的规模与阶段如何变化，只要这种合作实体得以确立，就必然要有明确的合作目标，目标越明确，成员们的认知就越一致。高度的投入与共识最终将显著增强合作的成效，使得合作成果更加显著。在专业学习共同体的构建中，教师合作的核心驱动力是共同的发展愿景。在设定学校的共同愿景时，校长及领导层应当广泛听取并综合考量教师的意见，可以确保学校共同愿景的设定更加贴近教学实际，更加符合教师群体的期望与需求。作为共同愿景的直接践行者，专业学习共同体的管理者及教师合作活动的引导者，主持人的思维需与学校确立的共同愿景紧密相连，以引领整个共同体内的成员实现共同发展。在此过程中，支持者应深入洞察专业学习共同体中教师合作的实际需求与发展动向，据此灵活调整合作的内容、形式及管理策略。同时，

教师群体也应展现出高度的自主性和前瞻性，密切关注教育领域的最新动态，紧跟学校教育改革的步伐，积极投身于专业学习共同体的合作实践。每位教师都应勇于提出创新见解，为优化合作机制、提升合作成效贡献自己的力量。

（二）创设良好的合作情境

1. 立足学校实际，拓展合作内容

教师合作往往聚焦于特定的主题，并以此为合作的核心内容。学校应当积极挖掘并充分利用校内专业知识、实践经验及创新思维等，邀请在专业领域内享有较高威望的教师参与合作内容的规划与制定工作。通过集思广益，合作内容得以更加丰富多样，从而激发教师参与合作的热情与创造力，推动教师合作向更高层次发展。在制定教师合作内容时，首先要考虑的是满足不同发展阶段教师的专业成长需求。特别是对于新教师而言，他们更在意自己的教学能力是否能有效吸引并激发学生的兴趣。因此，在规划合作内容时，可以重点考虑如何融入信息化教学改革元素，满足新晋教师对于提升教学技能的需求，还能激发他们探索和实践新型教学模式的积极性。其次，专业学习共同体中教师合作的内容务必紧密贴合学校实际的教育教学情境。在经济较为发达的地区，教师可以借助现代信息技术手段，在虚拟的专业学习共同体中跨越时空限制进行高效协作。但在经济欠发达地区，构建以信息化为核心的专业学习共同体以促进教师合作，无疑面临着诸多困难。不过，专业学习共同体的核心价值并不局限于技术的学习与应用。因此，即便在技术条件有限的情况下，教师合作的内容也可以且应当得到广泛的拓展与深化。例如，教师可以围绕课堂管理策略、课程开发创新等方面展开合作，通过分享经验，不断提升自身的专业素养和教学能力。

2. 鼓励教师积极参与，注意成员的异质性

专业学习共同体的健康持续发展，不仅依赖于合作内容的丰富性，更依赖于合作成员的多元化与异质性。在专业学习共同体内，教师合作应秉持尊

重与包容的原则，充分认识到每位成员独特的知识结构、个性化教学风格以及广泛的兴趣爱好。共同体非但不回避成员间的异质性，反而鼓励成员通过思想的碰撞、深入的交流与协商，共同促进教学质量的提升。为此，学校首先应鼓励不同教龄、不同学科背景的教师参观在共同体建设上取得显著成效的学校，构建一个包含不同教师种类与具有一定规模的共同体，从而确保成员间异质性的充分展现。此外，学校定期展示合作所取得的阶段性成果。通过表彰那些在合作中迅速成长、表现突出的个人以及协同合作效果显著的团队，不仅能够肯定他们的努力与贡献，更能以此作为激励，吸引更多来自不同学科领域的教师主动参与进来。这种正面的反馈机制能进一步确保合作成员中异质性的持续存在。同时，教师合作应不断向更广阔的领域延伸，并积极探索多样化的合作模式与内容。通过构建"梭形结构"，即将经验丰富的资深教师作为中坚力量，同时积极吸纳富有创造力的青年教师，这样有利于合作团队在稳定性与灵活性之间找到最佳平衡点，共同推动专业学习共同体的持续发展。

3. 巧妙地设置疑问，激发有益冲突

在专业学习共同体构建的初始阶段，教师合作的主持人角色至关重要，其能力与决策直接影响到共同体能否顺利开展。主持人需定期收集并分析合作成员的个人成长愿景及对共同体发展的期望，以此为依据来设定合作主题，确保这些主题贴近大多数教师的当前发展需求与兴趣点。同时，主持人需具备敏锐的洞察力和灵活的应变能力，根据每位教师的专业背景、教学经历及个性特质，精心调整合作团队中的角色分配，确保每位成员都能在适合自己的位置上发光发热。此外，为了深化合作，主持人还需精心策划活动环节，巧妙地在合作过程中嵌入启发性问题，以此激发合作成员的深度思考与热烈讨论。在这个过程中，主持人应鼓励并尊重每位成员发表独特见解，营造一种积极向上、勇于探索的合作氛围；还需引导他们树立正确的合作观念，正视并理解在教师合作中难免会出现的不同意见与冲突。近期的国外教师合作研究文献显著突出了在尊重教师个体差异与多样化观点的前提下，进行批判

性互动的重要性。这些文献将冲突性对话视为教师共同体健康运作中的一个规范性、基础性要素，强调其对于促进共同体持续发展的关键作用。通过冲突性对话，不仅能够营造一个富有挑战性与启发性的学习环境，还能激发教师间的深度思考与交流，从而促进教师共同体的不断更新与成长。这种冲突的产生，非但不是合作的障碍，反而是推动专业学习共同体不断进步的关键力量。因此，我们应当正视并合理利用冲突，以促进专业学习共同体及教师合作的健康发展。

（三）实施有效的管理

1. 理解共同体的本质

专业学习共同体这一理念源自西方，其初衷在于有效调和教师合作过程中可能出现的冲突。在推进专业学习共同体的本土化建设过程中，我们必须深入了解国内的文化背景，准确把握国内教师合作的特点与需求，创造出既符合国际趋势又具中国特色的专业学习共同体模式。在我国深厚的文化底蕴中，集体文化占据核心地位，强调人与人之间的谦让与和谐。然而，当这种谦让与和谐过度发展时，却可能在一定程度上抑制了思想的自由碰撞与合作创新。在教育领域，部分教师在合作过程中，出于维护"面子"或避免人际关系紧张的考虑，往往不会直接指出同事的主要错误，转而提出一些无关痛痒的建议，以营造表面的和谐氛围。但真正的合作应当建立在开放、坦诚与相互尊重的基础上，鼓励每位教师勇于表达自己的见解，即便这些见解可能引发讨论甚至冲突。因为只有这样，我们才能充分利用集体智慧，激发创新思维，共同推动教学质量的提升与专业发展的深入。在本土化专业学习共同体的构建中，我们应积极引导教师树立正确的合作观念，勇于直面问题，畅所欲言，共同为教育事业的进步贡献力量。

2. 树立正确的制度观

为了确保专业学习共同体的长期可持续发展，从初创阶段的活力激发到逐步制度化的稳固进程，以及在这一过程中如何有效整合学校的时间、资源、

机制等结构性因素，已成为教育政策制定者、改革实践者及学术研究者共同关注的焦点。传统观念中，制度化往往被部分学者视为一种潜在的威胁，担心其可能带来僵化、形式化的合作模式，从而抑制了教师间自然、自发的交流与合作。这种担忧并非无的放矢，因为不当的制度设计确实有可能导致合作变得机械、缺乏活力，甚至削弱教师的参与热情与创造力。实际上，许多成功的合作案例正是得益于制度的积极引导和规范作用，这充分证明了制度化并非毫无价值。一个经过合理制度化的专业学习共同体，能够为学校提供一个稳定且有序的活动平台，为教师的合作与交流创造有利条件。这样的制度环境不仅有助于明确合作的目标与方向，还能确保资源的有效配置和合作的顺畅进行。在专业学习共同体构建的初期阶段，若缺乏校长或主持人的有效引导，教师间的合作很可能陷入无序且低效的状态，进而变得不稳定且充满不确定性。随着专业学习共同体的制度化程度加深，其合作活动将更易于被外界所认知与关注，从而吸引更多的支持与资源。因此，为了保障专业学习共同体中教师合作的健康、有序发展，我们必须持续进行制度的完善与优化。

3. 逐步对教师进行赋权

在构建专业学习共同体的初期，我们强调应在专业领域内赋予教师一定的自主权，旨在唤醒并强化他们的主体意识和参与感。这一过程中，教师被赋予部分权利，使他们能够主动接触前沿的教学理念，积极学习并实践新的教学技能，同时充分享受专业学习共同体为他们搭建的合作交流平台所带来的支持与资源。随着专业学习共同体逐步进入磨合期，其内部的动态关系也发生了变化。此时，共同体中的重要成员开始承担起主持活动的责任，引领着合作与学习的方向。其他教师则从最初的了解者和学习者角色中蜕变出来，成为更加积极的参与者和讨论者。在这一阶段，为了促进共同体的持续优化与发展，教师会被赋予更多的权利与责任，他们可以直接向校长或主持人提出建设性的意见和建议，共同为专业学习共同体的完善与进步贡献智慧与力量。当专业学习共同体步入成熟期，教师们的权利与职责将得到进一步的拓

展与深化。在这个阶段，教师不仅能够独立组织和开展各类教师合作活动，还能够在学校发展的宏观层面发挥更加积极的作用。我国高校传统上采用校长负责制，校长及管理层主导学校发展，进行教育改革决策，教师多扮演决策执行者角色，尤其在学校关键决策如人事、财政上参与度有限。教师代表大会制度虽设，但功能未充分发挥，常流于形式。教师代表大会制度的功能长期被边缘化，加之校长行政权力的集中，导致教师权利多局限于专业领域。然而，随着专业学习共同体的壮大，加强教师决策权的趋势日益明显。共同体主持者的角色亦在转变，从管理者向分享者、激励者过渡，积极赋予教师参与学校事务决策的权利，从而深化了教师的归属感。这种逐步赋权过程帮助教师明确自身在各阶段的角色定位，捍卫了教师专业发展的自主权，还激发了他们在共同体中合作的积极性，实现了从被动到主动的角色转变。

（四）科学地运用评价

1. 注意评价内容的全面性

评价专业学习共同体中的教师合作是优化合作过程的关键环节。整体而言，评价机制能够引导教师合作活动的方向，确保其与共同体的整体发展目标相契合。虽然最终考核能够验证教师合作在教育教学融合创新方面的成效，但它难以全面反映教师在合作过程中获得的专业认同感与情感支持。因此，对于教师合作的评价应综合考量多方面因素。在评价合作成员时，我们需深入观察其在合作过程中的表现，包括他们如何与同伴互动、如何面对挑战、如何贡献智慧与力量等。通过对这些综合表现的考量，我们能更全面地评估合作成员的发展，发现他们在精神与情感层面的进步。教师的接受能力、成长背景与专长各异，专业学习共同体秉持尊重差异的原则，通过教师间的紧密合作，促使每位教师都能在原有基础上实现个人成长与发展，确保每位成员都能从合作中有所收获。因此，对教师进行评价时，应追求客观性、综合性和全面性，确保那些在合作中有着卓越表现、取得显著进步及作出重要贡献的教师得到应有的认可与肯定。这样的评价方式不仅能激励受表彰的教师，

还能激发周围教师的积极性，吸引更多人主动融入专业学习共同体的教师合作之中，进而促使每位教师更加投入，共同推动合作事业的蓬勃发展。

2. 确保评价方式的多样化

评价作为反馈信息的核心渠道，对于专业学习共同体中的合作教师而言至关重要。它如同一面镜子，帮助教师清晰地认识到自身在合作过程中的薄弱环节，并以此为契机进行针对性的补充与调整。值得注意的是，专业学习共同体中的教师合作虽为教师合作的一种形式，但其评价方式却应追求多元化与丰富性，以全面、真实地反映合作成员的多方面表现。唯有如此，教师方能实现更加立体、全面的自我认知，从而更加积极地投身于合作，共同推动专业学习共同体的持续发展。在专业学习共同体中，对合作教师的评价可采用语言性激励与建设性反馈等方式。管理者可通过口头表扬，直接地肯定每位成员对团队发展的贡献与努力；同时，对于成员在合作过程中展现出的不足之处，管理者也应以恰当的方式提出要求或改进建议。这种评价方式不仅促进了团队内部的正向交流，还增强了成员间的相互理解。管理者可采用等级评价法，依据合作活动中成员的实际表现与考核结果，进行综合评价并划分等级。此方式避免了采用直接数字对比方式可能引发的竞争压力，同时让每位成员明确自身在团队中的相对位置，为后续合作设定了清晰的目标。此外，分值评价也是一种有效手段，通过对教师合作成果进行量化打分，并参照既定标准，使成员能够直观了解自身优势与待改进之处，从而有针对性地扬长避短，实现个人与团队的共同成长。

3. 均衡个人与团体评价

专业学习共同体中的教师合作制度可划分为规范性与激励性两类。规范性制度旨在约束并预防教师间的不良竞争，确保合作环境的健康与有序；而激励性制度则侧重于激发教师的积极性与创造力，促进合作的高效进行。在共同体的发展道路上，学校应以规范性制度作为基石，同时灵活运用激励性制度，双管齐下，共同推动教师合作的深化。评价作为激励性制度的重要组

成部分，其意义远不止于简单的鼓励与肯定，更在于提供宝贵的反馈与指导，帮助教师明确方向、调整策略，从而在不断修正中实现自我超越与团队成长。过度偏重团队评价可能滋生"搭便车"现象，削弱个体责任感；而过度强调个人评价则易引发教师间的恶性竞争，损害合作氛围。当前，我国教师评价体系多侧重于个人表现与成绩，忽视了团队协作的重要性。因此，建议将个人评价与团队评价有机融合，以平衡两者之间的关系。这种结合既能有效遏制过激竞争，保留适度竞争带来的积极动力，又能激发教师内在的发展需求，同时借助团队力量进行外部引导与干预。

总之，我们应以发展的视角审视专业学习共同体中的教师合作，视其面临的挑战为迈向理想合作形态的阶梯。深入了解合作机制的运作细节，准确把握所面临的难题，是优化合作生态的前提。在此基础上，及时提供针对性的支持与策略，确保合作的高效与有效，从而避免合作陷入低效或无效的困境，推动专业学习共同体不断向前发展。

第三节　教师合作文化的发展趋向

哈格里夫斯对教师文化的分类表明自然合作的教师文化是教师文化的发展趋向，然而，当今自然合作的教师文化存在合作意识缺失、合作内容局限、合作效果低下等困境。要实现自然合作的教师文化发展，需要从构建共同目标、设置合作团体、多样化的教师评价体系等方面入手。

一、发展自然合作教师文化的意义

发展自然合作教师文化的意义在于促进教师之间的相互理解和支持，加强团队合作，提高教育质量。通过建立一种基于共享价值观和信仰的合作文化，教师可以更好地交流思想、分享资源和合作解决问题，为学生提供更加全面和高质量的教育。

（一）自然合作的教师文化是推动课程改革的必要条件

长期以来，教师工作往往陷入自我封闭与孤立的境地，教师普遍认为，只要备课充分，教学质量便能自然提升，这种观念深刻体现了教育工作的封闭性特征。此外，它还会使教师坚守"教师中心"的立场，强调教师权威，使角色定位单一。在教学方式上，则倾向于单向的知识传递，忽视了探究式、启发式教学的重要性。首先，三级课程管理的核心理念使教师能够积极参与课程的开发与管理过程，尤其在学校层面，更是明确提出了教师应成为课程开发的主力军。鉴于课程开发的复杂性与艰巨性，单凭任何一位教师的单打独斗都难以圆满完成使命。因此，这必然要求教师们打破隔阂，积极展开交流与合作，通过集思广益、协作共赢的方式，推动课程开发工作的高效进行。其次，新课程体系对课程的综合化提出了更高要求，这一转变使得教师间的合作变得不可或缺。鉴于任何一位教师都不可能全面掌握所有学科的知识与技能，综合课程的实施便更需要教师之间的知识与技能的互补与合作。这一过程中，教师们需要摒弃原有的独立作业模式，转而构建一个以平等为基础、以互动为核心的工作群体，共同营造一种合作互动、积极向上的教师文化氛围。

（二）自然合作的教师文化是培养未来人才的需要

在未来的社会，合作将成为其鲜明特征，而培养具备合作精神的人才，正是顺应这一时代潮流的迫切需求。在日常的教育教学过程中，教师的一言一行、一举一动，都将成为学生模仿与学习的对象。学生只有在和谐、融洽的环境中才会有安全感，才能健康成长。也只有具有合作精神的教师才能培养出具有合作精神的人才。同时，在现代社会，一个人的成长，需要多位教师从多方面、多角度、多侧面实施全方位立体交叉式的教育，从学校教育内部来看，每个学生的成长都是教师群体劳动的结晶，都是教师群体共同协作的结果，群体性和协作性成为教师职业突出的特征。而教师劳动的目的在于

为社会培养合格人才，教师与同事们都是为这个共同目标而努力工作，只有在团结协作的良好工作氛围与环境中，广大教师方能心无旁骛地投身于教育事业，为社会输送更多、更优秀的人才。面对现代社会的快速发展与人的全面发展的迫切需求，无论是学校的整体运营、班级的有效管理、课程的精彩讲授，还是学生的全面培养，都绝非仅凭教师一己之力所能成就，而是需要整个教师集体的智慧与力量。因此，教师之间的紧密合作与默契配合，对于塑造未来社会的合格人才而言，具有重要意义。

（三）自然合作的教师文化是促进教师专业发展的关键

虽然教学工作在理论上能够在孤立状态下独立完成，但教师在追求专业发展的道路上，却不可避免地需要依赖于一种共同分享、协同进步的教师文化。这种自然形成的合作文化，以教师的自主性与自愿性为前提，建立在开放、互信与支持的良好关系基础之上。特别是当教师的专业发展与校本课程开发紧密结合时，这种文化能够最大限度地激发教师的创造力与协作精神，共同推动教育事业的繁荣与进步。自然合作的教师文化，让新教师能够自信地表达和实践自己的教学理念，从而在实践中不断成长。同时，这种文化还促进了同事间和谐关系的建立，使得教师们相互启迪、共同进步。在思想、信念等深层次领域，教师们也得以相互影响、相互促进，为个人的专业成长与教学水平的提升铺设了坚实的基石。在自然合作文化的熏陶下，教师群体逐渐凝聚成一股强大的向心力，共同价值观与利益诉求的契合，使得他们对教育观念抱有广泛的共识，并展现出对不同观点的包容与尊重。因此，教师的成长与发展并非孤立无援，而是基于教师间的自然合作。当教师文化营造出真实、自然、互相尊重与理解的氛围时，教师的发展便展现出灵活性与自主性，他们实现了自我驱动，其发展前景因此变得宽广。构建自然合作的教师文化，不仅是促进教师个人专业发展的根本途径，更是推动学校整体变革与持续进步的强大动力。

二、自然合作教师文化发展中的困境

在自然合作教师文化发展中，首先，合作意识缺失是一个显著问题，部分教师尚未树立起正确的合作观念，难以主动融入团队合作。其次，合作内容局限也影响了合作文化效能的发挥，目前的合作多局限于学科内部，而跨学科之间的深度合作尚显不足。最后，合作效果低下同样不容忽视，有时并未能充分发挥合作应有的优势，教师的积极性与参与度也有待提升。

（一）教师自然合作意识缺失

首先，在传统教育教学的框架下，教师若过分强调以自我为中心，便容易在人际交往中陷入被动的状态，出现孤军奋战的保守状况，忽视了与同事合作的重要性。在教学实践中，部分教师或许能探索出契合特定班级学生的独特教学方法，但这份个人成就也可能滋生出排他心理，使教师不愿或不敢与他人分享经验，从而限制了教学创新与团队合作的可能性。其次，部分教师深受传统观念束缚，不愿接受新的教育理念与方法，担心会暴露自身的不足，进而影响个人形象与在校地位。最后，教师在对合作的理解上存在局限，未能深刻把握合作的本质。他们往往将"合作"浅显地等同于"和"，过分追求表面的和谐，却忽视了合作中应有的思想碰撞，从而限制了合作的深度与广度。更有甚者，对合作持排斥态度，缺乏正确的竞争观念，无法将合作与竞争有机结合起来，共同推动教育事业的进步。这种自然合作意识的缺失，无疑成为阻碍自然合作教师文化健康发展与构建的障碍。

（二）教师自然合作内容局限

尽管教师之间已根据实际需求组建了正式或非正式的合作团体，但这些合作往往局限于特定学科领域内，而跨年级、跨学科的交流学习小组则较为稀缺。这种现状不仅限制了教师合作的广度与深度，也影响了教师个人的成长与团队整体效能的提升。当学校提出合作要求时，教师们往往倾向于选择

传统的教研组作为合作平台，而交流内容也大多局限于学科内部的探讨。此外，当前的合作往往受到学校领导硬性分配与强制要求的影响，导致部分教师参与合作的积极性不高。在这种背景下，教师们更多地关注于学科间的横向联系，而忽视了对学科内部纵向联系的深化与拓展。外部驱动的学习方式，虽能在一定程度上推动教师间的合作与交流，但也需警惕其可能引发的负面情绪与抵触心理。因此，学校需要寻求更加合理、人性化的合作模式与激励机制，来激发教师的内在动力，促进合作向纵深发展。

（三）教师自然合作效果低下

当前教师之间的研讨活动往往是在外部力量的干预下进行的，而非自然形成的紧密合作关系。在这种合作模式下，教师之间缺乏深厚的情感联系与共同的奋斗目标，导致合作交流的广度和深度均显不足。在被迫参与的合作活动中，教师容易产生应付心态，对集体活动缺乏充分的准备与热情，对于发言和讨论环节更是敷衍应对。这不仅削弱了合作应有的效果，也未能有效挖掘并汇聚集体的智慧与力量。部分合作活动仅仅是为了满足领导的检查要求而流于形式，未能真正聚焦于解决教师的实际问题，导致合作的实际效果大打折扣。尽管有些教师已经意识到合作对于个人成长与团队发展的重要性，但在实际操作中却难以展现出良好的合作行为，这可能与教师的积极性不足、对合作活动的不满或自我价值感的缺失有关。同时，合作活动的成功与否也在很大程度上取决于组织者引导力和专业知识技能，若组织者缺乏这些能力，则难以有效激发教师的合作热情。因此，管理者在组织合作文化时，需全面考虑上述因素，以确保合作文化的顺利推进与高效实施。

三、自然合作教师文化的发展路径

自然合作教师文化，被认为是教师文化发展的一个重要趋势和方向。在这种文化中，教师之间能够建立起一种自然、和谐的合作关系，共同为学生的成长和发展贡献力量。为了促进这种文化的形成和发展，探寻其发展的有

效路径显得尤为重要。

总的来说，要推动自然合作教师文化的发展，我们需要从确立共同目标和组织合作团体两个方面进行努力。只有这样，我们才能真正实现教师之间的自然合作，为学生提供更优质的教育。

（一）确立共同目标

共同目标的设定指引着每一位成员向着组织既定的方向奋力前行。这种由共同目标激发出的动力，不仅为团队注入了活力，也深刻影响着教师的行为模式与发展路径。在追求共同愿景的征途中，教师自然而然地会寻求同伴的支持与协助，这种相互扶持的氛围不仅促进了知识的共享与智慧的碰撞，更决定了教师个体在专业成长道路上的方向、速度与成效。因此，确立并坚守共同目标，对于推动自然合作教师文化的蓬勃发展具有不可估量的价值。

构建教师合作文化的首要任务便是确立教师合作的共同目标。这一目标不仅需具备引领性，还要能通过具体的形式与内容得以体现，这就要求我们精心制订教师合作计划。此计划旨在引导教师树立共享双赢的核心理念，深刻认识到合作对于个人成长与团队发展的不可或缺性。在构建学校课程信念与教育目标的同时，我们需将教师合作的共同目标融入其中，使之成为推动教育教学持续发展的强大动力。在此基础上，每位教师都应在组织共同目标的引领下，明确个人的奋斗目标，与其他教师建立起基于相互信任和尊重的紧密关系。教师合作文化的蓬勃发展，将为学校的教育教学改革注入新的活力，促进教育教学质量的全面提升。

（二）建立合作团体

为了促进教师合作文化的发展，我们应进一步强化教师间的合作关系，推动教师合作团体的形成。合作组织的建立，为教师提供了一个信息交流、经验分享与协商合作的广阔平台，使得教师能够跨越个体界限，相互学习，共同进步。在这一过程中，教师的专业技能与教育理念得以碰撞融合，进而

发展出更加丰富的教育智慧，营造出更加浓厚的合作氛围。通过组织共同活动，能够有效促进文化团体的形成。首先，明确共同的任务是合作的起点，将教师们的注意力聚焦于同一目标上，从而激发他们的合作意识，为后续合作关系的建立奠定坚实基础。其次，成员间的协调与任务的合理分配成为关键。每位教师都应积极参与其中，根据自己的专长与兴趣承担相应责任，确保任务得以高效、有序地完成。最后，强有力的组织机制是自然合作教师文化形成的外部保障。教师们团结一心，共同面对挑战与困难，不断推动合作文化的深化与拓展。

在合作团体内，一个优秀的领头人不仅是团体的领航者，更是合作文化的塑造者，能够以身作则，展现出高度的合作精神与专业素养，为团队成员树立榜样。因此，在选择领头人时，应注重其是否具备领导才能、合作精神及对团队发展的长远规划。此外，在团体合作中，保持成员的适度流动性不仅体现了团队的包容性与开放性，还能为团队注入新鲜血液，激发新的创意与活力。这种流动性有助于教师们在更广泛的范围内建立联系，促进知识与经验的跨领域交流。同时，应高度重视学科团体合作的力量，教研组作为学科合作的重要平台，其按学科划分的组织形式为同科教师之间的深入交流提供了便利。这种基于学科的紧密合作，不仅促进了学科内部知识的传承与创新，也为自然合作教师文化的全面发展奠定了坚实基础。

参考文献

[1] 赵联. 当代教师文化研究 [M]. 青岛：中国海洋大学出版社，2022.

[2] 杜思民，崔志勇. 教师文化与教师专业发展研究 [M]. 开封：河南大学
    出版社，2021.

[3] 黄裕花，董晓. 教师文化素养与师资队伍建设 [M]. 长春：吉林文史出
    版社，2021.

[4] 王中华，廖开兰. 全面乡村振兴过程中的乡村教师文化研究 [M]. 北京：
    中国财富出版社，2022.

[5] 李继星. 教师文化力 [M]. 长春：东北师范大学出版社，2013.

[6] 韩晓强，刘铁玲，舒晓红. 教师文化素养与师资队伍建设 [M]. 成都：
    电子科技大学出版社，2017.

[7] 蒋纯焦. 中国传统教师文化趣探 [M]. 上海：上海人民出版社，2012.

[8] 刘廷哲. 信息技术背景下乡村教师学习文化建设研究 [M]. 昆明：云南
    大学出版社，2021.

[9] 周玉衡. 传统文化与教师教育 [M]. 上海：复旦大学出版社，2013.

[10] 马玉宾. 实践中的教师合作文化 [M]. 长春：吉林大学出版社，2014.

[11] 常春青，王中华. 全面推进乡村振兴背景下的乡村教师文化自信[J]. 黑
     龙江教师发展学院学报，2023，42（9）：42-45.

[12] 巫小艳. 社会学视角下教师文化的冲突与变迁 [J]. 大学，2023（25）：
     173-176.

[13] 陈娴，卢阿蕊. 从教师文化视角探析教师主体性发展的实施路径——以
     厦门市园南小学为例 [J]. 福建教育，2023（30）：29-31.

［14］陈扬. 我国民族地区教师文化适应问题研究综述［J］. 现代商贸工业，2023，44（16）：121-123.

［15］路怡雪，康钊. 乡村振兴视角下农村教师文化自信的缺失与重建路径探讨［J］. 才智，2023（18）：159-162.

［16］谭海燕，党红琴. 课程思政视角下高职英语教师文化素养探析［J］. 杨凌职业技术学院学报，2023，22（2）：34-37.

［17］朱成燕，梁景峰. 农村教师文化素养提升研究［J］. 甘肃教育，2023（12）：38-41.

［18］朱慕菊，改进和加强教学研究工作 深入推进新课程实验［J］. 人民教育，2003（5）：24-25.

［19］王中华，罗雪梅. 跨学科教研共同体背景下教师合作文化构建［J］. 中小学教师培训，2023（3）：7-12.

［20］王夫艳，崔恬聪. 遭遇及重塑：乡村教师文化特质探讨［J］. 中小学德育，2023（2）：14-17.

［21］蒋虹珠. 乡村小学教师合作文化的建构［D］. 聊城：聊城大学，2022.

［22］李岑. 幼儿园教师文化建设路径个案研究［D］. 喀什：喀什大学，2022.

［23］姚晓晓. 教育信息化背景下我国大学教师文化建设探析［D］. 济南：山东师范大学，2015.

［24］汪振. 大学与中小学教师教育共同体文化建设［D］. 北京：首都师范大学，2014.

［25］陈忠平. 学习共同体视野下的教师专业文化建设［D］. 苏州：苏州大学，2013.

［26］邓媛媛. 大学教师文化：解析与建构［D］. 武汉：武汉理工大学，2008.

［27］史品南. 论新课程背景下的教师文化建设［D］. 南京：南京师范大学，2008.

［28］张莉. 教师文化研究［D］. 济南：山东师范大学，2008.

［29］方信文. 农村中小学教师文化反思与重建［D］. 济南：山东师范大学，2008.

［30］车丽娜. 教师文化的嬗变与重建［D］. 济南：山东师范大学，2007.